U0924165

共和国不会忘记：
新民主主义社会的历史和启示

王东 著

東方出版中心

目　录

导　言

1949年10月1日，中华人民共和国宣告成立，到今天，共和国已经走过了六十多年的光辉历程。回想六十多年前的10月1日下午，一代伟人毛泽东在天安门城楼上向全世界庄严宣告："同胞们，中华人民共和国、中央人民政府，今天，成立了！"这个洪亮的声音立刻传遍了北京城，传遍了全中国，传遍了全世界。从这一时刻起，中华民族开创了历史的新纪元。

共和国不会忘记，从这一天起，开始执政的中国共产党人郑重向全世界宣布：中华人民共和国为新民主主义国家；实行工人阶级领导的、以工农联盟为基础的、团结各民主阶级和国内各民族的人民民主专政；实行以人民代表大会为国家权力机关的政治制度和全国统一的军事制度；实行各种经济成分在国营经济领导下分工合作，各得其所的经济制度；实行新民主主义的即民族的、科学的、大众的文化教育制度。这个国家的政权属于人民，人民的范畴兼容而宽泛，并共同享有各项基本的政治权利。

以推翻帝国主义、封建主义、官僚资本主义统治为己任的中国革命，历经几十年的艰苦卓绝的斗争，终于在中国共产党的领导下取得全国范围的胜利，这极大地激发了中国人民建立独立、自由、民主、统一、富强的新中国的奋斗热情和献身精神。以恢复和发展国民经济为中心，历史上空前规模的土地制度改革以及抗美援朝、镇压反革命运动轰轰烈烈地进行；社会生产力挣脱三座大山长期束缚的枷锁，焕发出前所未有的潜能和活力，并很快治愈了战争的创伤，使濒临崩溃的国民经济恢复到战前的历史最高水平，从而使新民主主义社会的进一步发展获得了初步巩固的物质基础。

然而，曾几何时，新民主主义社会的自然演进失去了准确的历史方位，在诸多因素的合力作用下出现了滑轨，经济关系大变革的迅即到来很快促成了整个社会的嬗变，来自最高权威方面的历史判断将这一牵动全国几亿人口的大变革时期，称之为“从资本主义到社会主义的过渡”，新民主主义社会秩序，也被定性为“资本主义民主秩序”，一个活生生的社会阶段被人为地割断了，亿万人民为之奋斗的新民主主义社会制度的性质被扭曲了。此后很长一个时期，新民主主义的社会经济政策几乎成为发展资本主义的代名词；富有历史真实感和普遍号召力的“为巩固新民主主义制度而斗争”的口号，甚至成为共和国主席刘少奇“走资本主义道路”的“铁证”。总之，新民主主义社会作为中国半殖民地半封建社会和社会主义社会的中间社会阶段，其社会性质、社会特征、社会政策和社会生活长期被误判、扭曲、抛弃乃至遗忘。

直到1978年冬天，中共十一届三中全会召开，改革的春风吹绿了神州大地，古老的中国开始重新焕发出勃勃的生机，日渐成熟的中国共产党人开始重新审视自己走过的路程。1981年中共十一届六中全会《关于建国以来党的若干历史问题的决议》，正式恢复了“从新民主主义到社会主义的转变”的提法。随着中国改革开放的不断深入，中国共产党人对中国的国情有了更加深刻的认识。1982年9月1日至11日，中共十二大在北京隆重召开，邓小平在开幕词中指出：“我们的现代化建设，必须从中国的实际出发。无论是革命还是建设，都要注意学习和借鉴外国经验。但是，照抄照搬别国经验、别国模式，从来不能得到成功。这方面我们有过不少教训。把马克思主义的普遍真理同我国的具体实际结合起来，走自己的道路，建设有中国特色的社会主义，这就是我们总结长期历史经验得出的基本结论。”“中国的事情要按照中国的情况来办，要依靠中国人自己的力量来办。独立自主，自力更生，无论过去、现在和将来，都是我们的立足点。中国人民珍惜同其他国家和人民的友谊和合作，更加珍惜自己经过长期奋斗而得来的独立自主权利。任何外国不要指望中国做他们的附庸，不要指望中国会吞下损害我国利益的苦果。”[1]1987年中共十三大提出了社会主义初级阶段的理论，确定了“一个中心，两个基本点”的基本路线。明确指出我国已经处于社会主义社会，我们必须坚持而不能离开社会主义，但是我国的社会主义还是初级阶段的社会主义，我们必须从这个实际出发而不能超越这个阶段。在这个理论的基础上，明确提出了“一个中心，两个基本点”的社会主义初级阶段的基本路线，指出在社会主义初级阶段我国的生产力还不发达，必须以经济建设为中心，大力发展生产力。中共路线方针政策的重新制定，触动了知识分子敏感的神经，学术界开始反思建国初期的那段历史，反思新民主主义社会理论，反思共和国历史上那段激动人心的岁月。

1988年5月，人民出版社出版了龚育之的《从新民主主义到社会主义初级阶段》一书。该书是龚育之在中共十三大召开后就社会主义初级阶段问题所做的几篇文章和答记者问的合集。在这几篇文章中，龚育之谈及了新民主主义社会的问题，但主要是从社会主义初级阶段这个角度出发来谈及新民主主义社会的，因此书中虽然提及了新民主主义社会的概念，但对新民主主义社会本身并没有进行深入、透彻的论述。

我于1978年考入北京大学，是改革开放后国家培养的第一届全国统考的大学生，硕士毕业后，1985至1988年期间，到中国人民大学继续攻读博士学位，师从著名中共党史专家胡华教授。胡华是当时全国中共党史学科唯一的博士生导师，其所著《中国新民主主义革命史》(初稿)，在1950年3月正式出版后，连续发行13版(次)，发行达数百万册，有日本、朝鲜、维吾尔、哈萨克等文字的译本，在海内外产生过重大影响；同时，由他主编的《新民主主义革命史参考资料》发行达数十万册，亦成为当时的畅销书，所得版税收入，由胡华提议以三人名义——另两人为他的学生(协助编写者)戴逸(现为清史编撰工程的首席专家)

---

① 《中国共产党第十二次全国代表大会开幕词》，《邓小平文选》第三卷，人民出版社1993年版，第2～3页。

与彦奇同志，为抗美援朝捐献了一架飞机。

我当年跟随胡华教授攻读博士学位期间，为了博士论文写作的需要，研读了大量原始的文献资料，发现中共党史上，无论是毛泽东、刘少奇等中共的领袖人物，还是建国前夕中共所召开的重要会议，除了对新民主主义革命有大量论述外，对新民主主义社会也有大量的论述和完整、系统的设想，但当时对这个问题，学术界和各种中共党史书籍却无人提及，甚至可以说是讳莫如深。

学术界为什么要刻意回避如此重要的一个问题呢？带着这个疑问，当时还是一名博士生的我请教了导师胡华教授。胡华教授告诉我，这么多年来，人们之所以对新民主主义社会这个问题不敢涉及和研究，主要是因为长期以来极"左"政治的影响，特别是"文化大革命"那个不正常年代的影响，人们普遍认为新民主主义社会就是资本主义社会的代名词，提倡新民主主义社会就是为资本主义翻案。在"文化大革命"时期，提倡宣扬新民主主义甚至会给个人和家庭带来毁灭性的灾难。直到1981年中共十一届六中全会作出了《关于建国以来党的若干历史问题的决议》，才重新肯定了"从一九四九年十月中华人民共和国成立到一九五六年，我们党领导全国各族人民有步骤地实现从新民主主义到社会主义的转变，迅速恢复了国民经济并开展了有计划的经济建设，在全国绝大部分地区基本完成了对生产资料私有制的社会主义改造。在这个历史阶段中，党确定的指导方针和基本政策是正确的，取得的胜利是辉煌的"。听了胡老师的一席话，我萌发了对新民主主义社会这个问题进行系统研究，并以此作为自己博士论文选题的想法。我当即征求胡老师的意见。胡老师思索了片刻后肯定了我的想法，认为新民主主义社会这个选题，不论在对学术界的理论贡献上，还是在对当时改革开放的社会实践上，都有着重大的意义；同时又是一个非常新颖、学术界当时还没有人进行系统研究的一个非常不错的选题。

在受到导师的肯定后，我开始着手进行研究工作。当时因为受客观环境的限制，大量的档案文献都没有公开出版，例如，关于毛泽东的材料主要的就是一套五卷本的《毛泽东选集》，像今天在市面上已经十分常见的《毛泽东文集》、《建国以来毛泽东文稿》，当时还没有出版面世。做历史研究，没有档案材料的支撑是绝对不行的，为了能够取得第一手的档案材料，我把铺盖卷搬进了中央档案馆，开始认真查阅档案材料。当时复印机、打印机这些东西对一个普通的博士生来说还是十分稀有和昂贵的东西，且中央档案文献也不允许复印，查阅和记录档案材料只能靠手工。当时我面对浩如烟海的档案材料，要在其中选择出对自己有用的一部分就是一个非常耗时耗力的事情，材料选出以后，还要对材料进行逐条的摘记和核对，这就更是一件辛苦活，当年的我就靠着自己手中的笔和稿纸，抄来了中央档案馆有关新民主主义的大量文献。

经过半年多的艰苦劳动，1986年下半年，我带着摞起来有一米多高手抄的档案材料回到了人民大学，开始着手准备论文的写作。经过一年多的辛苦努力，到了1987年底，我的博士论文终于形成初稿。

但此时一件令人悲痛的事情发生了，我敬爱的导师胡华教授因为身患癌症，不幸辞世，他病重期间还一直不断肯定我的博士论文选题，并对我当面交代："你一定要把论文写好。死对我来说没有什么可怕的。我从小离家，1938年参加革命，一生中经历了许多磨难。但我有三大遗愿没有完成：一是《中共党史人物传记》没有编完；二是想写一部《中国现代史（简本）》的书；三是没有把你们几个博士生带完。"多么可敬的导师，在他弥留之际，心里想的还是学生的论文和学业。在胡老师的谆谆教诲和感人精神的鼓舞下，我于1988年初，完成了20余万字的博士论文《我国新民主主义社会建立与巩固的历史考察》，并圆满通过了答辩，取得了博士学位。论文中我指出：毛泽东不仅提出了新民主主义革命的理论，还明确提出了新民主主义社会的理论；本论文从新民主主义社会理论的提出、形成、新民主主义社会的实践等多个方面，系统阐述了新民主主义社会阶段的问题。

我毕业后，1990年与庞松合作由河南人民出版社正式出版了《滑轨与嬗变——新民主主义社会阶段备忘录》，这是国内外学术界对新民主主义社会理论和实践进行系统研究的第一部学术专著，并再版五次，供不应求。这本书在结构上共分为七章，其主要内容是从社会发展的大视角，展示了新中国成立初期社会发展和演变的历史途径。从理论和实践两个方面，多角度、多侧面忠实地反映了新民主主义社会发展阶段的中国特色，它有政治结构上的宽泛性、经济结构上的多样性、文化结构上的兼容性、社会结构上的过渡性；以及对于更高社会阶段，它的不可逾越性、相对独立或完整性，使共和国的童年充满活力和生机。它是走向社会主义的最佳选择和必由之路。本书还着重描述了短短几年内，年轻共和国滑轨、嬗变的全过程，剖析了在复杂因素的影响和制约下，突变和超越代替了渐进的社会发展法则，使共和国脱出了正常轨迹，乃至发生了缺乏物质基础的嬗变的源起，以及给社会进步和生产力发展带来长期的阵痛和后遗症。我们对这段历史进行了冷静的反思、精辟的论证，引出了任何社会自然发展阶段都是不可人为超越的深刻历史教训，并呼吁找回失去的选择，以利于社会的发展。

这本书和戴知贤的《文坛三公案》、《山雨欲来风满楼——60年代前期的大批判》，谢春涛的《大跃进狂澜》，张占斌的《“三家村”沉冤》，孙启泰、熊志勇的《大寨红旗的升起与坠落》，谢益显的《折冲与共处——新中国对外关系40年》以及钟朋荣的《十年经济改革——历史·现状·问题·出路》并列为“四十年国是反思丛书”（第一辑），当时在海内外学术界和社会上引起了不小的轰动。

1996年7月号的《明镜月刊》刊登了一篇题为《假使中国的新民主主义阶段能够延续二十年——一本书所总结的重要历史教训》的文章，作者在这里提到的“一本书”指的就是《滑轨与嬗变——新民主主义社会阶段备忘录》这本书。文章的作者在开头说：

> 我脑子里一直盘旋着一个问题：假使中国的新民主主义社会阶段能够延续二十年或者更长一点的时间，然后再视条件逐步向社会主义过渡，也许现时中国社会主义的情况就大不相同了，至少不至于弄成像现在这样的“不合格”。当然历史不可能假设，只能根据历史事实总结其经验教训。最近去中国大陆在友人处借读了一本书，书名为《滑轨与嬗变》（副题《新民主主义社会阶段备忘录》），作者是两位青年学者（庞松、王东）。这本书正是总结中国过早结束新民主主义阶段的历史教训。而这段历史在中国共产党有关建国以来的历史决议

中却避而不谈，其实它对于了解中国的社会主义及其所经历过的挫折是十分有益的。悟以往之不谏，知来者之可追。回避历史教训是不可取的。因此笔者愿就此书的内容向读者略作介绍。

接着作者用“短命的历史阶段”、“为何短命而亡”、“‘左’害经济失人心”、“短命而亡的后果”、“记取历史的教训”几个部分大量篇幅详细介绍了书的内容。尽管该文作者引用该书所要表达的中心意思和写作这篇文章的目的值得商榷，但这也可以从一个侧面看出这本书和这个问题在海内外的影响。

由此可见，早在1985年底时，胡华教授和我在对新民主主义理论进行专题研究中，就明确提出了新民主主义理论其实包含着两个部分的重要内容，一个是新民主主义革命的理论，一个是新民主主义社会的理论。我的博士论文可以说是新中国成立以来，我国学术界对新民主主义社会理论和实践进行系统研究的最早的成果之一。

随着改革开放实践的不断深入，特别是中共十三大确定了社会主义初级阶段的理论和中国共产党在社会主义初级阶段基本路线的制定，引起了学术界对新民主主义社会这个命题不断的反思和更加深入的探讨。并且随着改革开放的不断深入，中共党史研究日益趋向学术化，再加上中共党史上一些重大冤假错案的平反昭雪，更为学术界对新民主主义社会的研究创造了良好的条件和氛围。不少学者对新民主主义社会理论更加重视，对其认识和研究更加深入，新民主主义社会成为一大热点问题，学术界随之掀起了对新民主主义社会理论和实践研究的热潮。

1988年11月，为纪念刘少奇诞辰90周年，中共中央文献研究室和中共湖南省委共同举办“刘少奇研究学术讨论会”。在会上，主要研究领域为经济学的于光远同志也提出了“新民主主义革命论”和“新民主主义社会论”两个概念，指出新民主主义革命理论主要解决的是如何推翻帝国主义、封建主义和官僚资本主义在中国的统治，实现从半殖民地半封建社会向新民主主义社会转变的问题；而新民主主义社会理论，则要解决的是夺取全国政权后，如何进行新民主主义社会建设并实现由新民主主义向社会主义革命和建设转变的问题。尽管两者之间有着密切的关联，但两者的任务和理论侧重点不同，应该加以区别。

1991 年 5 月，中央党校出版社出版了薄一波同志的著作《若干重大决策和事件的回顾》(上卷)，书中在谈到新民主主义理论问题时指出："毛主席把马克思主义与中国革命实践相结合，写下了《新民主主义论》等光辉著作，创立了新民主主义革命理论，指引中国革命一步一步走向胜利。有人说，这个理论只适应于新民主主义革命时期。其实不然，它也包含了关于新民主主义社会的构想。"薄一波以中共高层领导人、共和国许多重大事件亲历者的身份对新民主主义社会理论的价值和意义进行了肯定。

1996 年 3 月，人民出版社出版了于光远同志的《从"新民主主义论"到"社会主义初级阶段论"》一书，该书其实是于光远在 1988 年刘少奇诞辰 90 周年纪念大会上的书面发言和即席发言的一个合集，包括《从"新民主主义社会论"到"社会主义初级阶段"》和《"新民主主义社会论"的历史命运——1988 年 11 月 25 日在刘少奇研究学术讨论会上的发言》两篇文章。作者思路独特，对新民主主义社会有着自己独特的思考和见解。但作者在书的自叙中说："'新民主主义社会论'是我造出来的一个名词。我认为 1940 年毛泽东在延安提出的'新民主主义论'包括两个部分，一是'新民主主义革命论'，即关于'新民主主义革命'的理论，一是'新民主主义社会论'即关于进行新民主主义革命取得了胜利之后建立起来的社会制度的理论。"于光远同志这样说也有一定的道理，毕竟以前学术界没有多少人作出这样明确地概括和区分，但是于光远同志不知道在此之前，胡华老师和我，两代中共党史专业的学人从 1985 年开始已经对这两大理论进行了深入系统的研究，我 1988 年 6 月的博士学位论文已经公开明确提出了"新民主主义社会理论"这个命题。不用说一部 20 余万字专门论述新民主主义社会理论和实践的博士论文和单单一个"新民主主义社会论"的概念有何区别，就单从时间上来看，我的博士论文公开答辩并获得通过是在 1988 年 6 月，我和庞松联合署名的书籍出版在 1990 年。于光远以研究经济学为主，可能不知道也没想到党史学界已有人对此问题进行了专门的系统研究，写了博士论文并出版了专著。

2005年12月，长江文艺出版社出版了《“新民主主义社会论”的历史命运——读史笔记》一书，本书以于光远在1988年11月刘少奇诞辰90周年纪念大会上的书面发言为基本内容，由党史学者韩钢加以诠注，韩钢的诠注虽然丰富了于光远原本十分简单的大纲，也更加便于人们理解，却没有什么特别的新意。

但本书的特约编辑在编辑前记里面却说：“‘新民主主义社会论’是于光远先生在上个世纪80年代后期，对新民主主义理论作出的一个新概括。以往，理论界、学术界从未注意到这个问题，而只是把新民主主义理论理解为革命理论。1988年1月，在中共中央文献研究室和中共湖南省委在长沙联合召开的‘刘少奇研究学术讨论会’上，光远先生第一次提出：新民主主义理论包括两个组成部分，除了‘革命论’外，还有一个‘社会论’。”这位特约编辑对党史学界以前的研究成果也许真的一无所知，于光远还只是说“新民主主义社会论”这个名词是自己的一个创造，并没有说以前学术界根本没有这样的研究成果。大家知道“刘少奇诞辰九十周年学术研讨会”是在1988年11月召开的，书中却误作“1988年1月”。

编辑这样说或许不熟悉党史专业而情有可原，学者韩钢在这本书的第10页到第11页的诠注里也说：“‘新民主主义革命论’和‘新民主主义社会论’这两个概念，都是于光远提出来的。”这样的说法至少是不够严谨。因为于光远也不否认新民主主义革命理论是毛泽东创立的，胡华和其他老一辈党史工作者都进行过系统的论述；而对于新民主主义社会理论的内涵，我在1988年6月的博士论文中也作出了系统的阐述。不论是新民主主义革命理论还是新民主主义社会理论，都不能说于光远是单独提出这两个理论的第一人。

到了20世纪90年代，对于新民主主义社会理论的重新认识和研究，成为学术界的一个热点。这种情况的出现，很大程度上是与新时期以来中国特色社会主义理论和实践的不断发展紧密相连，也正是因为新民主主义社会理论不同于一般性的理论，它是共和国历史不可分割的一部分，在对其进行研究的过程中难免仁者见仁，智者见智，甚至出现了截然不同的观点，引起了激烈的争论，特别是在一些学术大家之间，出现了泾渭分明的观点，还涉及政治立场和人的品德的层面，这在中国学术界实为罕见。并且这种争论并没有随着时间的流逝而有所削弱，反而因中国特色社会主义实践的不断深入，在学术界不断激起新的浪花。其中最早的，影响较大的一次争论是在胡绳和沙健孙之间展开的。

1998年12月26日，中共中央文献研究室和湖南省委联合举办的“毛泽东、邓小平和马克思主义中国化”理论研讨会在湖南长沙召开。胡绳同志抱病参加会议。会议的主办方也知道胡绳同志的身体不好，请他来的目的也只是让老先生随便讲一讲。没想到胡绳同志在会上作了长达两小时的发言，题目就叫《毛泽东的新民主主义论再评价》，并由此引起党史学界一场争论。

1999年《真理的追求》杂志第3期发表了沙健孙同志题为《坚持科学地评价毛泽东和毛泽东思想》的文章，对胡绳进行了毫不客气地批评：

> 胡绳同志在自己文章中指出，毛泽东曾经明确地反对了民粹主义。这是合乎事实的。但胡绳同志同时又认为，毛泽东曾经“染上过民粹主义的色彩”，并且把毛泽东关于“一张白纸，没有负担，可以写最新最美的文字，画最新最美的画图”这个论断，说成是民粹主义的“典型的说法”。我认为，这是对毛泽东的误解，在理论和事实上都站不住脚。
>
> 毛泽东确认，经济文化落后的国家在一定的条件下可以进行社会主义革命（即社会主义改造），但他从来没有像民粹主义那样认为，社会主义应当建立在小生产的基础之上。事实上，以毛泽东为首的中共中央所提出的过渡时期总路线就是社会主义工业化与社会主义改造并举的总路线。毛泽东在领导社会主义改造的同时，也领导了以重点工程为中心的第一个五年计划建设。在农业合作化的高潮中，他再次强调：

“我们现在不但正在进行关于社会制度方面的由私有制到公有制的革命，而且正在进行技术方面的由手工业生产到大规模现代化机器生产的革命，这两种革命是结合在一起的。”就是在《介绍合作社》这篇文章中，当他讲到“一张白纸，没有负担……”这番话的时候，也是想以此论证“我国的工农业生产赶上资本主义大国，可能不需要从前所想的那样长的时间了”这个观点，这同民粹派关于社会主义应当以小生产为基础的思想是没有任何共同之处的。

历史表明，经济文化落后的国家和地区在一定的条件下是可以赶上甚至超过先进的国家和地区的。英国是工业革命的发源地。以后，德国超过它了。英国人到美洲殖民时，美洲可以说是一张白纸，而后来美国不但超过了英国，也超过了德国。“譬如积薪，后来者居上。”这是因为它们可以把当时已经达到的先进技术作为自己的出发点，不需要重复以往技术进步的每一个阶段、每一种步骤。胡乔木在1983年5月14日同美国记者白修德谈话时，对毛泽东的上述论断就作出过这种阐释，并且曾经在肯定的意义上加以引用。他指出：“一张白纸可以画最新最美的画图，可以发展最新、最现代的科学教育事业。”毛泽东在这里所说的就是这样一种历史现象，这样一个历史规律。这同民粹主义有什么关系呢？

毛泽东关于经济文化落后的国家在一定条件下可以搞社会主义革命、走社会主义道路的思想，是同马克思、列宁的有关论断一脉相承的。邓小平曾经说过：列宁在批判考茨基的庸俗生产力论时讲过，落后的国家也可以搞社会主义革命，我们也是反对庸俗生产力论的。“当时中国有了先进的无产阶级的政党，有了初步的资本主义经济，加上国际条件，所以在一个很不发达的中国能搞社会主义。这和列宁讲的反对庸俗的生产力论一样。”(《邓小平思想年谱》第47页)我认为，为了正确地评价毛泽东领导的中国的社会主义革命，同庸俗生产力论划清界限是很有必要。

但是胡绳并不认为自己的讲话有什么错误，并且像汪东兴这样长期跟随毛泽东，比一般人都对毛泽东了解要深入得多的人，也认为胡绳的这篇讲话很好。2000 年第 5 期的《炎黄春秋》刊登的《胡绳自谓：七十八十稍知天命》，记载了胡绳和汪东兴的一次会面。

汪东兴同志说："这几年你写的文章，我都看了。你写的《毛泽东的新民主主义论再评价》，就写得很好。毛主席的《新民主主义论》，全面奠定了新民主主义理论的基础，对指导中国革命胜利和新中国成立后的建设都起了很大作用。毛主席一生为中国革命、中国人民做了很多事，作出了伟大贡献，我坚信这一点，历史也证明了，我认为这点是不能动摇的。但是，毛主席后来犯过错误，这也不能否认，毛主席自己也承认，对历史要实事求是。"

胡绳点点头，赞成汪东兴的看法。胡绳秘书插话说：胡老的《毛泽东的新民主主义论再评价》就是在湖南召开的"毛泽东、邓小平和马克思主义中国化"理论研讨会上的讲话整理而成的。

胡绳同志微笑说："这次讲话惹出祸来了。"

胡绳秘书接着说明：胡老上午讲话，下午就有人批判。最近有的杂志还发表文章批判胡老。

胡绳同志说："现在研究问题，出现不同意见是不奇怪的，大家应该是多思考、多分析比较，不要作无谓的争论。有不同的看法，谁对谁错，由实践慢慢来印证。"

汪东兴同意胡绳的看法。他说："真理不怕批，不同意见要分析比较。马克思主义、毛泽东思想、邓小平理论这三面旗帜是不会倒的，这是我们的共同信念吧！"

胡绳同志说："那当然，这三面旗帜是不会倒的，我们都要维护它。"

胡绳和沙健孙关于新民主主义社会问题的争论，在党史学界掀起了一场风波。随着新世纪的到来,特别是通过对改革开放30年实践经验的总结,人们对中国革命理论和实践问题的认识与思考,达到了更高的水平。反思前30年的正反两方面的经验和教训,当年所提出的新民主主义社会理论便越来越显示出它的思想价值,从而吸引着人们去进行深入的研讨。10年过后,余波未尽。

《炎黄春秋》杂志社的主编杜导正在2009年《炎黄春秋》第4期著文:《新民主主义的回归与发展》,认为毛泽东领导中国革命建立新民主主义社会是成功了;实行社会主义改造,向社会主义过渡就是新民主主义的失败;改革开放后三十年是新民主主义的回归与发展。杜导正颇带感情地说:

> 2009年是中华人民共和国建国60周年,共和国整整走过一个甲子的历史了。60年前,我是一个25岁的毛头小伙子,60年后,我垂垂老矣。古语云:"鉴往知来",也就是说,为了更好地前行,必须清醒地回首。作为陪伴共和国走过60年风雨的老人,一个说大不大、说小不小的老干部,近一段时间,我陷入深深的思索。
>
> 2008年春,在北京薄一波百年诞辰纪念会上,我发表了一篇演说。题目是:中共八十年经验教训,可概括为一句话,成也新民主主义,败也新民主主义。
>
> 这是我长时间思索后的结论。这个结论,我想,用来总结共和国60年的历程,也同样适用。1949年夺取政权前,我们党实行新民主主义,我们成功了。夺取政权后,我们抛弃了新民主主义,急急忙忙搞社会主义,搞乌托邦,我们失败了,失败得很惨。1978年党的十一届三中全会后,我们重又回归到新民主主义的建设思路,并在实践中予以发展,我们又成功了,成功得举世瞩目。
>
> 这样,共和国60年的历史就可以划分为两个30年,两个人、两个时代——毛泽东和邓小平。"新民主主义"就成为如何看待毛泽东和邓小平的一个重要的参照物。

他为胡绳当年的文章高唱赞歌，认为：

新民主主义理论，是以毛泽东为代表的中国共产党人从中国的历史状况和社会状况出发，深刻研究中国革命的特点和中国革命的规律而创立的科学理论。1940 年 1 月，毛泽东在《新民主主义论》中就明确指出，中国革命胜利后，必须经过较长时期的新民主主义社会和新民主主义共和国，然后才能进入社会主义，并具体规定："新民主主义的政治、新民主主义的经济和新民主主义的文化相结合，这就是新民主主义共和国，这就是名副其实的中华民国，这就是我们要造成的新中国。"他认为，中国民主革命胜利后的社会不是资本主义，又不是社会主义，而是新民主主义，还容许资本主义存在和发展。在 1945 年《论联合政府》中，毛泽东甚至说要使资本主义有一个"广大的发展"。在那个时候，就说共产党搞革命可以为资本主义的发展创造条件，从理论上和实践上都要坚定地反对民粹主义，(注：民粹主义思潮出现在 19 世纪中叶的俄国。一些代表小生产者的知识分子，以人民的代表者和社会精粹自居，提出"到民间去"，发动农民打倒沙皇的封建统治制度，建立以村社为主体的社会主义制度。其主要观点是：否定资本主义发展的必然性，甚至本能地、先验地仇视资本主义，认为通过贫苦农民的"村社建设"就可以过渡到社会主义。)毛主席恐是我们党内第一人。可惜的是，建国后从 1953 年开始，毛泽东提出党在过渡时期的总路线，强调这条总路线的实质是解决所有制问题，实行消灭一切私有制的社会主义改造，这就把新民主主义理论抛弃了。

学者胡绳在《毛泽东的新民主主义论再评价》一文中指出：毛泽东在建国后的重大失误之一，是离开新民主主义的正确道路，以民粹主义观点看待社会主义与资本主义的关系，急于消灭资本主义。这一评论，触及到了建国后我们党在毛泽东领导下一系列"左"的失误的思想认识根源。胡绳以非凡的勇气指出这一点极其重要，不但对于我们从更深的层次，即从究竟应该以马克思主义还是以民粹主义看待问题制定政策这一理论层次，来理解和总结毛泽东的失误非常有益；并且，在中国这个农民和小资产阶级占绝对多数的国家，警惕那种往往容易从民粹主义出发，误把民粹主义路线当作人民大众路线，来处理路线方针政策问题，更是具有理论和现实双层针对意义。

并且认为，今天我们正在建设的中国特色社会主义是新民主主义的回归：

邓小平和毛泽东的最大区别在哪里？在我看来，就是邓小平重新回到1949年的新民主主义理论；有中国特色的社会主义，是从"社会主义初级阶段"演变而来的，而"社会主义初级阶段"，实质上是新民主主义论的回归和发展。……经过几年发展后，党的十三大确立了"社会主义初级阶段"的理论。什么是"社会主义初级阶段"？1949年建国前，我们党确立的新民主主义理论，是为建设社会主义的准备阶段。这个阶段，毛说要十五年甚至更长一段时间。这个阶段是什么？可以说是"准备阶段"，我看叫做"社会主义初级阶段"，不从政治上抠字眼的话，"社会主义初级阶段"，实质上就是来源于新民主主义理论，这就是新民主主义理论的回归。而邓小平的伟大之处在于，他回归了新民主主义理论，但更发展了新民主主义理论……

改革开放30年来，我们每走一步都充满着争论。争论的焦点无外乎所谓的"姓资姓社"的问题。如果我们从"新民主主义的回归与发展"这个角度来考虑，是不是可以减少一些无谓的争论？当然，这方面理论有待学者阐述完善，进一步公开地把道理讲透，而继续纠缠"姓资姓社"其实是没有意义的。现实是最能说明问题的。我们目前的生产力水平、人民的觉

> 悟程度、社会组织程度、科学技术发展水平等一系列因素，都决定了现在的中国只能执行邓小平主张的这样一条路线。以后会怎样？过一百年再说。未来会是一元化吗？我看未必，恐怕会更多元，更文明。但展望未来，为未来奋斗，不能再靠“乌托邦”思想。

一个名叫奚兆永的人接连发表批驳杜导正的文章，在《评杜导正的“新民主主义回归论”》这篇文章里，奚兆永说：杜导正“《新民主主义的回归和发展》的文章，主张‘新民主主义回归论’，否定建国以来社会主义革命和社会主义建设的历史，妄图再走资本主义的老路，大搞历史的倒退，值得引起我们的高度关注”。并且在文章末尾劝谓杜导正：“造谣惑众是一种堕落，更是一种犯罪，造谣者的前景绝不会美妙，奉劝杜导正先生们能够迷途知返，而不要在这条邪路上走得太远了！”随后，奚兆永继续撰文《杜导正先生的为人和为学》，说：“本来，我对杜导正先生一点也不了解，这几年，由于《炎黄春秋》上刊载的一些文章过于离谱，才引起我对于这份刊物以及它的领导人杜导正先生的关注。”作者通过自己对杜文的校对和核实，认为杜导正的为人：“他为了达到他们不可告人的政治目的而不择手段、知法犯法，是什么坏事都做得出来的。”为学：“不读书，不求甚解。”总之，“杜导正先生曾经位居中华人民共和国新闻出版署署长的高位，现在也还是一个颇受世人关注的人物，但是从一些事观其为人和为学，实不足道也”。奚兆永的大批判超出了学术讨论的范围，真“不足道也”。

二十多年来，学术界关于新民主主义的研究成果还是非常丰硕的，仅研究综述之类的文章就有许多，可见对新民主主义社会理论研究的深入和广泛。从这些研究综述的情况来看，学术界对新民主主义社会理论的研究主要集中在如下几个方面：

其一，集中在关于《新民主主义论》文本本身的研究上。有学者对学术界关于《新民主主义论》文本的研究情况作了综述性的研究，从学术界对于《新民主主义论》的思想内容的研究、对《新民主主义论》的社会意义和影响的研究、对《新民主主义论》版本变化的研究三个方面着手，对《新民主主义论》文本的研究情况进行了综述。①

其二，集中在关于新民主主义社会理论本身的研究上。有的学者从新民主主义社会的性质、新民主主义社会理论与过渡时期总路线的关系、新民主主义社会理论与社会主义初级阶段理论的关系三方面入手，对学术界对新民主主义理论的研究情况进行了概括。② 有的学者通过对新民主主义社会的基本内涵、新民主主义社会提前终止的原因以及与社会主义初级阶段的关系三个热点问题研究状况的简要介绍，展示了学术界对该问题研究的发展趋势、重要成果。③

其三，集中在关于新民主主义社会向社会主义社会转变的原因的研究上，这方面的研究成果最多。有的学者从转变时期社会的主要矛盾、过渡时期总路线、实行由新民主主义向社会主义转变的原因、实行新民主主义向社会主义转变的历史评价这几个方面入手，对学术界对这一问题的研究情况进行了概述。④ 有的学者则把学术界关于新民主主义社会向社会主义社会转变的原因的研究概括为“发展必然说”、“理论缺陷说”、“实践使然说”、“国际影响说”、“内部斗争说”，对学术界的研究情况进行了回顾和展望。⑤ 有的学者认为学术界关于新民主主义社会中断的原因的研究，主要集中在主观和客观两个方面。客观原因主要有新民主主义理论或实践本身的特点、国家实行工业化战略的需要、国内环境的变化、国际环境的压力；主观原因主要是毛泽东个人认识的变化、对社会主义认识的模糊、人民群众对社会主义的向往。⑥

其四，集中在关于刘少奇的“巩固新民主主义制度”的思想的研究上。有学者从刘少奇“巩固新民主主义制度”思想的由来、刘少奇“巩固

---

① 吴汉全、李娜：《近十年来〈新民主主义论〉研究综述》，《党的文献》，2009 年第 2 期。

② 张秀云：《关于新民主主义社会理论研究综述》，《学术界》，2002 年第 3 期。

③ 贾秀梅：《近十年新民主主义社会理论若干热点问题研究综述》，《山西农业大学学报》(社会科学版)，2008 年第 4 期。

④ 王建都：《关于由新民主主义向社会主义转变研究综述》，《高校社科信息》，2002 年第 6 期。

⑤ 贾绘泽：《新民主主义向社会主义提前转变原因研究综述》，《高校社科动态》，2009 年第 4 期。

⑥ 肖文清、胡珊琴：《新民主主义社会中断原因研究综述》，《四川理工学院学报》(社会科学版)，2009 年第 5 期。

新民主主义制度”思想的内涵、刘少奇的“巩固新民主主义制度”思想有没有被毛泽东批判过、刘少奇“巩固新民主主义制度”的思想为何遭致抛弃、对刘少奇“巩固新民主主义制度”思想的评价及对毛泽东对这种提法批评的认识这五个方面着手，对学术界关于刘少奇“巩固新民主主义制度”的思想进行了综合性的概述。①

其五，集中在列宁过渡时期国家学说、新民主主义社会理论和过渡时期总路线三者之间的关系的研究上。有学者认为，学术界的关于这方面的研究主要是围绕三大关系展开：一是过渡时期总路线与列宁过渡时期学说的关系，即过渡时期总路线提出的理论依据；二是过渡时期总路线与新民主主义社会论的关系；三是新民主主义社会论与列宁过渡时期学说的关系。②

其中还有一些综合性的研究文章，具有代表性的是刘辉的《近二十年来新民主主义社会论研究述评》，③作者认为20世纪80年代以来，学术界关于“新民主主义社会论”的研究备受关注，成果众多。主要表现在对该理论形成和发展历史过程的考察、它的性质和特征的揭示、中共最终放弃这一理论的原因和后果的分析，以及它与俄国“新经济政策”和社会主义初级阶段理论之异同的比较等四个方面，研究达到了相当的广度和深度。但对于该理论形成的思想依据、创发机制和思维方式的研究，还有待加强。

从以上这些综述式的研究成果可以看出，学术界关于新民主主义社会理论的研究，不论是对《新民主主义论》本身的研究，对新民主主义社会理论的研究，对新民主主义社会中断原因的研究，对新民主主义社会向社会主义社会转变原因的研究，对刘少奇“巩固新民主主义制度”思想的研究，对列宁过渡时期国家学说、新民主主义社会理论、过渡时期总路线三者关系的研究都达到了相当的深度和广度，研究成果十分

① 王敬川：《刘少奇“巩固新民主主义制度”思想研究综述》，《党史研究与教学》，2000年第6期。

② 董军明：《列宁过渡时期学说、新民主主义社会论与过渡时期总路线关系研究综述》，《内蒙古师范大学学报》（哲学社会科学版），2007年第2期。

③ 刘辉：《近二十年来新民主主义社会论研究述评》，《教学与研究》，2002年第5期。

丰富。但新民主主义社会的理论毕竟不同于别的理论，这个理论是有血有肉的，是共和国的缔造者和亿万建设者付诸了大量心血进行过实践的一段不可回避的历史。因此，对新民主主义社会理论的研究还有待于利用别的学科方法，从新的角度，或者采用地方性的史料进行更加深入的研究。

共和国已经走过了整整六十多个春秋，中国改革开放更加深入，社会发生了巨变。但共和国没有忘记，没有忘记那段最初的光辉岁月，没有忘记那一代的建设者们，没有忘记亿万人民曾经为之奋斗的新民主主义社会……这可能就是为什么时过多年，特别是每逢重大的历史关头，新民主主义社会这个话题还会一再引起人们的极大关注和争论。可以说，自改革开放以来，中共党史上没有哪一个宏观理论和实践问题，像新民主主义社会理论和实践问题那样，引起人们的共鸣、争论、思考和困惑，并与现实紧密相连。应该说，提出这一命题本身就是对中共党史和现实社会问题的一大贡献。那么新民主主义社会理论究竟是如何提出的呢？这个毛泽东 1940 年代文章中描绘的新民主主义社会究竟是一个怎样的社会呢？中国当初为什么选择了新民主主义社会呢？为什么后来又放弃了新民主主义社会呢？新民主主义社会的放弃是不是太早了呢……我一直在关注着这些问题，对新民主主义社会理论有自己的见解和看法。这本书是我多年研究这一专题，吸收学术界最新研究成果的心得和积累，希望能给读者理解和认识新民主主义社会理论带来新的视角和内容。

第一章
新民主主义社会理论的提出和完善

第一节 马克思主义关于过渡时期国家的理论

新民主主义社会理论是中国共产党人在整个新民主主义革命的过程中，把马克思主义关于过渡时期国家的基本理论和中国革命的实际情况相结合的产物，是中国共产党探索创立新民主主义国家政权并付诸实践的整个过程的结晶。中国共产党在对中国社会作出正确分析后，依据马克思主义关于过渡时期国家的基本原理，吸取了苏联的建设经验，同时又经过了农村革命根据地的试验，从而形成了关于新民主主义社会的理论。历史证明，这一理论是毛泽东思想的一个重要组成部分，是对马克思主义的过渡时期国家理论的丰富和发展。

一、马克思主义关于过渡时期国家概念的提出

中国新民主主义社会的建立，是中国新民主主义革命的必然结果，是中国近代特殊历史条件下的产物。但在中国新民主主义社会理论形成过程中，在中国新民主主义社会建立和巩固的过程中，马克思主义的过渡时期国家的理论起到了重要的指导作用。

马克思、恩格斯、列宁关于过渡时期国家的理论，是马克思主义革命理论和国家学说中的一个重要内容。他们根据各自所处的历史条件和革命实践，对过渡时期国家的理论作了多方面的阐述，在国际共产主义运动中产生了深远的影响。

过渡时期国家的概念，最早是由马克思提出来的。他在1852年论述无产阶级革命所建立的国家——无产阶级专政时指出："这个专政不过是达到消灭一切阶级和进入无阶级社会的过渡。"[①]这句话充分说明了无产阶级专政的历史使命和它所处的历史阶段，它是资本主义社会进入共产主义社会的一个过渡时期。1875年，他在《哥达纲领批判》一书中对此作了更详尽的阐述："在资本主义社会和共产主义社会之间，有一个从前者变为后者的革命转变时期。同这个时期相适应的也有一个政治上的过渡时期，这个时期的国家只能是无产阶级的革命专政。"[②]这个论述，充分地反映了从资本主义社会向共产主义社会的过渡过程中无产阶级革命和无产阶级专政的客观地位。第一，他把无产阶级通过暴力革命推翻资产阶级统治后建立起来的新型国家，看作是无产阶级反对资产阶级取得胜利的必然结果，是国家发展的必然规律。第二，过渡时期内，政治上只能是实行无产阶级的革命专政。第三，过渡就是转变，过渡时期就是转变时期，即由资本主义社会变为完整的共产主义性质的社会。由于历史条件的限制，马克思并没有建立真正的无产阶级专政的国家政权，没有无产阶级专政的实践和经验，马克思不可能对过渡时期国家提供更多的理论指导。

到了列宁的时候，由于俄国十月革命的胜利，无产阶级专政的国家政权在俄国得以真正实现，使列宁有条件可以对过渡时期国家的理论进行丰富和完善。列宁反复说明："在资本主义和共产主义之间有一个过渡时期，这在理论上是毫无疑问的。"[③]而且，"从向着共产主义发展的资本主义社会过渡到共产主义社会，非经过一个'政治上的过渡时期'不可"，[④]等等。可见，从马克思到列宁，都认为在资本主义社会完结后，由于无产阶级革命的胜利，紧跟着必然有一个过渡时期，这一时期的国家只能是无产阶级专政，即无产阶级独自领导的国家政权，以无产阶级的利益为国家最高利益，执行着无产阶级的路线、方针、政策，资产阶级

---

① 《马克思致约·魏德迈》，《马克思恩格斯选集》第4卷，人民出版社1995年版，第547页。
② 《哥达纲领批判》，《马克思恩格斯选集》第3卷，人民出版社1995年版，第314页。
③ 《无产阶级专政时代的经济和政治》，《列宁选集》第4卷，人民出版社1995年版，第59页。
④ 《国家与革命》，《列宁选集》第3卷，人民出版社1995年版，第188页。

则是被专政的对象。只有通过无产阶级专政这一过渡时期才能达到社会主义社会和共产主义社会。列宁对这个无产阶级专政国家的过渡时期，作了这样精辟的论述：不能把过渡时期看作瞬息即逝的过程，看作一批“最革命”的法律和法令。应该充分认识到过渡时期是一个长期的、困难的过程。过渡时期本身也需划分为若干阶段，“我们的政策又要照顾到许多更小的过渡，……要估计到每一种这样的过渡的特殊任务”。列宁指出：“怎样实际地从旧的、习惯了的、大家都熟悉的资本主义向新的、还没有产生的、没有牢固基础的社会主义过渡，却是一个最困难的任务。这一过渡搞得好也需要许多年。”[①]特别是对于政治、经济、文化发展落后的国家，更是这样。对此，列宁指出：“由于历史进程的曲折而不得不开始社会主义革命的那个国家愈落后，它由旧的资本主义关系过渡到社会主义关系就愈困难。”[②]并且，在小农经济占优势的国家里，不能从资本主义直接过渡到社会主义，必须采取一系列特殊的过渡办法。

二、马克思主义关于过渡时期的基本任务

过渡时期的基本任务是什么？马克思主义经典作家对此进行了充分的论述。总体而言，过渡时期的基本任务是：无产阶级夺取生产资料，尽可能快地发展社会生产力；建立和完善无产阶级的民主制度，使无产阶级具有管理国家的能力，而这两项任务的完成都离不开国家政权的建设。

马克思、恩格斯指出：“把一切生产工具集中在国家即组织成为统治阶级的无产阶级手里，并且尽可能快地增加生产力的总量。”[③]列宁也提出了“经济方面的政治”的命题，认为要把搞好经济当成最大的政治。但完成这一任务没有无产阶级的国家政权，就不可能实现“剥夺者被剥

---

① 《在第七届全俄中央执行委员会第一次会议上关于全俄中央执行委员会和人民委员会工作的报告》，《列宁全集》第38卷，人民出版社1986年版，第113页。

② 《俄共(布)第七次(紧急)代表大会文献》，《列宁全集》第34卷，人民出版社1985年版，第3～4页。

③ 《共产党宣言》，《马克思恩格斯选集》第1卷，人民出版社1995年版，第293页。

夺"、生产资料的社会化。在过渡时期内存在着资本主义和社会主义两种社会经济结构的特点和特征，即它既有资本主义的也有社会主义的经济成分，要消灭资本主义的经济成分，发展和壮大社会主义的经济成分，没有无产阶级专政的力量是不可能的。只有经过无产阶级专政，才能彻底改造旧制度，创造建立社会主义经济的前提。

建立和完善无产阶级民主制度，使无产阶级具有管理国家的能力，这主要是无产阶级专政本身的问题。马克思、恩格斯在《共产党宣言》中指出："工人革命的第一步就是使无产阶级上升为统治阶级，争得民主。"[①]后来恩格斯在《共产主义原理》中说："首先无产阶级革命将建立民主制度，从而直接或间接地建立无产阶级的政治统治。"[②]列宁也认为，过渡时期采取的政治组织形式是民主共和国，即在过渡时期中，无产阶级民主是必要的。由此可见，政治上的民主道路是唯一可能正确地走向社会主义的方法和途径。如果想不经过政治上的民主制度，而沿着其他道路走向社会主义，这不仅在理论上是荒谬的，在实践上也是不可能的。

列宁认为，苏维埃的民主制度是"更高类型的民主制，是与资产阶级所歪曲的民主制截然不同的民主制，是向社会主义民主制和使国家能开始消亡的条件的过渡"。[③]但在当时由于受实践的制约，列宁在讲苏维埃民主问题时，极少甚至没有涉及社会主义民主的问题，但能够提出这一问题仍然是十分重要的。因为他事实上提出了过渡时期的国家如何通过自身的建设过渡到社会主义的国家的问题。从理论上看，没有这样一个过渡，就不可能达到那种没有政权、没有政府、没有政党的"每个人的自由发展是一切人的自由发展的条件"[④]的共产主义社会。而从实践上看，过渡时期国家发展的状况，将直接影响到社会主义的国家的建设。到1921年，列宁在检讨战时共产主义政策的基础上，提出了新经济政策，并开始利用各种过去被认为是资本主义的形式来发展苏维

---

① 《共产党宣言》，《马克思恩格斯选集》第1卷，人民出版社1995年版，第293页。

② 《共产主义原理》，《马克思恩格斯选集》第1卷，人民出版社1995年版，第239页。

③ 《苏维埃政权的当前任务》，《列宁选集》第3卷，人民出版社1995年版，第504页。

④ 《共产党宣言》，《马克思恩格斯选集》第1卷，人民出版社1995年版，第294页。

埃共和国的经济。列宁认为，苏维埃最重要的困难是经济。然而过去企图用激发人民群众的政治热情和军事热情的方法，是"用无产阶级国家直接下命令的方法在一个小农国家里按共产主义原则来调整国家的产品生产和分配"，[①]但是未能迅速地达到目的，因而出路在于实行新经济政策。在不改变无产阶级专政国家本质的前提下，"在一定限度内，而且要以国家调节（监察、监督、规定形式和规章等等）私营商业和私人资本主义为条件"，[②]社会主义同资本主义是可以通过市场进行经济竞赛的。这样做有利于经济的发展，有利于无产阶级专政的巩固；同时列宁还认为，应改变对社会主义革命和无产阶级专政国家的看法，"从前我们是把重心放在而且也应该放在政治斗争、革命、夺取政权等等方面，而现在重心改变了，转到和平的'文化'组织工作上去了"。[③] 列宁这时在一定程度上改变了过去关于过渡时期国家的一些设想。从强调资本主义、小农经济对无产阶级专政国家的危害性，到更加强调俄国国情，准备"退却"，[④]要在一个相当长的历史时代实行适合于最普通农民水平的新经济政策。

从马克思到列宁，对过渡时期国家的理论都进行了充分的论述，使过渡时期国家的理论有了极大地丰富和发展。无产阶级革命和无产阶级专政的建立为他们的理论实践奠定了基础。巴黎公社是人类历史上出现的第一个无产阶级政权，对这个政权马克思、恩格斯给予了高度的肯定和赞扬。马克思指出，巴黎公社正是 1848 年以来无产阶级所向往的"社会共和国"的"一定的形式"。巴黎公社的主要特征是：人民群众真正当家，实行直接民主、选举代表，任免官吏、官吏最高工资低于工人的最高工资；由立法与行政统一的精干的公社委员会治理国家。这个政权尽管存在的时间很短暂，但为马克思提出过渡时期无产阶级专政

① 《十月革命四周年》，《列宁选集》第 4 卷，人民出版社 1995 年版，第 570 页。

② 《关于工会在新经济政策条件下的作用和任务的提纲草案》，《列宁选集》第 4 卷，人民出版社 1995 年版，第 620 页。

③ 《论合作社》，《列宁选集》第 4 卷，人民出版社 1995 年版，第 773 页。

④ 列宁说："为了通过新经济政策使全体居民人人参加合作社，这就需要整整一个历史时代。在最好的情况下，我们度过这个时代也要一二十年。但这终究是一个特殊的历史时代。"参见《论合作社》，《列宁选集》第 4 卷，人民出版社 1995 年版，第 770 页。

国家的理论奠定了基础。此后俄国十月革命的胜利，苏维埃国家建立，使列宁进一步论述过渡时期国家的理论有了更坚实的基础。当然，也必须指出，由于列宁的早逝，他不可能对过渡时期国家理论的各个方面作出充分、完整的论述，尽管如此，他对过渡时期国家理论的论述已构成了无产阶级革命和无产阶级专政国家学说中的一个组成部分，这一理论在国际共产主义运动中必然会产生重大的作用。

第二节　新民主主义社会理论的创立和完善

马克思主义经典作家关于过渡时期无产阶级专政国家的一般原则的论述是极其重要的，这些原则对中国共产党领导的新民主主义革命和新民主主义社会的实践有着极其重大的指导意义。但同时应看到，由于历史条件的限制，马克思、恩格斯、列宁都未来得及具体指导和解决半殖民地半封建社会中爆发的无产阶级领导的资产阶级民主革命胜利后，应建立一个什么样的社会的问题。这就需要中国共产党人，从中国半殖民地半封建社会的实际出发，根据马克思列宁主义关于无产阶级革命和无产阶级专政的一般原则，去解决中国革命中的实际问题。以毛泽东、刘少奇、周恩来、朱德、董必武等为代表的中国共产党人对此进行了艰辛的探索。随着中国新民主主义革命的发展，他们明确地提出了中国新民主主义革命胜利后，必须建立新民主主义社会的理论。这一理论萌芽于大革命时期和土地革命战争时期，形成和完善于抗日战争和解放战争时期。

一、新民主主义社会理论的萌芽和完善

1921 年 7 月中国共产党正式成立，当时的共产主义者认为中国应该立即进行社会主义革命，建立俄国式的社会主义社会，为此，中共一大“党纲”规定：无产阶级要推翻资本家阶级的政权，承认无产阶级专

政。中共二大"宣言"提出了民主革命纲领和社会主义革命纲领，但未提及无产阶级领导权问题，实际上认为民主革命胜利后建立的是资本主义社会制度，到那时无产阶级再领导和进行反对资产阶级的社会主义革命。中共四大提出了在民主革命中无产阶级领导权和工农联盟思想，但未提出国家政权问题。1925 年 10 月，中共中央扩大会议提出了建立"革命民众政权"的口号。毛泽东在 1925 年的《答少年中国学会改组委员会问》中也提出了这一问题，中国必须进行"无产阶级的社会革命。惟目前的内外压迫，非一阶级之力所能推翻，主张用无产阶级、小资产阶级及中产阶级左翼合作的国民革命，实行中国国民党之三民主义，以打倒帝国主义，打倒军阀，打倒买办、地主阶级（即与帝国主义、军阀有密切关系之中国大资产阶级及中产阶级的右翼），实现无产阶级、小资产阶级及中产阶级的左翼的联合统治，即革命民众的统治"。这就是后来形成的人民民主专政的新民主主义社会理论的萌芽。但总的说来，大革命时期中国共产党始终没有正确认识清楚中国革命的前途问题，即民主主义革命胜利后建立一个什么样的政权和社会的问题。这是与没能搞清楚民主主义革命和社会主义革命的关系紧密相连的，所以，不是犯"一次革命论"错误，就是犯"二次革命论"错误。

土地革命战争时期，中国共产党建立了工农民主专政的苏维埃共和国，试图通过工农民主专政达到将来社会主义的无产阶级专政。毛泽东指出，苏维埃一切政策出发点之一是"为了从现时工农民主专政，准备将来变到社会主义的无产阶级专政去"。中华苏维埃共和国"在将来向前发展过程中，它将实行国家工业化政策，它将实行国家农业集体化，它将逐步实行完全有计划的国民经济……换句话说，今日社会主义胜利建设的苏联，这是我们中华苏维埃共和国向前发展的活榜样！"[①]显然，没有特别重视中国国情，照搬苏联模式，是中华苏维埃共和国未能长久坚持下去的主要原因。

---

① 毛泽东：《中华苏维埃共和国中央执行委员会与人民委员会对第二次全国苏维埃代表大会的报告》，《苏维埃中国》，中国现代史资料编辑委员会 1957 年翻印本，第 254、288～289 页。

到了1935年底，特别是1940年初以后，中国共产党经历了两次革命的实践和两次失败的教训，才对中国革命和中国社会的发展规律有了新的正确的认识，懂得了新民主主义革命和社会主义革命既相区别又相联系的辩证关系，得出了经历新民主主义社会到达社会主义社会的历史结论，完整地形成了新民主主义社会的理论。在1935年12月至1949年6月之间，毛泽东发表的《论反对日本帝国主义的策略》、《五四运动》、《中国革命和中国共产党》、《新民主主义论》、《论联合政府》、《在中国共产党第七届中央委员会第二次全体会议上的报告》、《论人民民主专政》等文章，集中阐述了这一理论的内容。

新民主主义社会的理论认为：新民主主义社会是中国社会发展必须经过的一个特有的社会历史阶段。中国的新民主主义革命是资产阶级民主主义革命的一种特殊形式，它是"新的、被无产阶级领导的、以在第一阶段上建立新民主主义的社会和建立各个革命阶级联合专政的国家为目的的革命"。[①] 中国新民主主义革命和中国新民主主义社会与中国社会主义革命和中国社会主义社会，如同"两篇文章，上篇与下篇，只有上篇做好，下篇才能做好"。[②] "若问一个共产主义者为什么要首先为了实现资产阶级民主主义的社会制度而斗争，然后再去实现社会主义的社会制度，那答复是：走历史必由之路。"[③]

二、新民主主义社会理论的主要内容

新民主主义即人民民主主义是新中国建国的政治基础。新民主主义社会制度，包括政治、经济、文化等制度。新民主主义社会的政治制度，即实行工人阶级领导的、以工农联盟为基础的、团结各民主阶级和国内各民族的人民民主专政，或曰几个民主阶级的联合专政，反对帝国主义、封建主义和官僚资本主义，为中国的独立、民主、和平、统一和富

---

① 《新民主主义论》，《毛泽东选集》第二卷，人民出版社1991年版，第668页。

② 《为争取千百万群众进入抗日民族统一战线而斗争》，《毛泽东选集》第一卷，人民出版社1991年版，第276页。

③ 《五四运动》，《毛泽东选集》第二卷，人民出版社1991年版，第559页。

强而奋斗；新民主主义社会的经济制度，即在国营经济领导之下的合作社经济、农民和手工业者的个体经济、私人资本主义经济和国家资本主义经济五种经济成分，分工合作，各得其所，以促进整个社会经济的发展。特别要保留和利用有利于国计民生的民族资本主义经济，并促进其发展；新民主主义社会的文化制度，即民族的、科学的、大众的文化教育，肃清封建的、买办的、法西斯主义的思想文化，提高全国人民的文化水平。

具体说来，中国共产党关于新民主主义社会理论的内容是：

(一) 关于中国特有的新民主主义社会制度

在1940年前后，毛泽东在《中国革命与中国共产党》、《新民主主义论》等著作中，明确提出中国共产党的奋斗目标是要建立“新民主主义社会”、“新民主主义国家”、“新民主主义政权”、“新民主主义制度”、“新民主主义共和国”、“新民主主义民主共和国”等，勾画了新民主主义社会的蓝图，发展了马克思主义的国家学说。

在政治学说史上，毛泽东提出的“新民主主义社会”和“新民主主义国家”的概念，非同凡响之处是一个“新”字。“新”意之一，是这种社会制度是新时代的产物，它不同于旧民主主义革命所要建立的资本主义的社会制度，因为它已经是过时了的、反动的东西。“新”意之二，是这种共和国是在苏联无产阶级革命的影响下建立的；虽然它也和苏联一样是无产阶级领导的共和国，但它发生在中国的大地上，又不同于苏联式的一个阶级——无产阶级专政的社会主义国家。苏联的这种制度是先进的，但在一定的历史时期中，还不适用于殖民地半殖民地国家的革命。在毛泽东看来，当时世界上的国家体制，按其性质可分为三种类型：“(甲) 资产阶级专政的共和国；(乙) 无产阶级专政的共和国；(丙) 几个革命阶级联合专政的共和国。”“但是那种共和国，在一定的历史时期中，还不适用于殖民地半殖民地国家的革命。因此，一切殖民地半殖民地国家的革命，在一定历史时期中所采取的国家形式，只能是第三种形式，这就是所谓新民主主义共和国。”[①]同样，在“民主”方面，中国需要

---

① 《新民主主义论》，《毛泽东选集》第二卷，人民出版社1991年版，第675页。

的“既非旧式的民主，又还非社会主义的民主，而是合乎现在中国国情的新民主主义。”[①]这里毛泽东是把“民主”作为一种制度加以论述的。

毛泽东还指出了这个新民主主义共和国奋斗目标的具体含义是：“我们不但要把一个政治上受压迫、经济上受剥削的中国，变为一个政治上自由和经济上繁荣的中国，而且要把一个被旧文化统治因而愚昧落后的中国，变为一个被新文化统治因而文明先进的中国。”[②]这亦是中国共产党革命的最低宗旨。中国共产党建立新民主主义国家政权的目的就是“解放中国人民的生产力”。一旦“在新民主主义的政治条件获得之后，中国人民及其政府必须采取切实的步骤，在若干年内逐步地建立重工业和轻工业，使中国由农业国变为工业国。新民主主义的国家，如无巩固的经济做它的基础，如无进步的比较现时发达得多的农业，如无大规模的在全国经济比重上占极大优势的工业以及与此相适应的交通、贸易、金融等事业做它的基础，是不能巩固的”。[③] 从这里可以看出，中国共产党人所要建立的新中国，是包含着一个有丰富内涵的社会发展时期，这个时期不是一个转瞬即逝的社会形态之间的交替和过渡，而是一个有巩固基础的完整的社会过程。用毛泽东的话说：“中国现阶段的历史将形成中国现阶段的制度，在一个长时期中，将产生一个对于我们是完全必要和完全合理同时又区别于俄国制度的特殊形态，即几个民主阶级联盟的新民主主义的国家形态和政权形态。”[④]

新民主主义社会的性质无疑是先进的，但没有一整套严格的民主政治制度的保证是不行的。它的政权的组织形式采取的是民主集中制的人民代表大会制度。人民代表大会制度不同于其他制度，它代表人民政治生活的全面，表示人民政治力量的源泉，并且它是人民革命直接创造出来的，因而它是新民主主义社会的基本制度。人民代表大会的代表是选举产生的，代表名额和人选的分配既要有重点，又要照顾到各个方面，要充分体现出新民主主义政权的统一战线性质，以及民主性、

---

① 《新民主主义的宪政》，《毛泽东选集》第二卷，人民出版社 1991 年版，第 733 页。

② 《新民主主义论》，《毛泽东选集》第二卷，人民出版社 1991 年版，第 663 页。

③ 《论联合政府》，《毛泽东选集》第三卷，人民出版社 1991 年版，第 1081 页。

④ 同上，第 1062 页。

广泛性，要制定真正体现人民民主权力的《选举法》。而政府是由人民代表大会选举的，政府的权力是由人民代表大会给予的，它的工作要受人民代表大会限制，规定了的才能做，没有规定的就不能做。

简言之，新民主主义社会，在政治上，“国体——各革命阶级联合专政。政体——民主集中制”；“中国的经济，一定要走‘节制资本’和‘平均地权’的路”；在文化上，则是“民族的科学的大众的文化，就是人民大众反帝反封建的文化”。[①] 这个社会建立以后的中心任务“是动员一切力量恢复和发展生产事业”，[②]“建立独立、自由、民主、统一和富强的新中国”。[③]

（二）关于各阶级在新民主主义社会中的地位

新民主主义共和国是“真正适合中国人口中最大多数的要求的国家制度”。[④] 因为，各民主阶级、各阶层人们在这个社会中均享有一定的民主权利，有自己的一定地位。这种社会制度规定的人民的范畴是十分广泛的，包括工人阶级、农民阶级、小资产阶级和民族资产阶级，以及一切爱国的人们。它所反对的只是阻碍中国社会发展的帝国主义、封建主义和官僚资本主义。它实行“无产阶级领导的以工农联盟为基础的人民民主专政”，[⑤]即在这个政权中，占人口绝大多数的工农群众是人民民主专政的基础，工人阶级是领导阶级，农民阶级是工人阶级可靠的同盟军，城市小资产阶级和民族资产阶级是团结的对象。在这个政权中，上述各阶级都有发展自己的机会，工人有工做，农民有田耕，民族资本家可以自由发展有利于国计民生的工商业，知识分子是国家和社会的宝贵财富，受到尊重，总之，每个人的个性都会在宽松的民主的社会环境下充分发挥。这个社会制度和国家

---

① 《新民主主义论》，《毛泽东选集》第二卷，人民出版社 1991 年版，第 677～678、708～709 页。

② 《在中国共产党第七届中央委员会第二次全体会议上的报告》，《毛泽东选集》第四卷，人民出版社 1991 年版，第 1429 页。

③ 《论联合政府》，《毛泽东选集》第三卷，人民出版社 1991 年版，第 1079 页。

④ 同上，第 1056 页。

⑤ 《在中国共产党第七届中央委员会第二次全体会议上的报告》，《毛泽东选集》第四卷，人民出版社 1991 年版，第 1436 页。

制度，就是“保障广大人民能够自由发展其在共同生活中的个性，能够自由发展那些不是‘操纵国民生计’而是有益于国民生计的私人资本主义经济，保障一切正当的私有财产”。[①] 因而“这是一个真正适合中国人口中最大多数的要求的国家制度，因为，第一，它取得了和可能取得数百万产业工人，数千万手工业工人和雇佣农民的同意；其次，也取得了和可能取得占中国人口百分之八十，即在四亿五千万人口中占了三亿六千万的农民阶级的同意；又其次，也取得了和可能取得广大的城市小资产阶级、民族资产阶级、开明士绅及其他爱国分子的同意。”[②] 为此，1949 年 9 月召开的人民政治协商会议通过的《共同纲领》以法律的形式将新民主主义社会制度规定下来，而《共同纲领》这一名称，就是毛泽东提出的。

（三）关于民族资产阶级和民主党派的特殊作用

资产阶级在历史的过程中曾对生产力的发展作出过贡献。马克思、恩格斯在《共产党宣言》中就肯定了这一点。中国共产党人在中国新民主主义革命过程中，逐步形成了关于对待中国民族资产阶级的正确的理论和政策，它是中国新民主主义革命取得胜利的重要原因之一。

按照马克思主义的一般原理，无产阶级领导的革命需要消灭一切剥削阶级和剥削制度，实现人类的平等。而中国新民主主义社会制度的最大一个特点，就是保留了民族资产阶级这个剥削阶级在人民阵营之内。如此做，是由民族资产阶级在中国革命中的特殊表现和在中国社会中的特殊地位决定的。我们说中国的民族资产阶级并不同于外国资产阶级。

首先中国的民族资产阶级不同于帝国主义的垄断资产阶级。虽然资产阶级的本质相同，但面目不同。其次中国的民族资产阶级与东欧的资产阶级也有差别。表现在：其一，东欧各国的资产阶级过去就掌握了政权，中国的民族资产阶级虽曾一度参加了蒋介石的反动统治，但马上就遭排斥，并一直就处于无权的地位；其二，希特勒侵占东欧各国后，

---

① 《论联合政府》，《毛泽东选集》第三卷，人民出版社 1991 年版，第 1058 页。

② 同上，第 1056 页。

一部分资产阶级投降了希特勒，组织傀儡政权，中国的民族资产阶级则一般没有和敌伪政权合体；其三，苏联红军解放东欧后，资产阶级一部分逃跑了，一部分则留下捣乱，破坏人民的政权，因而，他们的企业很快就被没收了。在第三次国内革命战争中，中国的民族资产阶级一般都同情中国革命，少部分参加，大部分中立。总之，中国的民族资产阶级是有一定历史贡献的。在旧中国，民族资产阶级同样受到帝国主义的压迫和封建主义的束缚。中国的商品经济之所以始终发展不起来，是由于旧中国"多了一个外国的帝国主义和一个本国的封建主义"。[①] 在现阶段上，民族资产阶级"有其很大的重要性。我们还有帝国主义站在旁边，这个敌人是很凶恶的"。[②] 这就要求我们认清新民主主义社会的三个敌人、四个朋友，民族资产阶级是我们的朋友。有些同志以为，"帝国主义看不到了，国民党官僚资本没收了，因而看准了资产阶级"，这是错了。新民主主义社会的斗争对象，帝国主义和国民党还没倒，同他们尚需进行几十年的斗争。而且建国后"国外矛盾还是主要的"，[③]这是一方面。另一方面我们要看到中国的现代工业在整个国民经济上的比重还很小，中国的经济发展处在极其落后的状态。在社会主义的经济条件还不具备时，就需要利用私人资本主义。特别是旧中国使国民经济达到了崩溃的边缘，这正是发展民族资产阶级的历史作用，积极作用，让其建立功劳的时候。这样看来，"我们和资产阶级的联合不仅政治上有可能，经济上也有需要"。"今天我们中心的问题，不是什么推翻资产阶级，而是如何同他们合作。"[④]那种企图现在就搞垮资产阶级的思想是错误的。所以，新民主主义社会必须允许私人资本主义经济存在和发展。"国营经济是社会主义性质的，合作社经济是半社会主义性质的，加上私人资本主义，加上个体经济，加上国家和私人合作的国家资本主义经济，这些就是人民共和国的几种主要的经济成分，这些就构成新民

---

① 《论联合政府》，《毛泽东选集》第三卷，人民出版社 1991 年版，第 1060 页。

② 《论人民民主专政》，《毛泽东选集》第四卷，人民出版社 1991 年版，第 1479 页。

③ 刘少奇：《对天津工作的初次意见》，1948 年 4 月 18 日。

④ 《发挥人民民主统一战线积极作用的几个问题》，《周恩来统一战线文选》，人民出版社 1984 年版，第 167、169 页。

主主义的经济形态。”[①]当时私人资本主义经济是仅仅弱于国营经济的不可忽视的第二大力量。“在中国的条件下，在新民主主义的国家制度下，……一定要让私人资本主义经济在不能操纵国民生计的范围内获得发展的便利，才能有益于社会的向前发展。”[②]毛泽东指出，新民主主义社会会促进资本主义经济的发展，这并不是倒退，它比起外国帝国主义和本国封建主义的压迫，“不但是一个进步，而且是一个不可避免的过程”。[③]

以上论述揭示了当时社会不容置疑的客观事实。马克思就曾说过：我们不仅苦于资本主义生产的发展，而且苦于资本主义生产的不发展。列宁在“十月革命”后也说：“同社会主义比较，资本主义是祸害。但同中世纪制度、同小生产、同小生产者涣散性引起的官僚主义比较，资本主义则是幸福。”[④]毛泽东的提法与马克思、列宁的上述论点并无原则区别。从当时的实际看，允许民族资本家存在，甚至允许私人资本主义经济有一些剥削，工人暂时受些痛苦，换来的却是社会的整个国民经济的恢复和发展，这是符合无产阶级根本利益的。从政治上说，它对建立与巩固新民主主义社会制度，打击主要敌人，也有不可揆度的作用。

新民主主义社会制度正式建立后，有的民主党派的负责人甚至主动提出用工人阶级思想教育改造资本家，“资本家应充分接受工人阶级思想”。可毛泽东反而不同意这种提法，而将其改为用“爱国主义的思想，共同纲领的思想”教育资本家，“在现阶段，我们只应当责成他们接受工人阶级的领导，亦即接受共同纲领，而不宜过此限度”。“超过这个限度，而要求资产阶级接受工人阶级的思想，或者说，不许资产阶级想剥削赚钱的事情，只许他们和工人一样想‘没有劳动就没有生活’的事情，只想社会主义，不想资本主义，那是不可能的，也是不应该的”。[⑤] 我

---

① 《在中国共产党第七届中央委员会第二次全体会议上的报告》，《毛泽东选集》第四卷，人民出版社 1991 年版，第 1433 页。

② 《论联合政府》，《毛泽东选集》第三卷，人民出版社 1991 年版，第 1060～1061 页。

③ 同上，第 1060 页。

④ 《论粮食税》，《列宁选集》第 4 卷，人民出版社 1991 年版，第 510 页。

⑤ 《对黄炎培一篇讲话稿的复信、批语和修改》，《建国以来毛泽东文稿》第三册，中央文献出版社 1989 年版，第 533、534 页。

们应该用"三年恢复，十年、二十年发展"新民主主义的政治、经济和文化。总之，由于民族资产阶级在中国革命中的地位和作用，以及民族资产阶级在革命胜利后将在恢复国民经济中发挥一定的作用，中国是一个新民主主义社会等等，所以对待民族资产阶级不能操之过急，在一个相当长的历史时期中，民族资产阶级尚有存在的必要性。

与民族资产阶级以及城市小资产阶级和它们的知识分子有连带关系的就是同各民主党派的关系。由于历史的原因，在新民主主义革命胜利后，共产党必然是执政党，因此，这就提出了一个执政的共产党应该怎样对待其他党派的问题。在这个问题上，"几个民主阶级联盟的新民主主义国家，和无产阶级专政的社会主义国家，是有原则上的不同的"。[①] 毫无疑义，新民主主义制度是在无产阶级的领导下，在共产党的领导下建立起来的，"但是中国在整个新民主主义制度期间，不可能、因此就不应该是一个阶级专政和一党独占政府机构的制度"。[②] 因为共产党所极力反对的就是国民党排斥异己，一党专制的制度，所需达到的革命政治目标也是"将政治制度上国民党一党派一阶级的反动独裁政体，改变为各党派各阶级合作的民主政体"。[③] 至于其他政党、社会团体或个人，只要他们采取同共产党合作的而不是敌对的态度，共产党是没有理由抛弃他们的。中国共产党处于新民主主义社会的领导地位，必须主动地同各民主党派做好教育和团结的工作。诚然，对各民主党派的要求不能同共产党一样，否则，各民主党派就失去了存在的意义。从组织上，各民主党派必须要有所发展，不能光讲巩固。

对待民主党派的问题，实际就是如何对待无产阶级以外的各民主阶级的问题。在中国无产阶级领导下的新民主主义革命中，各民主党派都和中国共产党有着长期合作、共同奋斗的光荣历史，因此，进入了和平建设时期，就应该同民主党派、党外人士继续合作奋斗。因此，如果认为，只要有一个共产党，问题就都可以解决了，这是一个简单化的

---

① 《论联合政府》，《毛泽东选集》第三卷，人民出版社 1991 年版，第 1061～1062 页。

② 同上，第 1062 页。

③ 《中国共产党在抗日时期的任务》，《毛泽东选集》第一卷，人民出版社 1991 年版，第 256～257 页。

想法，这样做必然使我们的耳目闭塞起来。多一个监督，做起事来总要小心一点，谨慎一点，事情自然办得好一些。毛泽东不是把各民主党派当作暂时存在的一个社会现象，而是认为它们是存在于新民主主义社会和社会主义社会的整个社会历史过程之中的。同时，他还把各民主党派的存在提到了政治体制的高度来认识，亦即常常讲到的共产党领导下的多党合作制是我国新民主主义社会政治制度的一个优点和特点。正是因为这样，毛泽东等中央领导人指出，对待民主人士在政治待遇、物质生活方面应一视同仁，不能有所歧视。我们不能讲起来是无产阶级领导的人民大众的政权，人民民主的国家，可是做起来却是一个小圈圈的人，不像个领导人，做的跟说的不一样。我们必须团结各民主阶级、各民主党派、各人民团体及一切爱国民主人士，必须建立和巩固伟大的有威信的革命统一战线。不论什么人，凡对于这一革命统一战线的巩固工作有所贡献者，我们就欢迎他，他就是正确的；凡对于这个革命统一战线的巩固工作有所损害者，我们就反对他，他就是错误的。这就是我们对待新民主主义统一战线的政治方针。

(四) 关于新民主主义社会的历史任务

概括地讲，新民主主义社会是过渡性的社会，它必然要向社会主义过渡。

中国新民主主义革命胜利后，建立的是新民主主义社会，而非资本主义社会和社会主义社会，这是新民主主义革命的自然延伸和逻辑结果。中国共产党的最高目标是实现社会主义社会和共产主义社会，这就有了一个如何向社会主义社会过渡的问题。毫无疑问，对于这个问题，自然有一些同志会认为，在革命胜利后，应立即实行社会主义的政策。这些同志所以有这种观点，主要是不懂得中国革命和建设要分阶段、分步骤地循序渐进，在进入社会主义之前还需要很长的过渡时间，即新民主主义社会需要持续相当长的实践。旧中国是半殖民地半封建社会的性质，它预示了中国革命必须分两个步骤，“第一步，改变这个殖民地、半殖民地、半封建的社会形态，使之变成一个独立的民主主义社会。第二步，使革命向前发展，建立一个社会主义的社会”，“而且第一步的时间相当地长，决不是一朝一夕所能成就的”。[①] 更明确地说，这个新民主主义社会制度，其前身是封建主义的社会（近百年来成为半殖民地半封建的社会），后身是社会主义社会，谁也不能违背这种客观的历史发展规律。

随着新民主主义的胜利，强大的人民国家机器建立了，就“使中国有可能在工人阶级和共产党的领导之下稳步地由农业国进到工业国，由新民主主义社会进到社会主义社会和共产主义社会”。[②] 这是无需担心的，但“何时转变，应以是否具备了转变的条件为标准，时间会要相当地长。不到具备了政治上经济上一切应有的条件之时，不到转变对于全国最大多数人民有利而不是不利之时，不应当轻易谈转变”。[③] 应当吸取中共历史上李立三“左”倾盲动主义急于革命转变的前车之鉴。中国革命远比俄国革命困难，为新民主主义奋斗的时间是漫长的，实现社会主义也不能靠主观想象，而需有客观条件。“没有一个新民主主义的联合统一的国家，没有新民主主义的国家经济的发展，没有私人资本主义经济和合作社经济的发展，没有民族的科学的大众的文化即新民主主义文化的发展，没有几万万人民的个性的解放和个性的发展，一句话，没有一个由共产党领导的新式的资产阶级性质的彻底的民主革命，要想在殖民地半殖民地半封建的废墟上建立起社会主义社会来，那只是完全的空想。”[④]那些不顾客观的政治经济文化条件，不准备为新民主主义付出自己的鲜血和生命，而空谈什么社会主义和共产主义，就不是一个自觉的和忠诚的共产主义者。一切革命者都需要明了：“只有经过民主主义，才能到达社会主义，这是马克思主义的天经地义。”[⑤]

在建国时，中国共产党一如既往坚持上述思想。比如，刘少奇强调，如果脱离现实，“过早地、过多地、没有准备地去采取社会主义的步骤”，必然会失掉、破坏工农联盟，使新民主主义政权走向失败。而唯一

① 《新民主主义论》，《毛泽东选集》第二卷，人民出版社 1991 年版，第 666、684 页。
② 《论人民民主专政》，《毛泽东选集》第四卷，人民出版社 1991 年版，第 1476 页。
③ 《论反对日本帝国主义的策略》，《毛泽东选集》第一卷，人民出版社 1991 年版，第 160 页。
④ 《论联合政府》，《毛泽东选集》第三卷，人民出版社 1991 年版，第 1060 页。
⑤ 同上。

正确的道路，只有等到“建设国家工业的过程之后”，“只有在重工业大大发展并能生产大批农业机器之后”，[①]才能考虑实行社会主义措施问题。周恩来支持不把社会主义和共产主义写进《共同纲领》的意见。因为在当时的条件下，过早地提出来反而会乱了脚步。[②] 毛泽东曾明确地把采取社会主义步骤看作“还是相当长久的将来的事情”。[③] 当毛泽东发现某些领导人急于消灭资本主义，试图搞“社会主义”时，多次予以尖锐地批评：“有些人认为可以提早消灭资本主义实行社会主义，这种思想是错误的，是不适合我们国家的情况的。”[④]我们的方针是要在将来“实行私营工业国有化和农业社会化”，但“这种时候还在很远的将来”。“我们的国家就是这样地稳步前进，经过战争，经过新民主主义的改革，而在将来，在国家经济事业和文化事业大为兴盛了以后，在各种条件具备了以后，在全国人民考虑成熟并在大家同意了以后，就可以从容地和妥善地走进社会主义的新时期。”[⑤]就是向社会主义迈进，也是用和平的方法，也不能抛弃在新民主主义社会中做过贡献的民族资产阶级及其他朋友。

即使到了 1952 年末开始酝酿过渡时期的总路线之后，毛泽东根据苏联过渡时期的经验，还三番五次地提出中国过渡到社会主义需十八年的时间。尽管历史的发展不一定与人们的预料一样，但毛泽东把新民主主义社会向社会主义社会的转变问题提到了一个历史的、原则的高度。可见，中国共产党人向社会主义过渡的思想，是立足于一个“稳”字的，是慎之又慎地对待进入社会主义的前提的。他们反复强调要用十几年、二十几年、几十年的时间发展新民主主义社会制度，其目的在于，要按照客观规律办事。只有发展了商品经济，提高了工业化水平，

---

① 《关于新中国的经济建设方针》，《刘少奇选集》上卷，人民出版社 1985 年版，第 430～431 页。

② 《长期合作，共同建设新中国》，《周恩来统一战线文选》，人民出版社 1984 年版，第 178 页。

③ 参见《新华月报》，1949 年 11 月 17 日。

④ 《为争取国家财政经济状况的基本好转而斗争》，《毛泽东文集》第六卷，人民出版社 1999 年版，第 71 页。

⑤ 《做一个完全的革命派》，《建国以来毛泽东文稿》第一册，中央文献出版社 1987 年版，第 416 页。

增加了就业机会，改善了人民生活，建立了民主制度，中国才能进入社会主义社会。总之，新民主主义社会是一个不可或缺的历史发展过程，条件不具备时，是不能实行社会主义的。倘若把这种设想付诸实践，新民主主义的社会制度会巩固发展，人民民主专政会加强壮大，民主法制会渐趋完善，商品经济会受到重视，社会生产力会大为提高，国民收入总产值会高速发展，所有这一切都将为社会主义社会制度的建立打下坚实的基础。

（五）关于新民主主义社会政治制度中的党政关系

党政关系是政治制度或政治体制中一个至关重要的问题。建国初期，中国共产党人就认识到了，党是社会的政治领导者，党是领导政府的，但决不可能党政不分，把党和国家看作一体。党政在性质上、职能上、工作方式上截然不同。党是无产阶级先进分子自愿组织起来的政治组织，而政权机关是管理国家的具有强制性、权威性的权力组织。它们是两套不同的组织系统，党的职能主要是制定党和国家的大政方针，给予政府工作性质和方向以指示，并对其监督，挑选和提拔忠诚而有能力的干部到政府机关去工作。党进行总的领导，但“在形式上不是直接的管辖”。党要实现它的政策，是经过和依靠着在政府工作的党员和党团。党只能直接命令它的党员和党团在政府中搞某种活动，起某种作用，决不能凌驾于政府之上来直接指挥命令政府。党无论在什么情况下，不应把党的机关的职能和国家机关的职能混同起来。党不能因领导政权机关就包办代替政权机关的工作，或取消党本身组织的职能。由于过去长期战争条件，使我们形成了一种习惯，常常以党的名义下达命令，尤其在军队中更是这样。现在进入和平时期，又建立了全国政权，就应改变这种习惯。①

作为党员在社会上也不能特殊。国民党的党员在全国范围内就可以不遵守政府颁布的法令，结果遭到全国人民的痛恶，中国共产党“绝

---

① 参见《发挥人民民主统一战线积极作用的几个问题》，《周恩来统一战线文选》，人民出版社1984年版，第174～175页；《更好地领导政府工作》，《董必武政治法律文集》，法律出版社1986年版，第3页。

不包庇罪人,党绝不允许在社会上有特权阶级。党员毫无例外,而且要加重治罪,这更表示党所要求党员的比起非党员的要严格得多”。[①] 即,党员应该无条件地服从和遵守政府所颁布的法令,所规定的秩序。

从建国初期的实践,进一步证明了正确处理党政关系的必要性和紧迫性。只有解决好党政关系问题,我国政权机构和政治体制中的其他问题才会顺利解决。在这个问题上,有过相当沉痛的教训,教训之一就是缺乏对于政治体制中的要害问题——党政各自职能的研究,包括没有高度重视中国共产党人自己在建国初期对党政关系的科学阐述。

综上,新民主主义社会的理论确实是中国共产党的一代革命家锐意创新、勇于开拓的杰作。由于这一理论着眼于中国半殖民地半封建社会的特殊国情,产生于共产党在革命根据地的实践之中,因此,它非常符合中国社会极其落后的生产力水平的实际,符合全国各阶层人民普遍的政治要求,它为新民主主义社会的建立与巩固奠定了理论基础。

三、新民主主义社会理论的特色和合理性

新民主主义社会的理论并不完全等同于马克思主义的过渡时期国家的理论,它是对马克思主义的过渡时期国家理论的一个重大发展。第一,中国共产党的新民主主义社会的理论产生于半殖民地半封建社会;马克思主义的过渡时期国家理论则建立在对资本主义社会及其无产阶级和资产阶级阶级斗争的分析基础上。第二,中国人民民主专政的新民主主义社会的任务是完成由新民主主义到社会主义的过渡;马克思主义的过渡时期国家理论则认为,无产阶级专政国家的任务是完成由资本主义到共产主义的过渡。第三,中国新民主主义社会的政治制度实行的是人民民主专政。人民民主专政是无产阶级、农民阶级、城市小资产阶级和民族资产阶级四个阶级的联合专政。这一概念把“人民”、“民主”、“专政”这几个方面的含义,明确地表述在一个概念之中,在理论上更为科学,在实践中更符合中国国情;马克思主义过渡时期国

① 《更好地领导政府工作》,《董必武政治法律文集》,法律出版社 1986 年版,第 6～7 页。

家理论认为这一时期实行的是无产阶级专政。无产阶级专政是无产阶级单一阶级的专政。这一概念容易使人产生片面地理解，把其归入“专制政权”一类。第四，在政党制度上，人民民主专政的新民主主义国家实行共产党领导下的多党合作制；无产阶级专政的国家实行共产党一党制。第五，人民民主专政实施专政的对象是帝国主义、封建主义和官僚资本主义，实施民主的对象包括四个阶级。它在政权组成的阶级结构上包括两个联盟，除了工农联盟之外，还存在一个工人阶级与民族资产阶级的联盟；无产阶级专政实施专政的对象是资产阶级，实施民主的对象是工人阶级、农民阶级和城市小资产阶级。它在政权组成的阶级结构上是工农联盟。第六，人民民主专政的国家形式是人民代表大会制度；无产阶级专政的（苏维埃）国家形式是两院制。除了上述政治制度方面的不同外，在经济制度和文化制度等方面也有许多不同。

而新民主主义社会制度的实践，再一次证明了这一理论的合理性，具体说来有以下几点：

第一，新民主主义的社会制度是中国社会政治经济发展规律的产物。

西方国家在近几个世纪中走的是共和道路、产业革命、民主法制建设，等等，而中国几千年来却一直处于停滞不前的封建社会，它从未有过西方意义上的资本主义发展阶段。封建主义的至高无上的皇权专制、腐败的官僚政治、衙门家长作风，使得中国社会人治大于法治，几乎毫无民主制度可言。广大民众也多是逆来顺受、听天由命。要想变革这种沉闷的局面，就必须铲除封建主义流毒赖以生存的土壤，加强法制建设，进行民主政治制度的补课，而新民主主义社会正是完成这些近代民主政治变革和构造任务的历史阶段。如果在我们这种封建主义根基很深的国家中，生硬地引进斯大林式的社会主义模式，甚至采取超前的共产主义步骤，必然会产生超越阶段的“左”倾错误。因此，在中国先建立新民主主义社会，并以此作为向社会主义过渡的中间阶段，则是最佳的抉择。

经济的发展和运行更有其内在的客观规律，人们只能认识规律，但不能改变规律。我们也可以越过资本主义发展阶段而走上新民主主义道路和社会主义道路，但我们不能越过社会生产力本身的发展过程。这是因为：

其一，马克思就说过：人们是不能自由地选择自己的生产力。而中国的生产力水平在半殖民地半封建社会中发展是缓慢的、落后的。

其二，生产力是人们的生产实践和科学实验能力的结果，而这种能力诸因素的形成和发展只能是日积月累的，逐渐推进的。它不像战争或政治斗争那样可以在相对的较短的时间内取得结果。

其三，生产的商品化、社会化是人类社会经济发展的必经阶段，是提高社会生产力水平的必要条件。这个阶段是不可逾越的。

其四，人类社会自有了资本主义社会以来，世界范围的经济联系日益密切，这就产生了生产力水平的国际比较，而且“水涨船高”。任何人为地不顾客观的经济发展水平而实行超阶段的政策的做法都会造成严重的混乱，都要受到自然经济规律的惩罚。

中国几千年来社会生产力的发展是缓慢的，商品经济一直未得到充分地发展，一家一户小农的自然经济在整个国民经济中居统治地位。近代新崛起的民族资本主义经济由于受到帝国主义和官僚资本主义经济的利用、排挤、羁绊、吞并，加以战乱不止，也未能真正发展起来。很难设想，在这样薄弱的经济基础上，在几年之内统统消灭生产资料的私人所有制，实行全盘国有化。实行单一的计划经济、国家垄断一切经济活动，必然造成整个社会和工矿企业失去竞争机制，劳动者、经营者丧失生产积极性，人民物质匮乏，甚至导致社会经济大衰退。而实行新民主主义社会的灵活的经济政策，保留五种经济成分，在国营经济的领导下让其各得其所、充分发展，这既符合马克思主义所倡导的社会化大生产的原则，也会促进整个社会商品经济和经济建设的发展。当生产力发展到一定程度之后，即当国家实现了农业机械化和工业现代化之后，那时才可以考虑，也才有资格进入社会主义社会。这样的社会主义才符合马克思主义所认为的社会主义是建立在生产力高度发达的基础之上的社会的原则。

第二，新民主主义社会制度是由中国的社会性质和革命性质所决定。

历史的经验告诉我们：只有坚持一切从中国社会客观实际出发的能动的革命反映论，正确认识我们社会所处的历史阶段，才能制定和执行正确的路线和政策，取得革命的胜利和建设的成功。

如何认识中国社会性质和革命性质？这里有个认识方法问题。1941年上半年延安整风时，毛泽东曾指出，“为要认识中国现存的社会性质是什么，就必须对中国社会的过去状况与现在状况加以科学的具体的分析，懂得它既不同于独立的封建社会(第一条战线上的斗争)，也不同于独立的资本主义社会(第二条战线上的斗争)，然后才可作出综合的结论，说它是一个半殖民地的(半独立的)半封建的社会。”①要认识现实中国革命的性质，也必须如此。

由于中国是半殖民地半封建社会，经济方面，诚如毛泽东所说：“我们的老祖宗，从前清末年算起，包括张之洞蒋委员长交给我们的遗产，钢只有90万吨，机床只有8万台。”②现代性的工业不多，社会生产力远远落在世界大部分国家后面，广大人民连起码的温饱生存问题都未解决。政治方面，三大敌人残酷地剥削和压迫广大人民，阻碍社会生产力的解放和发展。文化方面，人民受教育的机会极少，封建主义思想束缚着人们的头脑，整个中华民族的文化素质极低。

为此，中国人民(包括民族资产阶级)要进行资产阶级性质的民主革命，但由于中国的民主革命发生在十月革命之后和中国的民族资产阶级软弱等原因，因而中国的民主革命变成了由无产阶级领导的新民主主义革命，其前途是要建立各个民主阶级联合掌权的新民主主义共和国。这个共和国的主要任务，就是在包括民族资产阶级在内的各个民主阶级的共同努力下，消灭封建主义的残余，恢复和发展国民经济，建立一个独立、富强、民主的新社会。

第三，新民主主义社会制度符合全国人民的共同愿望。

新民主主义社会中的人民包括工人阶级、农民阶级、小资产阶级和民族资产阶级。作为工人阶级先锋队的共产党，创造性地提出了崭新

---

① 转引自袁木主编：《当代中国的科学社会主义》，经济日报出版社1987年版，第107页。

② 同上，第100～101页。

的新民主主义社会的理论，建立了新民主主义社会。在新民主主义社会建立之前，其内部的意见基本一致，但在巩固、发展、以致结束新民主主义社会阶段问题上有一定的分歧。毛泽东一再改变准备用相当长的时间（至少十几年）发展新民主主义社会的初衷，急于采取社会主义革命步骤，提前进入社会主义社会，这异乎寻常的突变使人感到，起初毛泽东主张实行新民主主义的各项政策带有策略性质，即暂时利用资本主义经济或私营经济应急，而非战略目标，即让资本主义经济或私营经济有一个长足的发展，以此为国家经济建设服务。而刘少奇、邓子恢连同其他一些领导人最初就把建立新民主主义社会当作一项重大的战略任务，一再坚持在一个相当长的时期内巩固和发展新民主主义社会，让民族资本主义经济或私营经济和国营经济同时有一个大发展，等国家实现工业化之后再考虑搞社会主义。他们的这一思想后来受到毛泽东的严厉批判。

民族资产阶级不必多言，双手赞成拥护新民主主义社会，因为新民主主义社会不只让民族资产阶级存在，还允许和鼓励有利于国计民生的民族资本主义或私营经济的发展，这对于年轻的中国民族资产阶级来说，无疑是一天赐良机。他们钦佩共产党，有为新民主主义社会建设作贡献的愿望，但他们对社会主义有一定的抵触情绪，因为当时社会的主要社会矛盾就是工人阶级同资产阶级的矛盾，社会主义斗争和消灭的对象就是民族资产阶级。像任何阶级一样，民族资产阶级并不情愿退出历史舞台。

小资产阶级，按照毛泽东的定义，指的是“自耕农，手工业主，小知识阶层”[①]等，他们虽不像民族资产阶级那样对新民主主义社会与（过去所理解的）社会主义社会之间的差异那样敏感，但由于新民主主义社会对他们实行相对来说比较照顾的政策，所以，他们中的绝大部分人也是倾向于新民主主义社会的。

农民是典型的小私有者，其祖祖辈辈的最大愿望就是得到一块属于自己所有的土地，打下粮食归自己，不再受地主的盘剥、压榨，因而农

① 《中国社会各阶级的分析》，《毛泽东选集》第一卷，人民出版社 1991 年版，第 5 页。

民一般不愿将刚到手的土地国有化。

毛泽东曾指出，新民主主义国家制度，“这是一个真正适合中国人口中最大多数的要求的国家制度，因为，第一，它取得了和可能取得数百万产业工人，数千万手工业工人和雇佣农民的同意；其次，也取得了和可能取得占中国人口百分之八十……的农民阶级的同意；又其次，也取得了和可能取得广大的城市小资产阶级、民族资产阶级、开明士绅及其他爱国分子的同意。”①

第四，新民主主义社会异于其他社会主义社会。

在中华人民共和国诞生之前，世界上已出现了 9 个社会主义国家，大都是经济文化落后或比较落后的国家，但作为东方农业大国的中国比起它们来，还要落后。第一次世界大战前，俄国的工业总产值为世界的第五位，欧洲的第四位。1913 年，俄国的工业总产值占工农业总产值的 42.1%，农业占 57.9%。重工业产值占工业总产值的 42.9%，轻工业占 57.1%；1933～1937 年，匈牙利的平均工业产值，占工农业总产值的 38%；罗马尼亚的工业产值，1942 年占工农业总产值的 30%以上；更为落后的保加利亚，其工业产值 1942 年也占 20%；而我国在占国民经济 10%的工业当中，重工业不到 30%，轻工业占全部工业的 70%以上。以 1933 年的中国与俄国主要工业产品作比，煤为俄国的 97%，电力为 57%，石油为 1%，钢为 0.5%，机器制造业为4.6%，纱锭为 59%。从主要工业生产量来看，全国解放前最高年产量，钢为 92.3 万吨，原煤6 188 吨，石油 32 万吨，电 60 亿度。按 1949 年全国人口 5.416 7 亿人计算，人均钢 1.7 千克，原煤 141.1 千克，石油 0.6 千克，电 11 度。而 1937 年的捷克斯洛伐克和波兰，钢已分别达到人均 159 千克和 43 千克，煤人均 1 156 千克和 1 054 千克，电 285 度和 106 度，均大大高于我国。由于我国生产力极其低下，使得科技、文教、医药卫生事业也相当不发展，人民文化素质和身体素质极差，人民生活在贫困线上。这一切使中国革命碰到了远比苏联和东欧各国更为特殊的困难，这就要求中国共产党人不能只是从书本上找现成答案，在经验里找出路，而必须进行开拓性

① 《论联合政府》，《毛泽东选集》第三卷，人民出版社 1991 年版，第 1056 页。

的创新。

新民主主义社会制度就是中国共产党创新的结果。如前所述，这种社会制度既不完全等同于资本主义社会制度，也不完全等同于社会主义社会制度。新民主主义社会的政治制度实行共产党领导下的多党合作制，人民民主专政是四个阶级的联合专政。而苏联却是单一的共产党执政，即是单一的无产阶级专政的政权。新民主主义社会的经济制度实行国营经济领导下的五种经济成分并存，即国营经济与私营经济并存竞争发展，国家计划经济的范围还很小。而苏联和东欧各国都是单一的国营经济，实行国家统制的全面的计划经济。最为明显的区别是对待资产阶级的政策，中国的新民主主义社会把民族资产阶级划入人民的范围，允许民族资产阶级存在和发展。而苏联和东欧各国基本是把资产阶级当作敌人，对资产阶级实行军事专政，没收了他们的财产，驱逐他们出境，基本取消了他们的生产资料，很快消灭了资产阶级。

中国与苏联的过渡时期也有许多不同之处，对此，周恩来指出：苏联的过渡时期和我国既有相同处也有不同处，苏联是实现社会主义革命，建立无产阶级专政。当实行新经济政策时，社会主义经济和资本主义经济的斗争，新经济政策是后退了一步再前进。“我国则是实现新民主主义革命。革命的性质、任务都和苏联不同。我们以工人阶级为领导，工农联盟为基础、团结四个阶级建立人民民主专政，一直到完成向社会主义的过渡。我们不需要后退一步再前进。”就我国看，“集中地说，过渡时期就是新民主主义建设时期”。[①] 周恩来这些话蕴含着这样一个深刻的思想，即中国的过渡时期就是新民主主义建设时期，中国没有在建国伊始和过渡时期搞社会主义，是循序渐进搞新民主主义，所以中国做得正确，不必往回退。

中国和东欧各国，在与苏联的关系上有所不同。东欧的大部分国家是苏联帮助解放的，苏联在这些国家还有大批驻军，所以当时东欧大

---

① 周恩来：《在中国人民政协全国委员会第四十九次扩大常务委员会议上的总结发言》，中国人民解放军国防大学党史党建政工教研室编《中共党史教学参考资料》第二十册，国防大学出版社 1986 年版，第 146 页。

部分国家是苏联的卫星国，完全依附于苏联，基本没有自己的独立性，唯一例外的南斯拉夫，又与苏联彻底决裂，互相攻击，成为仇敌。中国与苏联的关系，既不同于南斯拉夫，也不同于东欧其他国家。中苏关系基本处在平等的基础上，两国更注重于各自的民族利益、国家利益，是互利互让，互相帮助，平等相待的关系。当时苏联对我国的帮助更大一些。

第二章
新民主主义社会的实践

第一节　新民主主义社会的雏形

一百多年来，中国人民为反对外国帝国主义和国内反动派进行了艰苦卓绝的斗争，特别是中国的无产阶级政党——中国共产党成立后，领导全国人民进行了新民主主义革命，并在1949年取得了伟大胜利，建立了新民主主义社会，这是中国共产党对中国革命的一个巨大贡献。新民主主义社会的建立是有一个历史过程的，是全党和全国人民长期奋斗的结果。

一、大革命时期的中国共产党对新民主主义社会理论的实践

新民主主义社会是按照新民主主义社会理论而建立的新型社会，它是一个完整的社会形态，有一个形成的过程。这一过程，就是中国共产党不断加深对中国社会和中国革命的认识，逐步完善新民主主义理论并加以实践的过程。所以说，这一社会是在新民主主义理论指导下和在总结新民主主义革命时期各根据地和各解放区的建设经验的基础上创建起来的。它的雏形产生于新民主主义革命时期。土地革命战争时期中国共产党在各地建立的小块红色根据地为新民主主义社会的建立作了初步的尝试；而抗日战争时期建立的抗日民主根据地和解放战争时期建立的各解放区就带有了鲜明的新民主主义的色彩，因此，它们

是全国性新民主主义社会诞生的雏形。

在大革命时期，中国共产党还没有创立根据地，只是建立了一些工农组织，进行了一些工农运动。

在长期的封建社会中，农民之所以祖祖辈辈受地主阶级的压迫，就是因为在封建主义制度下，地主阶级掌握政权。全国乡村，从南部边陲到北疆，到处都有"南霸天"、"北霸天"、"乡里王"。农民要获得解放，成为社会的主人，首先必须推翻地主阶级的政权，代之以为农民撑腰的革命政权。

在中国共产党的领导和影响下，广大农村迅速掀起了轰轰烈烈的农民运动。随着农民运动的兴起，农民协会也如雨后春笋般地涌现了。从 1921 年浙江萧山衙前村的农民协会到 1927 年的全国农民协会，它们一般都实行民主集中制的组织原则。乡的会员大会以及区以上的会员代表大会都是各级农会的权力机关，选出的各级执行委员会和常务委员会则是主持日常工作的，在这些机构之下设立各种工作部门。"基层农民协会"、"乡村自治委员会"、"县公法团联席会议"等农民组织产生后，就着手建立自己的武装——农民梭标队，颁布一些具有法律威慑力的"布告"、"训令"和"农民诸禁"，摧毁地主豪绅的反动武装，减租减息和一些地方分配土地。农民的革命运动，其势如暴风骤雨，迅猛异常，冲破了一切束缚他们的罗网，把几千年封建地主的特权，打得落花流水，动摇了帝国主义、军阀、贪官污吏、土豪劣绅的统治基础，在短暂的时间内造成了一个空前的农村大革命。

中国大规模的工人运动和工人组织同样是伴随着中国共产党的诞生而开始的。中国共产党在"一大"后，就成立了中国劳动组织书记部。1922 年 5 月 1 日，广州召开了第一次全国劳动大会。这次大会是在中国共产党领导下的工人阶级代表的盛会，它所通过的许多决议案，成了开展工人运动的指南。1925 年中华全国总工会成立，各地也普遍建立了工会，工人们团结在工会组织周围，举行了多次罢工。有的地方的罢工组织得非常严密，像香港罢工委员会，在一定程度上执行了革命政权机关的某些职能。有的地方的工人，甚至成立了由工人阶级领导的统一战线政权，如上海工人第三次武装起义后的上海市民代表大会，上海市民政府。遗憾的是，这类代表工人利益的人民民主政权的组织，由于种种原因都只是昙花一现。

大革命时期，还有国共合作建立的广州、武汉国民政府，这一政权的组织领导大权并不掌握在无产阶级手里，其性质是“无产阶级在不同程度上参加了的，小资产阶级、资产阶级以及一部分地主阶级联合的，带有不同程度的新民主主义色彩的专政”。[①] 大革命时期风起云涌的工农组织和工农运动，最终被代表大地主大资产阶级利益的蒋介石国民党集团镇压下去了。

二、土地革命战争时期中国共产党对新民主主义社会理论的实践

大革命失败后，中国共产党开始走上了武装反抗国民党、农村包围城市的革命道路，建立了大大小小许多块根据地。到 20 世纪 30 年代初，成立全国统一的苏维埃共和国的条件业已成熟，于是 1931 年 11 月 7 日，中华工农兵苏维埃第一次全国代表大会在瑞金召开。大会通过了《中华苏维埃共和国宪法》，选举了中央执行委员会作为在全国代表大会闭会期间的最高政权机关。中央执行委员会下设行政机关——人民委员会，负责全国政务。还组成了隶属政府系统的中央革命军事委员会。

中华苏维埃共和国实际是工农民主专政的政权。它是根据列宁的工农民主专政的原理，比照苏联的苏维埃共和国的形式而建立的。这个政权有两方面的作用，第一方面，它对敌人实行专政；第二方面，它对工农群众实行民主，而且它是工农群众自己管理自己生活的工具。

中华苏维埃共和国的显著特点是：

第一，它是接受中国无产阶级及其政党——中国共产党的绝对领导的。中国共产党使资产阶级民主革命性质的政权发生了质的变化，中华苏维埃共和国是由它决定成立的，革命运动也是由它不断推动向

① 《关于废除伪法统》，《人民日报》，1949 年 2 月 16 日。

前发展的。总之，红色政权的出现、存在和发展，其决定因素在于“共产党组织的有力量和它的政策的不错误”。①

第二，中华苏维埃共和国保证了千百万工农大众享有民主选举和参加国家管理的权利。它实行县级以下直接选举与县级以上间接选举相结合的选举工农兵代表大会代表的民主集中制原则，各级政府也非常认真地向选举它的工农兵代表大会负责并报告工作。

中华苏维埃政府中没有民族资产阶级的代表，主要是由于民族资产阶级在 1927 年以后跑到反革命阵营一边去了，但这并不意味着民族资产阶级永远会在反革命阵营那边，自然也不意味着中国的社会性质和革命性质变了，因此仍然应对民族资产阶级采取争取、团结的政策。

第三，工农兵代表大会制度是中华苏维埃共和国政治体制的基础，它实行议行合一的原则，国家最高行政机关——人民委员会也由它赋予权力，向它负责，而地方要执行中央政权机关的一切法律、命令、决议与指示。这是一种中央高度集权的管理体制。这一体制在战争时期，国家结构单一、行政区域有限、需要集中和统一领导的情况下，是必要的。尽管如此，由于当时各根据地受到白区阻隔和交通落后等条件的限制并未连成一片，客观上造成了地方权力很大，具有相对的独立性。这种独立性不是制度本身造成的，而是由于中国政治经济发展不平衡和中国革命所走的特殊道路造成的。

第四，中华苏维埃政府还制订了有关土地、财经、劳动、文教、婚姻等政策，这些政策具有鲜明的反对封建主义的内容，反映了新民主主义的特点，促进了根据地各方面的建设。中华苏维埃政府在力所能及的范围内发挥了自己社会职能的作用，但这并不意味着这一政府职能的转换，由于它一直处在反动政权的四面围剿之中，它的主要任务仍是为战争服务的，因而它的战时体制的特点十分明显。

中华苏维埃共和国是以崭新的国家姿态出现于革命根据地内，因而它是深受广大工农群众热烈欢迎的。但是也应该看到，苏维埃共和

---

① 《中国的红色政权为什么能够存在?》,《毛泽东选集》第一卷，人民出版社 1991 年版，第 50 页。

国建立后，没有真正起到共和国政府的作用，经常出现以党代政和忽视民主法制的建设的情况。正如毛泽东当时尖锐指出的："党在群众中有极大的威权，政府的威权却差得多。这是由于许多事情为图方便，党在那里直接做了，把政权机关搁置一边。这种情形是很多的"。[①] 这种情况则在一定程度上影响了苏维埃共和国政府的作用和建设，不仅如此，还由于当时苏维埃共和国是处在敌强我弱的形势下建立的，因而它也有不正规、不完善的缺点。加之忽视中国国情，过多地仿照苏联的苏维埃共和国的模式，所以，使中华苏维埃共和国带有一定的局限性。可是尽管如此，中华苏维埃共和国的建立是有着重大意义的。它"开辟了人民政权的道路，因此也就学会了治国安民的艺术。党创造了坚强的武装部队，因此也就学会了战争的艺术。所有这些，都是党的重大进步和重大成功"。[②] 它为新民主主义社会的建立提供了初步的经验。

土地革命战争时期的中华苏维埃共和国，最终也是在蒋介石国民党的军事"围剿"下，随着红军的被迫长征，而名存实亡了。直到抗日战争时期，中国共产党形成了新民主主义社会的独创性理论并建立了实行"三三制"原则的政权和民主根据地，才标志着新民主主义社会雏形的正式形成。

三、抗日战争时期中国共产党对新民主主义社会理论的实践

九一八事变后，国内的阶级关系发生了新变化，中国共产党审时度势，及时将"工农共和国"和"人民共和国"改变为"民主共和国"。这种民主共和国与工农共和国相比，有着更普及的民主，较之国民党的一党专政有着本质的区别。

从工农共和国到民主共和国，即抗日民主政权，最突出的变化是改变了苏维埃某些带有局限性的政策，扩大了政权的阶级基础，"它包括无产阶级、农民、城市小资产阶级、资产阶级及一切国内同意民族和民

① 《井冈山的斗争》，《毛泽东选集》第一卷，人民出版社 1991 年版，第 73 页。
② 《〈共产党人〉发刊词》，《毛泽东选集》第二卷，人民出版社 1991 年版，第 611 页。

主革命的分子，它是这些阶级的民族和民主革命的联盟。”[①]它的专政对象只是汉奸、反动派。总之，抗日民主共和国政权的性质是“在无产阶级领导之下的几个革命阶级联合起来的专政。只要是赞成抗日又赞成民主的人们，不问属于何党何派，都有参加这个政权的资格”。[②]

为了保证抗日民主政权的实行，中国共产党提出了具有重大民主建设意义的“三三制”原则。

所谓“三三制”，就是在抗日民主政权的组成人员上，共产党员占三分之一，非党的进步分子占三分之一，中间分子占三分之一。

实行“三三制”的目的就是为争取中间派参加抗战。正如毛泽东所指出：在抗日民主政权里“给中间派以三分之一的位置，目的在于争取中等资产阶级和开明绅士。这些阶层的争取，是孤立顽固派的一个重要步骤”。[③] 这一原则的提出，在政治上，保证了各抗日阶级、各抗日党派都对抗日这个国是有说话的机会；在组织上，使抗日民主政权的选举、构成、权限形成制度化，而且这一原则体现在施政纲领之中，所有这些，将抗日根据地的政治建设推进到了一个新阶段。

中共中央明令指示：“三三制政权，就是调节各抗日阶级内部关系的合理的政治形式。这一制度，必须在参议会系统中与政府系统中坚决的认真的普遍的实行。”[④]各抗日根据地遵照这一指示，把“三三制”原则写进法律中，在选举中不折不扣地加以贯彻。

由于广大抗日根据地人民对共产党有着纯真朴素的阶级感情，在选举参议员时，多选共产党员，这就“破坏”了原定的代表比例。为了解决这一问题，各抗日根据地，采取了共产党员让名额，聘请党外人士为参议员等许多补救措施，使三种成分的代表在抗日民主政权中的比例达到平衡。这样一来，各抗日阶级、阶层、党派的团结合作加强了，同时共产党赢得了广大群众的称赞和拥护。党外人士李鼎铭激动地说：“共

---

① 《中国共产党在抗日时期的任务》，《毛泽东选集》第一卷，人民出版社1991年版，第260页。

② 《中国革命和中国共产党》，《毛泽东选集》第二卷，人民出版社1991年版，第648页。

③ 《抗日根据地的政权问题》，《毛泽东选集》第二卷，人民出版社1991年版，第742页。

④ 《中共中央关于抗日根据地土地政策的决定》，1942年1月28日。（藏于中央档案馆）

产党方面限制自己候选人，并且反转来替各党各派，无党无派提出候选人，替各阶层提出候选人，为他们竞选，外头哪得有这种情形。”[①]

抗日根据地在实施“三三制”原则时，创造和积累了丰富的经验，主要有：

第一，“三三制”原则在一定程度上改变了党对政府工作的领导方式，协调了各抗日阶级、阶层之间的关系，调动了各抗日党派和无党派人士的积极性，从而促进了抗日民族统一战线政权建设的发展。

在共产党领导的地区，多吸收一些党外人士参加政府，有助于共产党广纳众议，了解实际，照顾全面，政策正确。而“三三制”的基本精神，正是要求共产党在抗日民主政府中必须注意团结广大党外群众，与党外人士实行民主合作。正如毛泽东所说：“国事是国家的公事，不是一党一派的私事。因此，共产党员只有对党外人士实行民主合作的义务，而无排斥别人、垄断一切的权利。”“只要社会上还有党存在，加入党的人总是少数，党外的人总是多数，所以党员总是要和党外的人合作，现在就应在参议会中好好实行起来。”[②]

第二，在“三三制”的参议会和政府中，要真诚地与党外人士进行民主合作，必须要解决好党与非党人士之间的关系，尤其是要善于处理共产党同中间分子的关系。

党内的部分同志由于长期生活战斗在农村和激烈的阶级斗争的环境中，所以对于与民主人士共事不以为然，甚至有抵触、排斥情绪。毛泽东尖锐地批评道：“共产党员只有对党外人士实行民主合作的义务，而无排斥别人、垄断一切的权利。”[③]因为共产党是为全民族、为全体人民谋利益的政党，其党员应善于团结一切革命的人士，并接受人民的监督。

在抗日根据地实行“三三制”的原则，为全国做了一个表率，使它在全国范围内具有普遍的意义。这主要表现在，它已成为“新的民主共和

---

① 李鼎铭：《边区人民的伟大胜利》，《陕甘宁边区参议会议文献汇辑》，科学出版社 1958 年版，第 297～298 页。

② 《在陕甘宁边区参议会的演说》，《毛泽东选集》第三卷，人民出版社 1991 年版，第 809 页。

③ 同上。

国——三民主义共和国的地方基础”，它发挥着“推动全国民主化的重大模范作用”，它是民主中国的模型。甚至有人设想，“在中国，民主共和国的具体的建设道路可能是由地方到中央到全国。”①未来的中国将是“三三制”模式的民主中国。问题是，蒋介石国民党实行的独裁专制政策，阻碍了中国民主政治的进程，“三三制”原则也就暂时未在全国推行。

我们再看一下抗日民主政权采取的组织形式——民主集中制的参议会制度，即在广泛的民主的基础上，由边区人民选举产生各级参议会。“边区各级参议会，为边区各级之人民代表机关”，②各级政府委员会必须执行各该级参议会的决议。参议会制度是适合当时要求的政治制度，是抗日根据地的基本的政治制度，是实现新民主主义民主政治的基本形式。

抗日民主根据地的行政制度，一般分为边区、县、乡三级。当时还没有全国统一的抗日民主政权，各根据地都直接受中共中央的指导。

毛泽东指出，抗日民主根据地的施政方针，“应以反对日本帝国主义，保护抗日的人民，调节各抗日阶层的利益，改良工农的生活和镇压汉奸、反动派为基本出发点。”③各抗日根据地根据这一方针制定了自己的施政纲领，实行新民主主义的政治、经济、文化政策，从而使抗日解放区成为全国最进步的地方，成为典型的新民主主义社会的雏形。

简言之，抗日民主根据地政权的性质是民族统一战线的。“它是和地主资产阶级的反革命专政区别的，也和土地革命时期的工农民主专政有区别。”④民族危机的特殊情况促进了它的民族性、民主性、融和性和协调性。

抗日战争胜利后，国内的阶级矛盾又上升为主要矛盾。代表大地主、大资产阶级利益的蒋介石国民党及其军队发动了新的内战。中国

---

① 《论抗日民主政权》，《刘少奇选集》上卷，人民出版社 1985 年版，第 176 页。

② 《陕甘宁边区各级参议会组织条例》，《陕甘宁边区参议会议文献汇辑》，科学出版社 1958 年版，第 106 页。

③ 《抗日根据地的政权问题》，《毛泽东选集》第二卷，人民出版社 1991 年版，第 743 页。

④ 同上，第 741 页。

共产党及其军队采取了针锋相对的方针，全力以赴地夺取革命的领导权，将新民主主义社会制度推向全国。随着人民战争的不断取得胜利，解放区逐渐扩大，各解放区的人民民主政权纷纷建立。到全国大陆解放前夕，先后建立了辖大片国土和人口的东北人民政府、华北人民政府、中原人民政府等政权机关。这时尚未建立全国性的社会政治制度，但政权组织形式已有各级人民代表会议、临时的城市军事管制委员会、各大区军政委员会、地方人民政府等。中国共产党还根据老解放区、半老解放区和新解放区等情况，分别实行多种政权形式，既保证了人民民主政权的性质，又不至于造成混乱，稳定了形势。有的地方政府，是先选举，后建立，有的是先建立，后选举追认。当时的客观环境，无暇顾及表面形式，唯一的宗旨是迅速建立起组织社会生活、处理政务的政权机关。随着形势的不断发展，各类草创的政权形式逐步朝着正规化的政治体制转变，建立全国性的政治制度的条件臻于成熟。

抗日战争时期的新民主主义的政权性质，是中国共产党领导的、以工农联盟为基础的、人民大众的、反对帝国主义、国民党反动派及其所代表的官僚资产阶级和地主阶级的、人民民主统一战线的政权。这一政权既有不同于抗日民主政权之处，又有对抗日民主政权的某些继承和发展。无产阶级通过共产党领导进一步加强，人民民主统一战线更为扩大，工农联盟更加巩固，革命和专政的对象变成了三大敌人，这一政权有强大的人民武装作为后盾。

抗日战争时期，还没有一个将各个解放区真正统一起来的人民政府，也没有形成全国性的新民主主义社会。各解放区的主要任务是打仗、健全各类政权机构，社会职能尚不明显，它直接接受中共中央的领导。中国共产党这时已是一个完全成熟的党，它所制定的纲领和政策受到解放区人民和国统区人民的欢迎。它提出了“打倒蒋介石，建立新中国”的基本政治纲领，以及与之相适应的新民主主义革命的三大经济纲领，这些纲领的彻底贯彻实施，则为新民主主义社会政治制度和经济制度的建立提供了良好的借鉴和奠定了坚实的基础。

第二节　新民主主义社会的建立和巩固

全国性的新民主主义社会制度是在人民解放军取得了决定性的胜利的情况下建立起来的，其标志是1949年10月1日中华人民共和国的成立。这是中国历史上从未有过的新型社会。为了巩固新生的社会制度，中国共产党做了一系列的工作，开展了一系列的斗争，到1954年9月第一届全国人民代表大会召开时，人民民主专政的新民主主义社会制度牢固地确立了起来。

1949年3月，中共中央召开了七届二中全会，通过了"中国共产党第七届中央委员会第二次全体会议决议"，确定了建国的指导思想，并初步研究了新中国的主要任务、经济方针以及政权组织、人事安排等。6月，毛泽东发表了《论人民民主专政》一文，阐明了人民民主专政国家的性质、任务、外交政策、各阶级在国家中的地位等重大政治问题。七届二中全会的决议和毛泽东的《论人民民主专政》是新中国政治、经济、文化建设的两个纲领性文件。9月，由中国共产党、各民主党派、各人民团体、各地区、人民解放军、各少数民族、国外华侨及其他爱国分子的代表组成的中国人民政治协商会议第一届全体会议召开。会议代行全国人民代表大会职权，通过了起临时宪法作用的《共同纲领》，确定了新民主主义社会的政治制度、经济制度和文化制度。会议还通过了《中央人民政府组织法》，选举了中央人民政府委员会。从此，中央人民政府成为行使国家权力的最高机关。

中央人民政府是代表中华人民共和国的唯一合法政府。在国内外的重大事务中，发挥了政权机关的作用。中央人民政府组成后，就着力于国家的政治建设、经济恢复和文化改造等工作。

新中国初期的形势是错综复杂、极为严峻的。帝国主义、封建主义和官僚资本主义三大敌人的残余还未肃清。得到美国援助的国民党上百万军队仍在华南和西南地区负隅顽抗。国民党还潜伏下了200万的政治土匪,60 万的反动党团骨干分子,60 万的各种特务分子,企图对新的社会制度进行破坏活动。各帝国主义国家也在那里虎视眈眈,阴谋策划挽救蒋介石失败的命运,阻挠中国革命胜利的进程。当时 3.1 亿人口的新解放区尚未进行土地改革,地主阶级还没有彻底被推翻。尤其是国民经济,由于长期遭受帝国主义掠夺和官僚买办集团的摧残,又加上连年战争的严重破坏,造成了通货膨胀,物价飞涨,国民经济千疮百孔,濒于绝境。1949 年工业总产值只有人民币 140.2 亿元,农业总产值也只有人民币 325.9 亿元。1949 年的工农业生产都比历史上的最高产量大大下降,轻工业生产大约下降了 30%,重工业生产大约下降了 70%,农业生产大约下降了 25%。(年)国民收入极低,按人口平均只有人民币 66 元。由于人民解放军在胜利进军,人民政府要保证 900 万军队和公职人员的供给,加上交通破坏,新区收不上税,致使国家财政入不敷出,经济严重困难。

面对上述恶劣形势,中国共产党和人民政府在 1950 年 6 月以前,主要进行了追歼国民党残余部队,使革命胜利的曙光普照全国。在广大新解放区,建立了军管会、人民政府,没收了官僚资本,用征购、征用的方式接收了帝国主义的在华财产。采取行政和经济的措施,打击了投机商人倒卖金银、囤积居奇、哄抬物价,基本稳定了物价,初步扭转了全国财政经济的困难局面,新的秩序也逐步建立起来。

从 1950 年 6 月到 1952 年底,主要是围绕着国家财政状况的根本好转,恢复国民经济这一中心,进行了社会改革运动和民主建政的工作。1950 年 6 月中共中央召开了七届三中全会,提出了恢复国民经济的纲领,就是为争取国家财政经济状况的根本好转而斗争。为了完成这一任务,并纠正党内盲目排挤资产阶级和资本主义经济的"左"倾错误,毛泽东提出了"不要四面出击"的策略方针,即在新民主主义社会的政治制度还不够稳固,国民经济基础十分薄弱的情况下,应集中主要力量,打击主要敌人,以渡过难关。实际是要求对民族资产阶级实行特殊政策,不要急于消灭民族资产阶级。

会后,中国共产党和人民政府领导全国人民开展了镇压反革命、土地改革、抗美援朝、三反五反和整党整风等众多运动。通过这些运动,彻底消灭了三大敌人的残余，净化了社会环境，教育了党内外群众，促进了社会生产的发展，巩固了人民民主专政的政权。到 1952 年底，在经济上，工农业生产、交通运输、国内商业和对外贸易等都得到全面恢复和发展。工业总产值达到了 343.3 亿元，比 1949 年增长 144.9%，年均增长 34.8%；农业总产值达到了 483.9 亿元，比 1949 年增加 48.5%，年均增长 14.1%。在政治上，人民民主政权也得到了相当大的发展。1952 年 9 月，全国 30 个省、2 个省级行署区、160 个市、2 174 个县(包括相当于县级的行政单位)和约 28 万余个乡，不仅建立了人民政府，而且都召开了人民代表会议。在上述各级人民代表会议中，有 19 个省、85 个市、436 个县和绝大部分的乡选举了各级人民政府委员会。省、市协商委员会和县常务委员会也普遍建立，全部省和部分市的协商委员会代行了中国人民政治协商委员会的地方委员会的职权。这表明，过渡型的基本制度——人民代表会议，已在全国范围内从上至下地建立了，人民有了自己的代言人。到 1952 年底，中央作出有关调整机构的决议，决定改变建国伊始建立的过渡性的各大区军政委员会(人民政府)为行政委员会，这标志着新民主主义国家政治体制形式朝正规化转变。

以上可算作建国初期的第一个时期，亦即建立与巩固新民主主义社会制度的时期。

第二个时期是从 1953 至 1954 年 9 月以前。中国共产党在 1953 年 6 月正式提出了过渡时期的总路线，即要在一个相当长的时期内，逐步地完成对农业、手工业和资本主义工商业的社会主义改造，实现国家的工业化。从 1953 年起，在经济上，着手制定第一个五年计划，开始社会经济建设，壮大人民民主政权的经济基础。在政治体制上，各地开始召开人民代表大会，取代了过渡性的人民代表会议的形式。1954 年 6 月又取消了各大区行政委员会，代之以中央直接领导各省、直辖市、自治区。9 月，第一届全国人民代表大会召开，制定了第一部正式的共和国宪法，国家行政领导体制再次作了较大调整。至此，新民主主义社会制度完全确立起来。

一、《共同纲领》的颁布

关于新中国建国的总方针及其应当采取的政治、经济、外交、社会等方面的基本政策，1949年3月中国共产党七届二中全会的决议已经提出，毛泽东在6月发表的《论人民民主专政》一文中，对此又作出了进一步的论述。9月，由中国共产党、各民主团体、各地区、人民解放军、各民族、国外华侨及其爱国民主分子的代表组成的中国人民政治协商会议召开第一届全体会议，筹备建立中华人民共和国。会议经过多方面的充分协商，接受以七届二中全会决议和《论人民民主专政》这两个纲领文件的基本精神，作为建国纲领的政治基础，制定并一致通过了《中国人民政治协商会议共同纲领》(以下简称《共同纲领》)，由此形成据以建国的根本大法。

《共同纲领》规定中华人民共和国的性质，是中国工人阶级、农民阶级、小资产阶级、民族资产阶级以及其他爱国民主分子的人民民主统一战线的政权，是以工农联盟为基础，以工人阶级为领导的人民民主专政。这个新生的人民共和国，以新民主主义即人民民主主义为建国的政治基础。中华人民共和国为新民主主义即人民民主主义国家。此外，《共同纲领》还就新中国的政权机关、军事制度、经济政策、文化教育政策、民族政策和外交政策的总原则，作出了明确规定。

关于政权机关，纲领规定中华人民共和国的国家政权属于人民。人民行使国家政权的机关为各级人民代表大会和各级人民政府。各级人民代表大会由人民普选方法产生。各级人民代表大会选举各级人民政府。在普选的全国人民代表大会召开以前，由中国人民政治协商会议的全体会议执行全国人民代表大会职权，制定中华人民共和国中央人民政府组织法，选举中央人民政府委员会，并付之以行使国家权力的职权。各级政府机关一律实行民主集中制，等等。

关于军事制度，纲领规定中华人民共和国建立统一的军队，受中央人民政府人民革命军事委员会统率，实行统一的指挥，统一的制度，统一的编制，统一的纪律。

关于经济政策，纲领规定中华人民共和国经济建设的根本方针，是实行公私兼顾、劳资两利、城乡互助、内外交流的政策，达到发展生产、繁荣经济之目的。国家在各个方面调剂国营经济、合作社经济、农民和手工业者的个体经济、私人资本主义经济和国家资本主义经济之间的相互关系，是各种社会经济成分在国营经济领导之下，分工合作，各得其所，以促进整个社会经济的发展。

关于文化教育政策，纲领规定中华人民共和国的文化教育为新民主主义的，即民族的、科学的、大众的文化教育，以提高人民文化水平，培养国家建设人才，肃清封建的、买办的、法西斯主义思想，发展为人民服务的思想为主要任务。

关于民族政策，纲领规定中华人民共和国境内各民族一律平等，实行团结互助，反对帝国主义和各民族内部的人民公敌，使中华人民共和国成为各民族友爱合作的大家庭。反对大民族主义和狭隘民族主义，禁止民族间的歧视、压迫和分裂各民族团结的行为。各少数民族聚居的地区，应实行民族区域自治制度。人民政府应帮助少数民族的人民发展其政治、经济、文化、教育的建设事业。

关于外交政策，纲领规定中华人民共和国外交政策的原则，是保障本国独立、自由和领土主权完整，拥护国际的持久和平和各国人民间的友好合作，反对帝国主义的侵略政策和战争政策。

《共同纲领》是中国新民主主义社会阶段的一个最重要的法律文献。它是中国近代史上第一个由代表全国各民族、各阶层人民的党派、团体在充分民主协商的基础上共同制定的大宪纲，因而集中体现了经长期奋斗终于取得革命胜利的全国人民的意志和利益。它广泛地涉及国家性质，政治、经济、军事、文化、民族和外交等诸多大政方针以及人民的民主权利和义务等各个方面。这些内容都是关系到国家根本利益和重大原则问题，而不是国家生活和社会生活中某一方面或某几方面单独的问题，《共同纲领》具有国家宪法的性质和特征，明显区别于其他一般的法律。随后制定的各种国家机关组织以及《土地法》、《婚姻法》、《工会法》等法律文件，都是以《共同纲领》的有关规定为基本依据的。1950年6月，毛泽东在中国人民政治协商会议第一届全国委员会第二次会议的开幕词中说:“我们有伟大而正确的共同纲领以为检查工作讨论问题的准则。共同纲领必须充分的付之实行,这是我们国家现实的根本大法。”这里充分肯定了《共同纲领》的临时宪法的地位和作用。事实上,以《共同纲领》为武器,中华人民共和国立即开始在全国范围内建立新民主主义社会的新秩序。

根据《共同纲领》,政协全体会议通过了《中央人民政府组织法》,选举了中央人民政府委员会。随即,在中央人民政府的领导下,人民解放军进行了追歼国民党残余部队的后期作战;到1950年6月,共歼灭国民党正规军130万人和武装组织土匪98万余人,解放了除西藏以外的全部大陆和沿海许多岛屿,在大片新解放区普遍建立起各级人民民主政权。到1949年底,人民政府基本上没收了大陆的官僚资本,有系统地接收了官僚资本银行2400多家,工矿企业2850多家,铁路2万多公里,机车4000多台,垄断性贸易公司十多家以及官僚资本的仓库、船舶、码头、邮政、电报、电话、电灯、自来水等,并开始对官僚资本企业进行改造,使之成为社会主义的国营企业。建国伊始,人民政府还对上海、天津、北京、武汉、广州等大城市囤积居奇、哄抬物价的投机资本进行了严厉的打击,初步稳定了市场物价和经济秩序。同时,开展以土地改革为中心的各项社会民主改革,努力恢复和发展城乡一切经济事业,医治战争的创伤。积极推动民主建政工作,在各地方先后召开各界人民代表会议,作为向人民代表大会过渡的组织形式。到1950年10月,全国已有13个省和3个行政区召开过人民代表会议,中央和大行政区直辖市以及相当于省的行署直辖市已全部开过人民代表会议,全国有80%以上的县以及老解放区的区、乡一级政权,已召开过人民代表会议。上述人民代表会议之中有一部分已经开始代行人民代表大会的职权,选举了相应一级的人民政府。

这一系列头绪繁多、错综复杂的工作,都是在中央人民政府的统一领导下,按照《共同纲领》的规定要求,紧张而有秩序地开展的。《共同纲领》作为规范各阶层人民和各级人民政府的行为活动准则,开始进入国家生活和社会生活的各个方面,初步扭转了旧中国四分五裂、经济崩溃、民生凋敝的严重混乱局面。“国家政权属于人民”,极大鼓舞了全国人民的政治热情和奋斗意志；翻身解放、当家做主的强烈感受，焕发了工农基本群众的生产积极性和创造精神；保护社会各阶级的经济利益和私有财产，受到农民、手工业者和工商业资本家的热烈拥护；人民政府廉洁、清正在社会各界赢得崇高的威望。这一切，为全国范围建立新民主主义社会新秩序创造了必要的前提。

二、新中国建立初期的"三大运动"

马克思主义认为，革命的根本问题是夺取政权问题。夺取政权以后必须在政治上建立起自己的专政，以镇压反革命的反抗，巩固新生的革命政权及其社会制度。新中国建立初期的"三大运动"对新民主主义社会的巩固起到了重要的作用。

中国共产党和毛泽东把马克思主义的这一基本原理同中国革命的具体实际相结合，创立了具有中国特色的人民民主专政的理论。1949年3月，中国共产党在七届二中全会上提出了在中国建立"无产阶级领导的以工农联盟为基础的人民民主专政"的主张。同年6月，毛泽东在《论人民民主专政》中又作了论述："中国人民在几十年中积累起来的一切经验，都叫我们实行人民民主专政，或曰人民民主独裁。"并强调"革命的人民如果不学会这一项对待反革命阶级的统治方法，他们就不能维持政权，他们的政权就会被内外反动派所推翻"，"革命就要失败，人民就要遭殃，国家就要灭亡"。总之，实行人民民主专政，"对于胜利了的人民，这是如同布帛菽粟一样地不可以须臾离开的东西。这是一个很好的东西，是一个护身的法宝，是一个传家的法宝"。①

新中国建立后，中国共产党和毛泽东又进一步阐明了人民民主专政在实施专政方面的两个职能。一是压迫国家内部的反动阶级、反动派和对于新社会建设的破坏者。这是为了解决国内敌我之间的矛盾；二是防御国家外部敌人的颠覆活动和可能的侵略。这是为了解决外部敌我之间的矛盾。建国初期，由于新民主主义社会制度刚刚建立，尚未

① 《为什么要讨论白皮书》，《毛泽东选集》第四卷，人民出版社1991年版，第1502～1503页。

稳固，阶级斗争依然十分激烈，所以，人民民主专政的专政职能在整个新民主主义国家职能中显得尤为重要。当时对内的专政职能是对地主阶级和官僚资产阶级残余实行强力统治，彻底完成民主革命的遗留任务。同时，由于美国发动侵朝战争，霸占我国领土台湾，严重威胁着我国的安全，所以人民民主专政维护国家安全、保卫领土主权完整、保卫世界和平等方面，也占有很重要的地位。镇压反革命、土地改革和抗美援朝三大运动的开展，充分显示了人民民主专政的专政职能作用，保证了国内各项社会改革和经济建设事业的顺利进行，彻底解放了人民，解放了生产力，巩固了新民主主义社会。诚如毛泽东所指出：由于三大运动的伟大胜利，"我们的国家已经实现了空前未有的统一……人民民主专政业已巩固"。①

（一）镇压反革命与巩固新民主主义社会

新民主主义社会建立初期，摆在中国共产党和人民政府面前的一项重要任务，就是必须肃清反革命残余，彻底粉碎反革命的任何复辟阴谋和破坏活动。只有这样，才能保障国内的和平，稳定社会的秩序，巩固新民主主义社会制度。因此，毛泽东指出："镇反是一场伟大的斗争，这件事做好了，政权才能巩固。"②

中共中央和人民政府为镇压反革命不断地制定了一系列的方针政策。主要内容是：党委领导，全党动员，群众动员，吸收各民主党派及各界人士参加，统一计划，统一行动，严格地审查捕人和杀人的名单，注意每个时期的斗争策略，广泛地进行宣传教育工作，打破关门主义和神秘主义，坚决地反对草率从事的偏向。实践证明，这些方针政策是非常正确的。

1. 必须充分认识反革命的危害，给予严厉镇压

在国民党反动统治被推翻后，大陆上仍残留着200多万政治土匪，还有大批恶霸、特务、反动党团骨干分子，反动会道门头子和其他反革

① 《三大运动的伟大胜利》，《建国以来毛泽东文稿》第二册，中央文献出版社1988年版，第482页。

② 《关于同意上海市委镇反计划给饶漱石的电报》，《建国以来毛泽东文稿》第二册，中央文献出版社1988年版，第192页。

命分子，这些人仍然欺压着广大人民，反革命气焰极为嚣张。他们散布各种谣言，企图破坏中国共产党和人民政府的威信，企图离间各民族、各民主阶级、各民主党派、各人民团体的团结和合作。他们破坏人民经济事业，搜集情报，暗杀国家领导人和国家工作人员，妄图颠覆新生的人民政权。有的地方在一个时期简直是特务猖獗、土匪横行，反革命分子到处进行破坏和捣乱。同时由于革命在全国范围内的迅速胜利，干部中产生了骄傲麻痹的思想，因而在解放后半年多的时间里，对反革命活动镇压不力，存在着“宽大无边”的右倾偏向，甚至发生了“四捉四放”、“八擒八纵”的现象。一些反革命案犯竟然说公安局是“公安店”，称法院为“司法旅馆”，监狱中的案犯流传着“迟进来，早进来，迟早进来；迟出去，早出去，迟早出去”的绕口令。这一切引起了社会各界的极大不满，纷纷责备说“天不怕地不怕，就怕共产党讲宽大”；“简直不像个人民政府的样子”。如果这种局面再不改变，人民就会重新遭殃，各项民主改革和经济恢复工作就无法进行，新民主主义社会秩序就难以建立，中国共产党和人民政府就会失掉人民的信任和支持。

中国共产党和人民政府敏锐地意识到了这种危险。根据不断变化的敌情，采取了果断的对策。1950 年 3 月中共中央发出了《关于严厉镇压反革命分子活动的指示》，要求各地对于反革命活动给以坚决地及时地镇压，决不能过分宽容，让其猖獗。同时强调决不能发生乱打、乱杀、错打、错杀的现象。6 月，朝鲜战争爆发了。美国为阻止我国解放台湾出动了第七舰队，反革命分子又蠢蠢欲动，并进行了各种破坏活动。7 月 23 日，国务院和最高人民法院则联合发布了《关于镇压反革命的指示》，指示各地要肃清一切公开的暗藏的反革命分子。此后，全国范围的镇压反革命运动开始了。针对一些地方对于反革命镇压得仍然不够坚决彻底的问题，10 月 10 日，中共中央及时发出了《关于纠正镇压反革命活动的右倾偏向的指示》，严肃地批评了镇压反革命运动中的右倾错误，要求立即纠正右倾偏向，全面贯彻“镇压与宽大相结合”的政策。同月 16 日在全国公安会议上传达了这一指示，并布置了执行的具体步骤。年底，全国则掀起了一场声势浩大的镇压反革命运动。

1951年2月，中央人民政府公布了《中华人民共和国惩治反革命条例》，对以推翻人民民主专政，破坏人民民主事业为目的的各种反革命罪犯作了具体的量刑规定，从法律上保证了镇压反革命运动的胜利。5月，镇压反革命运动达到了高潮。6月，转入了清理积案阶段。10月，全国大部分地区的镇压反革命运动基本完成。以后，则进入了扫尾清查阶段。1953年上半年全国镇压反革命运动胜利结束。

2. 镇压反革命运动事关巩固新民主主义社会的大局，必须领导重视措施有力经常检查

在新民主主义社会制度的建设中，历史把重大的责任交给了中国共产党。在中共中央和中央人民政府的高度集中的政治体制下，一般说来，任何工作只有得到中共中央和中央人民政府及其领导人的重视才能做好。镇压反革命运动能否取得胜利，关键是领导能否重视。只有领导高度重视，措施极为有力，并经常检查督促，镇压反革命运动才会卓有成效，否则，不是搞得不好，就是收效甚微，无法给反革命以彻底的毁灭性的打击。

早在1949年6月15日，毛泽东在新政治协商会议筹备会上就告诫人们："帝国主义者及其走狗中国反动派对于他们在中国这块土地上的失败，是不会甘心的。"[①]他们还会做各种捣乱破坏，因此，中国民主联合政府一经成立，它的工作重点之一将是"肃清反动派的残余，镇压反动派的捣乱"。[②] 同月30日，毛泽东又发表了《论人民民主专政》一文。在这里，他精辟地论述了人民民主专政对敌人实行独裁与对人民实行民主的辩证关系，认为现在尚不能削弱和消灭国家机器，因为"帝国主义还存在，国内反动派还存在。我们现在的任务是要强化人民的国家机器"，"我们对于反动派和反动阶级的反动行为，决不施仁政"。1950年4月，刘少奇在一次演说中要求公安机关和公安部队，尽可能迅速地肃清土匪、特务分子，保卫社会治安，因为，这是"全国人民当前最大的

---

① 《在新政治协商会议筹备会上的讲话》，《毛泽东选集》第四卷，人民出版社1991年版，第1465页。

② 同上，第1466页。

要求”。[①] 6月，毛泽东在中国共产党的七届三中全会上的报告中把镇压反革命当作当时的八项根本任务之一，提到全党和全国人民面前，指示“必须坚决地肃清一切危害人民的土匪、特务、恶霸及其他反革命分子”。[②] 10月，周恩来在解释人民民主专政的含义时认为对反动派的专政要继续加强，根绝土匪、特务分子，安定新解放区的社会秩序。[③]

尤其是大规模的镇压反革命运动开展后，以毛泽东为代表的中共中央和中央人民政府主要领导同志都给予了极大关注。当时各大区、省、直辖市的镇压反革命的报告，毛泽东几乎都要过目，并加批示按语。如：1950年12月19日毛泽东看了黄克诚、邓子恢送交的综合报告后，写了《关于镇压反革命分子的策略问题——给黄克诚同志的指示》；1951年1月17日看了湘西四十七军党委关于镇压反革命的报告，写了《关于在镇压反革命中杀人问题的报告》；1951年5月6日当他了解到中南、西南难于掌握镇压反革命的形势的情况后，写了《对镇压反革命运动中捕人杀人批准权问题的指示》等，许多镇压反革命的政策就是直接来自这些批语。毛泽东对下级的要求也非常严格，经常督促检查。他还善于发现典型，以点带面。镇压反革命运动最初下达的中共中央指示规定：中央局和分局、省级单位必须在30天和40天内分别向上级作工作报告，以后每月定期报告一次。规定的期限刚过，即1950年11月22日，毛泽东就去电催促尚未报告的单位。1951年上半年，毛泽东多次要求各地党和军队的领导向上级作报告，对做得不好的单位提出批评，并追究责任。他还把报告工作写进了第三次全国公安会议的决议稿中，使其达到经常化、制度化。他先后多次批转西南局的报告，肯定了邓小平关于开展镇压反革命斗争的正确意见；他积极推广了山西等地取缔一贯道的经验，以及杭州、无锡关于吸收党外人士参加“反革

---

① 《在北京市庆祝“五一”劳动节干部大会上的演说》，《刘少奇选集》下卷，人民出版社1985年版，第19页。

② 《为争取国家财政经济状况的基本好转而斗争》，《毛泽东文集》第六卷，人民出版社1999年版，第72页。

③ 参见《为巩固和发展人民的胜利而奋斗》，《周恩来选集》下卷，人民出版社1984年版，第40～41页。

命案卷审查委员会”的做法；他推荐发表了史良的《坚决正确镇压一切反革命活动》的文章，等等。同时，他几次严厉批评南京、上海等地在运动初期措施不力的现象，特别是批评了柯庆施在南京工作报告中流露的谨小慎微的情绪和做法。根据比较粗略的统计，在运动开展的第一年，由毛泽东起草的镇压反革命的文件、指示（不包括他审阅、批改的，更不包括他起草、审改的其他方面的文件）就近200件。从镇压反革命运动的路线、方针、政策到具体的步骤、方式、方法，毛泽东都贡献了自己的卓越才智，他那丰富的经验、深邃的谋略和严格的督导，是镇压反革命运动有序顺利进行的重要条件之一。所以说，中共中央和中央人民政府主要领导人的亲自领导是镇压反革命运动取得胜利的首要条件和重要因素。

3. 在镇压反革命运动中实行了群众性、民主性和公开性的原则，赢得了人民对新民主主义国家政权的支持

新民主主义国家政权掌握在工人阶级和广大人民手里，代表绝大多数人民的利益，只对极少数敌人实行专政，是绝大多数人对少数人的专政。因此，这个专政对反革命实施专政时，实行了群众性、民主性和公开性的原则。也只有这样，才能赢得人民对新民主主义国家政权的理解和支持。

镇压反革命运动是一场涉及面较广、影响面较大的运动。有一些同志难免从保守的观点出发，担心镇压反革命运动震动过大会造成整个社会混乱，因此缩手缩脚，不敢发动群众，不敢公开镇压反革命，不敢让民主人士介入，把镇压反革命当成了少数领导者和执法者的事，这势必使新民主主义国家政权脱离广大人民群众，并对建立最广泛的统一战线造成不利影响。中国共产党和中央人民政府适时地批评了这种做法，并采取了完全不同的姿态。

所谓群众性，就是贯彻群众路线，党内外动员，大张旗鼓地广泛深入地宣传镇压反革命的意义、目的、政策和办法，做到家喻户晓，人人明白。有组织地动员群众，提高群众觉悟，这是彻底消灭反革命的必要条件，是中国共产党一贯的做法。对于那些群众痛恨的畏惧的影响群众发动的反革命首要分子可以提前惩办，以使群众敢于参加镇压反革命

运动。毛泽东指出："镇压反革命必须实行党的群众路线。"[①]

1951 年 3 月，天津市召开各界代表会议，"天津人民广播电台将会场实况即时向全市广播，组织了 50 万人收听广播。在 3 小时之内，收听广播的群众纷纷向广播电台表示拥护政府镇压反革命的各种意见，其中电话二千余次，信六百余封，长途电话二十余次，参加控诉的群众，有专门从北京赶去的"。[②] 天津市 1951 年"从 3 月份至 7 月份，召开各种群众会 21 400 次，参加人数累计 220 万人"。[③]

"北京市取得各界代表人物拥护的方法主要是一次一百多人的小型会议，又一次五千人的大会。前者除说明情况外，还陈列典型的证据和案情给他们看，结果引起群情愤激，一致要求坚决镇反。"[④]

只有群众发动起来了，反革命分子才会被彻底地揭露出来。全国各地都有控诉、检举、协助捉拿反革命分子的群众运动和模范事迹。如，"上海市收到检举信 3 万 3 千多件，检举反革命分子近 2 万 9 千人……河北省自备路费远地调查反革命分子的积极分子有 440 名，拒绝贿赂、不怕牺牲的有 1 318 名，帮助政府逮捕反革命分子的 1 394 名，积极进行宣传的 88 055 名。"[⑤]反革命分子已成为了人人喊打的过街的老鼠。事实证明，只有专政机关与人民群众相结合，才能给反革命分子以致命打击。1952 年 8 月 11 日，中央公安部公布实施《治安保卫委员会暂行条例》，各地普遍建立起治安保卫委员会，这更从组织上保证了广大群众参加到镇压反革命运动中来。群众发动起来后，在短短的几年内人民政府就把旧社会遗留下来的各类反革命分子镇压下去了，人民的政治积极性和生产积极性大大提高，新民主主义的国家机器更加强大。

所谓民主性，就是不搞关门主义，不是公安机关单独办案，而是吸

---

① 《镇压反革命必须实行党的群众路线》，《毛泽东文集》第六卷，人民出版社 1999 年版，第 158 页。

② 《镇压反革命运动必须大张旗鼓》，《人民日报》社论，1951 年 4 月 3 日。

③ 罗瑞卿：《伟大的镇压反革命运动》，《人民日报》，1951 年 10 月 1 日。

④ 《关于同意上海市委镇反计划给饶漱石的电报》，《建国以来毛泽东文稿》第二册，中央文献出版社 1988 年版，第 192 页。

⑤ 罗瑞卿：《伟大的镇压反革命运动》，《人民日报》，1951 年 10 月 1 日。

收各界民主人士参与。因为当时的情况相当复杂，不能把镇压反革命看成孤零零的运动，而是牵一发动全身，搞得不好，就会引起各界民主人士的误解。因此，当时毛泽东要求："判处死刑一般须经过群众，并使民主人士与闻。"[①]邓小平则严肃指出："吸收党外人士参与镇压反革命工作，经验证明这样做有利无害，不这样做是错误的。"[②]北京市大胆地试验了这种做法，结果证明效果很好，对此，毛泽东指出："由北京的经验看来，民主人士和资产阶级是可以取得他们拥护的，只要我们的工作做得好。"[③]其实，这样做对于稳定和团结民族资产阶级及中上层民主人士、知识界人士，对于巩固统一战线和扩大镇压反革命的宣传，都有良好的作用。这样一来，不仅使民主人士亲眼目睹反革命分子的残暴，亲身感受到群众斗争的伟大意义，而且对于克服在镇压反革命中的草率粗糙作风，不按法律程序办事的做法，对于避免工作中的失误，也有不可忽视的检查监督作用。所以，在以后的镇压反革命运动中，一般都坚持采取吸收民主人士与闻其事的正确政策。此外，中共中央还规定了在镇压反革命中要对高级民主人士家属给予照顾和宽大处理，以及对涉及民主党派民主人士爱国分子问题慎重处理的政策。[④] 这种做法符合中国共产党的区别对待的原则，争取了民主人士，有利于统一战线的团结，减少了不必要的社会波动，保障了其他工作的顺利进行。

所谓公开性，就是不搞神秘主义，一切公之于众。镇压反革命是为民除害，没有顾忌的必要，那种遮遮掩掩、秘而不宣的做法，是不相信群众，不相信民主人士，只会引起人们的猜测和思想上的混乱。南京市委

---

① 《中共中央政治局扩大会议决议要点》，《毛泽东文集》第六卷，人民出版社 1999 年版，第 144 页。

② 《邓小平同志六月十一日在中央局委员会上的报告要点》，1951 年 6 月 11 日。

③ 《关于同意上海市委镇反计划给饶漱石的电报》，《建国以来毛泽东文稿》第二册，中央文献出版社 1988 年版，第 192 页。

④ 为此，中共中央先后于 1951 年 3 月和 1951 年 6 月 4 日发出了《中共中央关于在镇压反革命中处理涉及民主党派民主人士爱国分子问题的指示》、《中共中央关于在土改和镇反中对高级民主人士家属照顾和宽大处理的规定》两个指示，详见中国人民解放军国防大学党史党建政工教研室编：《中共党史教学参考资料》第十九册，国防大学出版社 1986 年版，第 258、319 页。

在镇压反革命初期就有这样的思想顾虑，害怕城市杀人消息传播快，将人分批分地或送回原籍去镇压。镇压后，不敢在报上登大块消息，甚至只在乡下贴张布告就完事。对此，毛泽东尖锐地批评："这是表现了一种不敢大张旗鼓杀人的情绪。人民政府杀反动派，名正言顺。"要求"必须将许多人用大字和头条在报纸上发表，藉此教育群众，并向反动派示威。杀人必须公开地杀，不要偷偷摸摸地杀。南京杀人太少，应在南京多杀，尽可能不要送回原籍去杀"。① 就连镇压反革命分子的数字也毫不隐瞒地向社会公布。1951 年 5 月 28 日中共中央在《关于各地捕杀的反革命分子的数字向各界人士公布问题的指示》中要求："镇反运动以来，各地捕、杀反革命的总数字，均应于最近期内在各界协商委员会上或政府委员会上或其他会议上据实公布，有多少说多少，老老实实不要隐瞒，并充分说明捕、杀的理由。"中共中央已向若干民主人士讲了全国捕人、杀人的数字。② 这样做，既打击了反革命的气焰，又团结了民主人士，教育了人民群众。当然，公开性不是不讲策略，不注意宣传方式，不考虑社会效果。这里讲的公开性是在充分相信各界人民群众的基础上，增加镇压反革命运动的透明度，凡是应该让人民知道的一律公开，凡是可以让民主人士参与意见的一定让他们参与。

由于在镇压反革命运动中贯彻了群众性、民主性、公开性等原则，受到了各阶层人民的热烈拥护和支持，他们都积极地参加了运动。

4. 严格掌握政策界限，更有力地打击和分化反革命势力

在镇压反革命开始时，毛泽东就提出实行严肃和谨慎相结合的方针。这一方针要求，只要还有反革命分子，就要坚决斗争，彻底肃清，但在镇压反革命中又必须认真地分清敌我，坚决反对草率从事。要区别思想问题和政治问题，不能把那些有反动思想而没有反革命行为的人，同反革命分子混同起来。要避免伤害一切好人。

必须贯彻镇压与宽大相结合的原则。这一原则要求对各种反革命

① 《毛泽东同志对上海、南京镇反工作的指示(二)》，1951 年 2 月 12 日。

② 参见《中共中央关于各地捕杀的反革命分子的数字向各界人士公布问题的指示》，1951 年 5 月 28 日。

首要分子，解放后继续进行反革命活动的特务间谍分子，采取从重处理；对于被反革命分子胁迫、欺骗而参加反革命活动的胁从分子，解放前虽曾参加反革命活动，但罪行并不重大，解放后又确已悔改的分子，特别是为人民立了功的分子，则要实行从宽处理，即首恶者必办，胁从者不问，立功者受奖。

对反革命分子，还要注意打得稳，打得准，打得狠，这是毛泽东于1950年12月15日在给黄克诚的电报中首次提出的政策原则。所谓打得稳，就是要注意策略，注意步骤、计划、主次。打得准，就是不要捕错杀错，要重证据、重调查研究，严禁逼供。打得狠，就是要坚决地杀掉一切应杀的反动分子，决不心慈手软。“稳准狠”的概括，言简意赅，准确无误，成为当时乃至今天一个重要的对敌斗争政策。

对杀人捕人问题，中共中央和中央人民政府要求要格外慎重。镇压反革命的数字，必须控制在一定比例以内。在农村中，一般应不超过人口的1‰。在城市中一般应低于人口的1‰，以0.5‰为适宜。超此比例者，一律停止镇压。[①] 这里的原则是：对于有血债或其他最严重的罪行非镇压不足以平民愤者和最严重地损害国家利益者，必须坚决地判处死刑。对于没有血债，民愤不大和虽然严重地损害国家利益但尚未达到最严重的程度，而又罪该处死者，应当判处死刑，缓期两年执行。这个死缓两年的政策，在当时是一种创造，意义很大。当时还规定：凡介于可捕可不捕之间的人一定不要捕，如果捕了就是犯错误；凡介于可杀可不杀之间的人一定不要杀，如果杀了也是犯错误。后来把对待反革命的杀、关、管，发展为杀、关、管、放，以及对反革命分子实行劳动改造。因为只有这样，才能获得社会的同情，才能避免在这个问题上犯错误，才能分化和瓦解敌人，有利于彻底消灭反革命势力，又保存了大批的劳动力，有利于国家的生产建设。

镇压反革命达到高潮时，中南、西南等区发生了步骤混乱难以控制的局面。为此，中央公安部于1951年5月15日作出决议，“决定从六月一日起：全国一切地方，包括那些至今仍然杀人甚少的地方在内，将

---

① 参见《第三次全国公安会议决议》，1951年5月15日。

捕人批准权一律收回到地委专署一级，将杀人批准权一律收回到省一级”，有关统一战线的重要分子，须报请中共中央批准，以昭慎重。严令“任何地方不得要求改变此项决定”。[①] 翌日，毛泽东又批示“为了不使步骤混乱难于掌握（目前中南西南两区已有难于掌握的形势，必须严重注意），捕人杀人的批准权必须一律提高一级，不许有例外”，[②]及时制止了混乱现象的蔓延。

为了防止犯新的错误和纠正已经发生的偏向，坚决地执行镇压反革命的正确路线，毛泽东还提出派干部或工作组下去指导。1951 年 3 月 22 日，毛泽东在向各地转发罗瑞卿的镇压反革命考察报告时指出：“当此镇压工作紧张时期，上级派出负责同志或工作组去各地检查和帮助工作有很大的作用，请你们尽可能派人出去为要。”4 月 7 日，他再次强调，“各省都应当注意，即由省级机关组织几个有训练有能力的工作组，分往各专区、直至县级去巡视，有偏差者帮助纠正，积案太多者帮助清理，不敢放手者帮助开展工作，发动群众不足者告知发动参加的办法。这样的工作组，对于坚决而正确地开展镇反工作，当有很大的帮助。”中央公安部于 5 月也作出决议，要求从中央到地方逐级成立视察组，向下级检查各地的镇压反革命工作。并“决定从六月一日至九月三十一日的四个月内，从县级起直至中央，共五级，必须每五天由下级公安机关的首长用电话、电报或其他方法报告工作情况一次，不得违误”。[③]以上指示和措施迅速地纠正了乱杀乱捕的严重问题，避免了新的错误的发生，保证了镇压反革命运动沿着健康的轨道前进。

开展镇压反革命运动成绩巨大，必须肯定。同时也毋庸讳言，在镇压反革命过程中也暴露了一些过于宽大和过火斗争反革命分子的问题。这些问题对人民民主专政的政权造成了一定的不良影响。

在 1950 年 10 月之前，即镇压反革命运动的前期或前几个回合，各

① 参见《第三次全国公安会议决议》，1951 年 5 月 15 日。

② 《关于将捕人杀人的批准权一律提高一级的电报》，《建国以来毛泽东文稿》第二册，中央文献出版社 1988 年版，第 306 页。

③ 《第三次全国公安会议决议》，1951 年 5 月 15 日；毛泽东：《镇压反革命要发动最广大群众参加和派遣工作组下去巡视》，1951 年 4 月 7 日。

地处理反革命问题比较谨慎，注意政策和策略，重视社会的反响和民主人士的态度，也给予了反革命分子一定的打击，但由于过于宽大，各地普遍犯了右倾偏向的错误，助长了反革命的嚣张气焰，引起各阶层人民的不满。1951 年 10 月以后，镇压反革命运动逐步转入高潮，一方面狠狠地杀、关、管了一大批罪有应得的反革命分子，得到了人民的赞扬，取得了成绩，但由于掌握政策不严，有的地方犯了"左"倾偏向的错误，伤害了一些群众和民主人士，问题亦不少。如，对待民主人士参与镇压反革命工作的态度不对头的现象。1951 年 2 月 7 日，中共中央在《对西北镇压反革命工作的指示》中，在处决反革命分子时为了避免通过民主人士，竟指示西北局，在判处土匪、特务、反革命案犯死刑时，"在军事管制时期经军事法庭判决执行，在内部经省委或地委批准后，即可执行，不必经过省政府或专署批准。在土地改革中的恶霸及反动地主则经人民法庭判决，其判死刑者，则经专署批准执行"。在特殊时期设立特别法庭有其一定的必要性，但这种有意不经过民主人士任职较多的政府部门而只经过党的部门秘密审批的做法，既不符合常规，也极容易出现问题，更不利于发动群众。此外，对于统一战线中应该照顾的方面照顾不够（当然，照顾也是有条件和限度的，不是漫无边际的照顾），有些非党的中央人民政府委员、政务院委员和其他方面的高级民主人士，"他们的家属和戚友在土改和镇反中被杀、被捕、被'扫地出门'或被没收了城市的若干财产，已引起极大的不安和不满，对统一战线已发生了极坏的影响"。①

乱捕等草率的现象也是存在的。摘引当时几份报告中所举的例子就可以说明。

1951 年 1 月 13 日《河南省委关于镇压反革命工作的报告》中说：河南有些地区的领导为胜利所迷惑，又加大了捕人数目。陕州区，原捕了 3 934 人，其中有几个县则又捕了第二批 1 266 人。其杀人也出现了草率现象，只 12 月下半月陕州就枪决了 745 人，在洛阳有的杀人布告

① 《对〈中共中央关于在土改和镇反中对高级民主人士家属照顾和宽大处理的规定〉稿的修改》，《建国以来刘少奇文稿》第三册，中央文献出版社 2005 年版，第 432 页。

上只写“罪恶滔天”几个字而没有具体罪状。在部分干部中，不是把镇压反革命当作开展群众运动的一个有利因素，而把它误认为发动群众本身。潢川有的区干部竟说，镇压一批“顶半年发动群众”。

1951年3月4日，《中共中央批准华南分局关于镇压反革命工作计划的报告》谈到一些地区过去宽大无边，而现在开始出现乱捕乱杀现象。如广西省玉林专区用捕恶霸2 000余人(是否恶霸，深值怀疑)来代替群众运动。有的地区把本来是社会管制对象也加以逮捕。广西南宁县，擅自批准杀掉102人，宜山县批准杀掉52人。同时，处理外侨时，不讲策略，甚至用栽赃陷害办法赶走外侨。广东省南雄，打死恶霸12人，而有些干部竟以打得凶狠与否来作为衡量与会群众是否发动起来的标准。

1951年5月17日，经过毛泽东审阅的《叶剑英同志关于华南目前镇压反革命工作情况的报告》提到镇压反革命运动中发生的偏差中就有：有些地区捕杀面广，表现粗糙，手续极不严格，并有刑讯逼供和非法处理的。例如，广西可杀可不杀而被杀了的人占总的杀人数的30%左右。甚至龙州、雷平提出要杀的40人，不仅没有列出犯罪事实，就连出身、简单的历史以及年龄等都没有列出。钟山县委竟废弃逮捕手续，放任各区自行逮捕，结果全县逮捕了1 126人。县、区干部个人竟有批准杀人的，邕宁县委组织部长个人就批杀了226人。有先斩后奏的和斩而不报的，苍梧有一个区先杀后报的有14人，另一个区杀而不报的有24人。广西钦廉和广东高雷两地一个月内即关押了3万余人。各地都要求增大比例。广东湛江和中山等地发生了大量的自杀现象。有的地区甚至用惨不忍睹的手段逼供和处决。

从上述例子中可知，在镇压反革命运动中发生的一些“左”的错误，对巩固新民主主义社会制度是极其有害的。它不仅打击了可以团结改造的人，而且引起了人们对人民政府的不满。有些地方丧失了社会同情，留下了许多历史问题，以致在几十年后，人民政府不得不用很大的力量去做复查、纠正的工作。出现这些问题的根本原因是经验不足和未能很好地吸取已往在土地改革中发生的“左”的错误的教训；其次，中共中央和人民政府的各项方针、政策颁布不及时，不配套，缺乏全面的督导和检查，许多政策和做法只是在大量问题出现之后的1951年6月才制定。在纠正右倾偏向的同时，并未注意防“左”，而且人为地提出杀人数字的比例，过分地强调各地要规定杀人的指标，很少规定具体的注意事项。这些指导上的偏差，在一定程度上也助长了“左”倾情绪的蔓延；再次，党内审批案件的制度，虽在大规模的阶级斗争中起过积极作用，但也有不容忽视的弊端，至少在人民政权和公检法系统已经建立的地方是如此。因为第一，它容易使人产生一种错觉，以为中国共产党不相信人民政府，不相信公检法机关；第二，容易出现偏差，而出现偏差后又不易改正，因为党的判决就是终审；第三，判刑不符合一般的法律程序，影响了中国共产党在群众中的形象。当然，在运动中出现一些“左”的错误和做法，除了以上原因外，还与反革命分子长期对共产党的干部和广大群众严重的压榨与迫害等因素有关。

经验和教训教育了共产党人。到1951年6月中共中央和人民政府意识到了“左”倾错误的严重性，立即发出了许多指示，要求收缩，严把捕杀关，对原审案件进行了一定的清查整理工作，这样，以后的镇压反革命运动就进行得比较正常、稳妥。

尽管镇压反革命运动中出现了一些问题，但作为一场全国规模的群众运动来说，有些问题确实是难以避免的。因此，总的说来，这场运动应该充分加以肯定。通过镇压反革命，全国共剿灭政治土匪200万人以上，镇压了各类反革命分子71万人，关押了129万人。这样，打击了反革命分子，大长了广大人民群众的志气，人民群众说：“这一下可翻了一个全身。”正如毛泽东后来回忆时讲的：“那一次镇压反革命杀了一批人，那是些什么人呢？是老百姓非常仇根的、血债累累的反革命分子。六亿人民的大革命，不杀掉那些‘东霸天’、‘西霸天’，人民是不能起来的。”[①]经过镇压反革命运动，人民爱国热情空前提高，生产热情大为高涨。镇压反革命运动的胜利，也提高了中国共产党和人民政府的威信，密切了党群关系，更加扩大了人民民主的统一战线。它证明了建国后巩固新民主主义国家政权的重要性、必要性、艰难性和长期性，它

① 《论十大关系》，《毛泽东文集》第七卷，人民出版社1999年版，第37页。

支持和保证了土地改革和抗美援朝等运动的进行。镇压反革命以后，人民民主专政的国家机器大为加强，全国出现了历史上从未有过的安定局面，为民主政治改革和发展生产赢得了客观环境，一个崭新的新民主主义社会站住了脚跟。

（二）土地改革与巩固新民主主义社会

土地改革运动是一场伟大的反对封建主义的革命群众运动。封建主义是中国革命和建设的主要敌人之一。众所周知，旧中国的封建土地所有制关系延续了几千年，占全国人口80％以上的农民长期深受封建土地制度残酷的剥削和压迫，“这就是我们民族被侵略、被压迫、穷困及落后的根源，是我们国家民主化、工业化、独立、统一及富强的基本障碍。”[①]因此，把封建地主的土地所有制改变为农民的土地所有制，摧毁封建主义的经济基础，解放被封建生产关系所束缚的农村生产力，这是中国共产党和人民政府建立新民主主义社会的政治基础和经济基础，“巩固人民民主专政的最重要任务”。[②]

1. 新民主主义国家政权只有彻底消灭最后一个完整意义上的敌人——地主阶级，才能建立起自己的政治基础和经济基础

新民主主义革命取得政权不但不是革命的终结，相反的，它还只是革命的开始。人民获得政权，只是为建设新民主主义社会和未来的社会主义社会创造了前提，但远远没有解决新社会的政治经济建设问题。旧社会并没有遗留下新民主主义的政治和经济的现成形式，所以，人民民主的政权必须在所谓“空地上”建造新民主主义社会的政治基础和经济基础。这是因为新民主主义的政治是一种新型的政治，新民主主义的经济也是一种完全新型的经济，它们与旧社会的政治和经济有着根本的区别，它们不是要保持或变更这一种或那一种剥削制度的政治和经济形式，而是要连根拔除剥削制度的政治根基和经济根基，建立工人阶级领导下的工农联盟的政治基础，以及生产资料公有制和劳动群众集体所有制的经济基础。所以，人民民主政权建立后，必须彻底清除残

① 《关于土地改革问题的报告》，《刘少奇选集》下卷，人民出版社1985年版，第33页。

② 《为巩固和发展人民的胜利而奋斗》，《周恩来选集》下卷，人民出版社1984年版，第41页。

存的半殖民地半封建社会的政治形式和经济形式，迅速建立和发展新民主主义社会的政治基础和经济基础。

新民主主义社会的人民民主专政所要建立的最重要的政治基础就是工农联盟。在当时的条件下，人民民主专政的一个显著特点是，由于工人阶级人数较少，而农民人数占人口总数的80%以上，因而工农联盟的问题显得尤为重要。

在旧社会，农民既没有政治地位，生产资料很少，或者没有生产资料，他们依靠出卖自己的劳动或租种地主的土地维持生活，受地主阶级残酷的压迫和剥削，所以，他们是工人阶级天然的同盟者，是革命的重要力量。事实正是这样。在新民主主义革命的各个时期，农民均作出了很大贡献。他们在中国共产党领导下，参加革命军队，直接同敌人进行战斗；在后方，他们缴纳公粮，供给军需。在长期革命斗争中，工人阶级和农民阶级结成了巩固的工农联盟。

人民民主专政建立后，工农联盟仍然十分重要。因为，没有农民就没有粮食，全国人民就无法生活；没有农民提供的生产原料，许多重要的工业部门就无法进行生产，国家工业化就无法实现；没有农民的支持，工人阶级领导的政权就失去了稳固的政治基础，所以说，建立巩固的工农联盟，是新民主主义革命和建设取得胜利的保证，是人民民主专政的基础。诚如毛泽东所指出："人民民主专政的基础是工人阶级、农民阶级和城市小资产阶级的联盟，而主要是工人和农民的联盟，因为这两个阶级占了中国人口的百分之八十到九十。推翻帝国主义和国民党反动派，主要是这两个阶级的力量。由新民主主义到社会主义，主要依靠这两个阶级的联盟。"①可见，工农联盟体现了人民民主专政的最高原则，是新民主主义社会不可缺少的政治基础。

新民主主义国家不仅需要政治基础，而且也需要经济基础。毛泽东指出："新民主主义的国家，如无巩固的经济做它的基础，……是不能巩固的。"②众所周知，国家是上层建筑的重要组成部分，它的基础是社

① 《论人民民主专政》，《毛泽东选集》第四卷，人民出版社1991年版，第1478～1479页。

② 《论联合政府》，《毛泽东选集》第三卷，人民出版社1991年版，第1081页。

会经济制度，是生产关系。有什么样的经济基础就有什么样的国家。同样，国家对于经济基础也具有重大的作用和影响，它已经在一定的经济基础上出现以后，就会积极地在一切可能的范围内为自己的基础服务。所以，我国人民民主专政建立后，还必须建立和发展新民主主义国家的经济基础。只有建立起这一经济基础，才能促进社会生产力的发展，才能巩固新民主主义社会制度。新中国建立之后，人民民主专政的国家便剥夺了官僚资产阶级的财产，使之变成了全民所有的财产。但这时封建主义的经济制度还存在。封建主义经济制度是半殖民地半封建社会的经济基础，只有消灭这一经济基础，变封建地主阶级的土地所有制为劳动农民的土地所有制，才能解放生产力，最终建立起人民民主专政所需要的公有制与劳动人民集体所有制的经济基础，并使中国经济的发展开始进入一个新的时期，即由新民主主义向社会主义过渡的时期。为此，人民民主政权必须领导发动广大农民群众进行土地改革运动。周恩来当时指出，“实施土地改革，这就是保障约占中国人口百分之八十的农民的基本生存权利；这就是消灭反革命活动的最重要的社会基础——地主阶级；这就是实施中国人民民主专政的基本任务——解放被封建生产关系所束缚的农业生产力，并从而为中国的迅速工业化准备条件。在新解放区约三万万人口中实施土地改革，这是紧接着人民解放战争而来的中国第二场最激烈的阶级斗争”，而“目前巩固人民民主专政的最重要任务，就是在中国新解放区实施土地改革”。[①]

1950 年 6 月 6 日，毛泽东在中国共产党七届三中全会报告中，就把完成土地改革作为争取国家财政经济情况根本好转的首要条件而提了出来；刘少奇在会上作了关于土地改革问题的专题报告；会议还讨论了《中华人民共和国土地改革法草案》。6 月底，中央人民政府颁布《中华人民共和国土地改革法》。7 月和 8 月，中央人民政府又颁布了《农民协会组织通则》、《人民法庭组织通则》等文件，对土地改革中的组织机构、仲裁审批、阶级划分等作了具体规定，这些法令和规定，为大规模开展土地改革运动提供了政策与策略的依据。同年冬季，在新解放区陆续

---

① 《为巩固和发展人民的胜利而奋斗》，《周恩来选集》下卷，人民出版社 1984 年版，第 41 页。

开展了土地改革运动。到1952年冬,除台湾省和一部分少数民族地区以外,全国的土地改革基本结束,它使3亿无地或少地的农民分得了约7亿亩土地和其他生产资料。

2. 土地改革加强和壮大了人民民主政权力量

中国的封建地主阶级有着数千年的统治历史。它虽然在农村人口中约占4%,但有着种种的封建势力,要推翻这样一个剥削阶级,不可能一蹴而就。统治阶级不会轻易地退出统治地位,已成为一种定律。因而,在帝国主义和官僚资本主义被打倒之后,紧接着需要发动一场声势浩大的土地改革运动才能彻底推翻封建地主阶级的统治。为了更好地进行这场运动和巩固农村革命的胜利成果,必须建立健全各级农村土地改革机构和人民政权组织。

1950年的新华社元旦社论指出,在1950年,一般新区应首先努力推翻反动的恶霸统治,在反恶霸和减租斗争中,建立新民主主义即人民民主主义秩序,加强人民的组织。“在一切进行土地改革的地方,都应当召开各界人民代表会议和农民代表大会”。① 这实际提出了在土地改革中进行乡村建政的任务。1月4日,中共中央在一个指示中提出,“新解放区必须抓紧时间迅速地、紧张地进行以下土地改革准备工作:组织农会、农民代表会议、各级人民代表会议”。② 1月24日,中共中央决定在政府内成立土地改革委员会,用以代替过去负责土地改革的中国共产党的机构。认为“今后土地改革由各级人民政府及其新组织的土地委员会……直接指导,比较由各级党的委员会来直接指导”为好。为了动员组织与指导农民群众去实行土地改革,还应组织各级农民协会,即农民代表大会及其所选举的委员会,作为土地改革中农民群众的直接指挥机关。在尚未进行土地改革的地区,在一定时期内,农民协会是乡村中一切组织的中心。同时规定,县以下中国共产党的委员会,应即为各级农民协会的党组,县以上中国共产党的各级机关的主要负责人,亦应参加农民协会及农民协会党组,这样就使农民协会成为由党员领导

① 《完成胜利,巩固胜利,迎接一九五〇年元旦》,《人民日报》,1950年1月1日。

② 《中共中央对新解放区土地改革、减租减息及征粮的指示》,1950年1月4日。

之下的直接组织农民群众进行土地改革的机关。“这样做比较由我党各级党委去直接指挥农民执行土地改革要好些，即是更能顺利地动员与联系农民群众来进行土地改革。”[①]这一决定是农村——至少在土地改革运动期间——政权领导体制的重大变革。1950 年 7 月 14 日，中央人民政府政务院会议通过了农民协会组织通则，并公布施行。这一通则详细规定了农民协会的性质、任务、组织形式、参加人员等内容，申明各级农民协会是农民自愿结合的群众组织，是农村中改革土地制度的合法执行机关，它的任务是组织农民有步骤地实行反封建的社会改革，发展农业生产，保障农民的民主政治权利，参加人民民主政权的建设工作。

土地改革开始后，为保障社会秩序与人民政府的土地改革政策法令的实施，中央人民政府政务院于 1950 年 7 月 20 日决定成立群众性的司法机构——县市人民法庭，其主要任务是运用司法程序及时地惩治破坏土地改革的罪犯及处理划分阶级成分的争执等其他有关土地改革的案件。这样，土地改革这场群众性的规模宏大的反封建运动，就得到了司法机关的监督和保护。人民法庭一方面运用法律武器惩罚破坏土地改革的罪恶分子，另一方面以法律为准绳治罪，而不是以感情代替法律，随便打人、捕人和杀人。这种临时性的机构虽不太正规，但它仍属于国家专政机器的一部分，是为土地改革而设的专门机构，它随着土地改革的完成而消失。

在土地改革期间，还发生了农村派人进城直接捕人或直接索还押金现象，因而引起了城市的某些混乱。为了制止这种现象，中共中央于 1951 年 2 月决定设立城乡联络委员会，规定了“凡是农村方面须从城市逮捕的罪犯或须向城市某些人办理减租退押者，一律经过城乡委员会，经该委员会审核后依法执行”。[②] 设立这个机构是非常必要的，它既能

---

① 《中央关于今后土地改革由各级人民政府及其所组织的土地委员会及农协委员会直接指导的指示》，中国人民解放军国防大学党史党建政工教研室编：《中共党史教学参考资料》第十九册，国防大学出版社 1986 年版，第 94～95 页。

② 《中央关于土地改革地区设立城乡委员会的指示》，中国人民解放军国防大学党史党建政工教研室编：《中共党史教学参考资料》第十九册，国防大学出版社 1986 年版，第 244 页。

协助农村土地改革的退押肃反等运动，又能保护城市的正常秩序，并能巩固统一战线。

1951 年 2 月，中共中央和人民政府就考虑了农村基层政权的建设问题，并提出了土地改革后，要增划区乡，缩小区乡行政范围的设想。[①]到同年 9 月中共中央批准了《华东局关于土地改革后农村工作任务的指示》，该指示要求有计划地在农村进行民主建政工作。要划小区乡，以便于人民政府联系群众及人民管理政权；应建立和健全县人民代表会议和区乡农民代表会议，并把按时召开这些会议作为一种制度规定下来；应吸收广大农民干部参加政权工作，并健全县、区、乡各级人民政府委员会；应定期改选区乡人民政府委员会并定期向人民作工作报告，以便接受人民的批评和进行自我批评，改善干部和群众的关系；要求在进行民主建政工作的同时，应注意整理和发展民兵组织，加强农会、青年团和妇女联合会等群众团体的工作，以巩固人民民主专政的群众基础。[②]

由于中共中央和中央人民政府在土地改革中重视民主建政工作，所以到 1952 年 9 月，全国绝大部分省、行署、县、乡均召开了人民代表会议，建立了各该级人民政府委员会。参加农民协会的会员仅华东、中南、西南、西北四大行政区已达8 800余万人，其中妇女约占 30%左右。可见，广大受苦受压的农民，在土地改革斗争中组织起来了，基本形成了以贫雇农为核心的农民阶级的整体力量。土地改革后，农村中的党、政、民、武及其他各种组织初步建立起来。农民协会起了重要的作用，解除了地主武装，武装了自己，管制着那些不安分的不服从劳动改造的地主，这就彻底摧毁了地主阶级的反动势力，在农村中建立和巩固了人民民主专政。农民高兴地说，“过去见了地主，人要矮三尺，现在见了地主，头要高三寸”；“以前是地主的天下，现在是我们的世界”。从此，农民在政治上彻底获得翻身，真正成了农村的主人。

---

① 参见《中共中央政治局扩大会议决议要点》，引自《建国以来重要文献选编》第二册，中央文献出版社 1992 年版，第 40 页。

② 参见《中共中央华东局发布关于土地改革后农村工作任务的指示》，《人民日报》，1951 年 12 月 8 日。

3. 土地改革与新民主主义统一战线的扩大

土地改革运动不仅是农民阶级与地主阶级的斗争，而且是社会各界人民反对封建主义的斗争。它不仅由农民直接参加，而且需要全社会的同情、支持和声援。只有建立起全社会的反对封建主义的新民主主义的统一战线，造成一个良好的外围气氛、社会环境，才会减少土地改革的阻力，促进社会各项事业的发展。

中国共产党和人民政府十分重视城市各界人民对土地改革的作用，把在城市进行广泛解释土地改革政策、获得各界人民的支持，当作建立反对封建主义的新民主主义的统一战线的一项极为重要的工作。"应该在工人中，学生中，职员中，工商业者中，在部队的指挥员和战斗员中，解释人民政府的土地改革政策和法令，使他们了解，并同情农民，帮助农民，而不要去同情地主，帮助地主，更不要去庇护地主，庇护自己亲朋戚友中的地主分子"，做说服他们服从土地改革法令的工作。"这也是组成反封建统一战线中一项极为重要的工作。"①这是刘少奇代表中国共产党和人民政府在1950年6月的中国人民政治协商会议第一届全国委员会第二次会议上表明的态度。一般说来，工人、城市小资产阶级与农民的感情是比较亲近的，而国家工业化又要靠农民的援助才能成功，所以，工人、城市小资产阶级是坚决支持要求土地改革的农民的。民族资产阶级由于身受封建主义的束缚和压迫，也是大致上赞成土地改革的。在民主革命时期，代表民族资产阶级、城市小资产阶级以及知识分子的各民主党派也都赞成孙中山提出的"耕者有其田"的口号，提出了许多改变旧有土地制度的主张。可是，由于中国的民族资产阶级、民主党派和民主人士自身的复杂性，如有些人是从地主演化来的，有些人既是工商业者又兼地主或者是地主兼工商业者，还有少数从地主阶级分化出来的开明士绅和爱国主义将领等，他们同地主阶级有着不同程度的联系，有的关系还相当密切，这样就形成了他们自身的利益同土地改革的矛盾，加以国民党反动派和地主阶级对土地改革的长期造谣、污蔑，因而，民族资产阶级、民主党派和民主人士中的有些人对

① 《关于土地改革问题的报告》，《刘少奇选集》下卷，人民出版社1985年版，第45～46页。

土地改革存在着不同程度的疑虑，有些人甚至有不满以至抵触的情绪。而他们又都是人民的一员，是工人阶级团结的对象，是新民主主义统一战线的重要力量，因此，解决这些人的思想问题，使他们赞成土地改革，至少不反对土地改革，是建立反对封建主义的新民主主义的统一战线必不可少的一个重要条件。

在1950年6月为土地问题专门召开的中国人民政治协商会议第一届全国委员会的第二次全体会议上，一些民主人士发表了对土地改革的不同意见，表露出了他们害怕群众斗争的情绪，幻想"和平土改"。有的甚至说"地主养活农民"；"地主和佃农相依为命，谁也离不开谁"；"地主的好处不可一笔抹杀"；"土改偏差很大"；"斗争过火"；中国共产党和国家的干部"上层好，中层差，下层糟"；"地方的农会常常被土匪流氓所把持"，等等。对此，中共中央领导人在会议过程中对于这些错误言论和糊涂思想，进行了耐心地说服教育，特别约请了各民主党派、无党派民主人士和一些从地主阶级中分化出来的爱国民主分子的代表人物，征求意见，座谈协商，统一思想。在分组会和大会上，展开批评和自我批评，用事实说话，晓之以理，在《共同纲领》的基础上达到认识的一致。中国共产党的一些与会同志，对上述错误言论进行了辩驳。爱国起义将领傅作义和程潜也根据自己的耳闻目睹的事实证明基层干部的艰苦朴素、公而忘私。通过以上工作，民主人士基本上分清了是非，统一了认识，会议通过了土地改革法草案。中国国民党革命委员会主席李济深、中国民主同盟主席张澜等各民主党派的领导人纷纷在会上发言，宣布拥护土地改革法草案，号召其成员为完成土地改革而奋斗到底。中国国民党革命委员会成员刘文辉、卢汉等一些爱国起义将领也在会上郑重表示拥护土地改革的态度，愿意放弃本阶级的利益来服从全国人民的利益，不仅做到军事上的起义，而且更要做到阶级上的起义。毛泽东在会议闭幕式上讲话，肯定了民主人士对土地改革法草案的态度，认为不管从哪方面说，各阶层人士都应赞助土地改革，并把土地改革当作考验每个中国人（实际主要指民主人士）的一个"关"。他说："战争和土改是在新民主主义的历史时期内考验全中国一切人们、一切党派的两个'关'。""战争一关，已经基本上过去了，这一关我们大家都过得很好，全国人民是满意的。现在是要过土改一关，我希望我们大家都和过战争关一样也过得很好。大家多研究，多商量，打通思想，整齐步伐，组成一条伟大的反封建统一战线。”[①]他最后再次强调必须巩固和扩大伟大的有威信的广泛的新民主主义的统一战线。这次会议获得了土地改革和新民主主义统一战线的双丰收。土地改革提出了扩大反对封建主义的统一战线的任务，在思想上为土地改革铺平前进的道路。

重视反对封建主义的统一战线对土地改革的作用，并不是表面上说说而已，而是真正落到了实处。早在 1950 年 1 月中共中央就根据党外民主人士的意见公布了各地进行土地改革的时间表。[②] 土地改革法正式颁布后，各民主党派要求派人参加土地改革工作，所以，1950 年 8 月 3 日中央人民政府政务院总理周恩来就各民主党派参加土地改革工作事宜向各大区军政委员会发出了指示电。8 月 13 日中共中央又作出《关于各民主党派党员参加土地改革的指示》，指出："各民主党派派人参加土改（或减租）一般是希望对土改有所尽力，并使他们的党员在实际革命斗争中得到考验和教育，故应给以热诚的欢迎和积极的帮助。……对待他们的意见，要虚心听取，凡正确的意见，哪怕关系不大，也应采纳，不正确的或错误的，则给以解释。"希望各级党委及政府党组不要忽视这一工作，并指出"这件事情做得好，对今后党派统战工作将发生重要影响"。[③]

在土地改革中，为了让民主人士能直接看到和听到各级领导（上至大行政区下至乡）及各方面（上至雇农下至地主）的情况和意见，了解土地改革的真实情况，毛泽东特别指出要让民主党派和民主人士前去参观视察土地改革运动。他在 1951 年 1 月召开的第二次全国统战工作会议上同各中央局、大城市党委统战部的同志谈话时说，民主人士到各地去视察，各地不要以此为累赘。让他们去听听农民的诉苦，看看农民

---

① 《做一个完全的革命派》，《建国以来毛泽东文稿》第一册，中央文献出版社 1987 年版，第 415～416 页。

② 参见《中共中央对新解放区土地改革、减租减息及征粮的指示》，1950 年 1 月 4 日。

③ 《中央关于各民主党派党员参加土地改革的指示》，中国人民解放军国防大学党史党建政工教研室编：《中共党史教学参考资料》第十九册，国防大学出版社 1986 年版，第 193 页。

的欢喜，我们有些什么缺点和错误，也可以让他们看看，这是一件有益的事情。状元三年一考，土改千载难逢。欢迎他们去看。他说，分土地，镇压反革命，发动群众，都是好事。土改一项从尧、舜、禹、汤、文、武、周公、孔子直到孙中山都没有做过，我们才做。我们做了什么坏事情呢？有什么怕人家看的呢？他指出，对于工商业家、宗教界、校长、教员、开明士绅和爱国分子，我们都应该采取积极的态度团结和教育他们，决不能置之不理。有话应当让他们说，写万言书也好，我们可以给大家看看，好的接受，不好的解释。如果不进行教育，有事不让他们与闻，这是不对的。中共中央也于1951年初向政府委员、政协委员、政务委员、各部正副部长中的民主人士及各民主党派负责人征求意见，如果他们愿意的话，请他们到各自的原籍地区视察土地改革进行情况，他们在视察中发现什么问题或有什么意见，都能随时向当地党、政领导同志提出，接到什么诉愿可交当地政府酌办。[①] 各地照中共中央的指示，注意吸收民主人士参加或视察土地改革，因而取得了非常丰富的经验。如，苏南区党委，起初认为民主党派人士参加土地改革是个麻烦，甚至担心会把工作搞坏，因此，虽然吸收他们参加了土地改革，但不让他们做实际工作。确实，有些民主人士起初认为“江南无封建”，因而对土地改革有一定看法。但是，后来当他们看到江阴地主收租有三种簿子等剥削农民的罪恶行为之后，他们的政治态度开始转变。区党委了解了这些情况后，对民主人士的态度也有了改变。他们不再避讳民主人士参加土地改革工作，凡是民主人士能够参加的会议，尽量让其参加；凡是民主人士能够做的工作，就放手让其去做；对待他们像对待党的干部一样。有的民主人士感动地说：“只有共产党才能帮助人进步。”该地党委深有感触地认为，事实证明，民主人士参加土地改革不但没有搞坏，而且发挥了很大的作用。中共中央向各地介绍了苏南区的经验，要求各地照此办理。[②]

---

① 参见《中共中央关于组织民主人士视察土改工作的指示》，1951年1月15日。

② 参见《苏南区党委农委会关于各民主党派人士参加土地改革的报告》，1951年5月；《中共中央批准苏南吸收民主人士列席土地会议的报告》，1951年1月30日。

在中共中央和人民政府的指示下，各城市机关、学校、各民主党派、各群众团体、各界人民都踊跃地参加到反封建的统一战线中来。各地抽调大批人员奔赴农村支援土地改革。这样，各行各业、各界人士都关心土地改革。许多非党教授、民主人士以及与封建土地所有制有联系的工商业资本家，也都被吸引到反封建的统一战线方面来了。他们下乡参加土地改革，一方面帮助农民进行翻身斗争，另一方面也可以通过斗争提高自己的认识。在1951年和1952年土改期间，就有中央、北京及天津各行各业及各界人士7 000人左右参加或参观各地土地改革工作。各界人士组成的土地改革工作团、参观团受到各地党委的重视和照顾。[①]而土地改革工作团、参观团则对土地改革工作也起了促进作用。

中共中央和人民政府针对土地改革中发生的伤害高级民主人士的家属和亲友的问题，为了不损害同民主人士的统一战线，作出规定：对于民主人士（特别是高级民主人士）和爱国主义军官，在土地改革中必须有意地予以特殊照顾或宽大处理，决不可以不加区别地把他们与一般反动地主和反动军官一样看待。对于上述这些人的家属，除在政治上予以适当照顾外，在经济上应留给必要的生活资料，不得把他们“扫地出门”，他们在城市中的财产，一般应予保留，不得没收，不要逼得他们走投无路，等等。这些规定无疑是有助于争取民主人士，巩固统一战线的。

在土地改革中，富农问题也是与统一战线有关的一个重要问题。解决得正确与否，对于社会其他阶层影响很大。

众所周知，中国的富农分为资本主义富农和半封建富农，即使半封建富农也带有一定的资本主义因素，而新民主主义革命的对象是帝国主义、封建主义和官僚资本主义，它不包括民族资产阶级，也不消灭一般意义上的资本主义。相反，因为新中国脱胎于半殖民地半封建社会，封建地主阶级的势力相当强大，社会经济异常落后，这就需要在政治上结成最广泛的人民民主统一战线，在经济上要保护和鼓励有利于国计

---

① 参见《中共中央关于组织中央、北京及天津各界人士参加和参观各地土改工作的经验》，1951年10月17日。

民生的资本主义的发展。可见，对富农应该采取政治上联合，经济上保存（即保存富农经济）的政策。这种政策既利于恢复农村生产，又利于孤立地主，保护中农和保护小土地出租者。

土地改革中对待富农的政策，党内曾有过不同偏向。在王明"左"倾机会主义路线统治时期，实行"地主不分田，富农分坏田"的政策；在解放战争时期，中共中央在"五四指示"中对富农作了较多的照顾。但在《中国土地法大纲》中，规定了征收富农多余的土地及财产。建国后，党对待富农的政策有所变化。1949年11月，在有饶漱石、邓子恢、李富春参加的政治局会议上，毛泽东提出考虑暂时不动富农的问题，但未作详细的分析，也未作出决定。1949年12月至1950年2月，毛泽东在访问苏联期间，曾征求斯大林对这个问题的意见。斯大林提议将分配地主土地与分配富农土地分成两个较长的阶段来做。"即使目前农民要求分配富农的多余的土地"，但也不要在法令上予以肯定，认为在打倒地主阶级时，应中立富农以使生产不受影响。2月17日，毛泽东、周恩来打电报给刘少奇，传达了斯大林的上述意见，并讲如何对待富农，不仅关系到富农，而且关系着民族资产阶级，故应慎重处理。3月12日，毛泽东打电报给中南局和华东局、华南分局、西南局、西北局《关于征询对富农策略问题的意见》，提出了这样做的理由："第一是土改规模空前伟大，容易发生过左偏向，如果我们只动地主不动富农，则更能孤立地主，保护中农，并防止乱打乱杀，否则很难防止；第二是过去北方土改是在战争中进行的，战争空气掩盖了土改空气，现在基本上已无战争，土改就显得特别突出，给予社会的震动特别显得重大，地主叫唤的声音将特别显得尖锐，如果我们暂时不动半封建富农，待到几年之后再去动他们，则将显得我们更加有理由，即是说更加有政治上的主动权；第三是我们和民族资产阶级的统一战线，现在已经在政治上、经济上和组织上都形成了，而民族资产阶级是与土地问题密切联系的，为了稳定民族资产阶级起见，暂时不动半封建富农似较妥当的。"①各中央局，分局及省

① 《关于征询对富农策略问题的意见》，《建国以来毛泽东文稿》第一册，中央文献出版社1987年版，第272～273页。

委、市委接到毛泽东的征询电后，原则上一般表示同意。4月20日，中共中央发出《关于土地改革中宣传不动富农土地财产的指示》，指出，这样做的目的是为了稳定富农的生产情绪。尽管如此，中国共产党内对这一问题的意见并未统一。4月25日，中南局的主要负责人邓子恢直接电告毛泽东，认为如果不动富农的土地，那么，按人口平分给农民的土地将要减少20%以上，这样就不能满足雇农的土地要求，结果使贫雇农积极性减低，有些地方甚至土地改革运动发动不起来。5月1日，毛泽东就这一问题复示时再次强调了："鉴于富农出租地数量不大，暂时不动这点土地，影响贫雇农所得土地的数量也不会大。现在我的意见仍然认为暂时不动较为适宜。"6月14日，刘少奇在中国人民政治协商会议第一届全国委员会第二次会议上作了《关于土地改革问题的报告》，指出，现在富农的政治态度，一般地比以前有了改变，"全国各民族、各民主阶级、各民主党派、各人民团体的革命大团结，已经在政治上和组织上形成"，因此采取"保存富农经济"的政策，"是比较地对于克服当前财政经济方面的困难，对于我们的国家和人民为有利些"，而这种政策，"当然不是一种暂时的政策，而是一种长期的政策。这就是说，在整个新民主主义的阶段中，都是要保存富农经济的"。① 这样，经过反复征求意见和推敲，不动富农的意见就写进了《中华人民共和国土地改革法》中，该法规定："保护富农所有自耕和雇人耕种的土地及其财产，不得侵犯。富农所有之出租小量土地，亦予保留不动，但在某些特殊地区，经省以上人民政府的批准，得征收其出租土地的一部或全部。"

实践证明，不动富农的土地及财产，虽保留了资本主义和半封建的成分，但它对统一战线巩固，集中力量打击地主阶级；对稳定新民主主义社会秩序，恢复发展农业生产，巩固新生的人民民主政权，均起到了相当重要的作用。这是区别于苏联没收富农土地的做法的，是符合中国国情的土地改革政策。

除了以上谈到的几方面外，还有土地改革与整党相结合，土地改革与组织生产相结合等方面的经验，这些都是很好的经验。

---

① 《关于土地改革问题的报告》，《刘少奇选集》下卷，人民出版社1985年版，第38～40页。

4. 消灭封建的剥削制度，而不是消灭地主个人

在封建的土地制度下，“约占乡村人口4%的地主，却大约占有全国土地的50%”，并且还把持着乡村政权。[①] 这样，他们凭借土地和政权的力量，对农民进行残酷的剥削和压迫。虽然如此，但在土地改革运动中，“除对极少数犯了重大罪行的地主，即罪大恶极的土豪劣绅及坚决反抗土地改革的犯罪分子，应由法庭判处死刑或徒刑而外，对于一般地主只是废除他们的封建的土地所有制，废除他们这一个社会阶级，而不是要消灭他们的肉体。……地主在经过长时期的劳动改造之后，是可以成为新人的。”[②]土地改革运动中对待地主阶级的政策和做法，基本体现了这一精神。

毫无疑问，土地改革的主要打击对象是地主阶级，但土地改革法规定：没收地主的土地、耕畜、农具、多余的粮食及其在农村中多余的房屋等五大财产，但对地主的其他财产不予没收。这样就把土地改革运动的着眼点放在改变地主阶级的土地制度上，而不是注重于地主个人保存的暗财。根据过去的经验，一追暗财，农民就会无穷尽地追下去，而地主往往隐藏不报或分散变卖，大吃大喝，这样就极易发生打人杀人现象，也会造成社会财富的极大破坏和浪费，引起社会秩序的混乱，这对土地改革极为不利。不分暗财，一方面，地主可用来维持生活；另一方面，投资工商业，对整个社会大有益处。

在退押上，农民要求地主退押的呼声是很高的。为了防止发生混乱现象，1950年4月，中共中央要求各地吸取教训，立即停止退押；7月15日，又发出《关于在土地改革中退还押金和债务问题的指示》，规定：“土地改革中在原则上地主应将押金退还给农民。但只将农民最后所交给地主之押金退还，不应翻老账，亦不应计算利息。”[③]

---

① 参见《一九四九年中国经济简报》，中国人民解放军国防大学党史党建政工教研室编：《中共党史教学参考资料》第十九册，国防大学出版社1986年版，第7页。

② 《关于土地改革问题的报告》，《刘少奇选集》下卷，人民出版社1985年版，第34页。

③ 《中央关于停止向地主退押金问题给中南局的指示》，中国人民解放军国防大学党史党建政工教研室编：《中共党史教学参考资料》第十九册，国防大学出版社1986年版，第121页。

对地主兼营的工商业及其直接用于经营工商业的土地和财产实行不没收的政策。这样，就把打击的重点集中于封建剥削的部分，而不是资本主义部分。因为新民主主义社会“不但不怕资本主义，反而在一定的条件下提倡它的发展”。①

对地主本人与其亲属采取区别对待的政策。地主亲属与地主的情况是有很大不同的，他们中有的自己也常年参加劳动，耕种一部分土地，对此，亦应给以照顾，其自耕部分的土地在适当地加以抽补后，应基本上予以保留。在分配土地和其他生产资料时，也分给地主与贫苦农民同样的一份，使他们依靠自己的劳动维持生活，并在劳动中改造自己。只要守法，认真改造自己，五年以后，一般可以改变地主成分，仅仅对破坏土地改革的恶霸地主给予惩处，由人民法庭依法判处。这样就将一般地主与恶霸地主区别开来，有利于分化瓦解地主阶级，减弱他们对土地改革的抵抗，保证了土地改革的顺利进行。

在处理地主上，中共中央和中央人民政府采取的是在消灭封建剥削制度的前提下，尽量缓和农民和地主的关系。1951 年 5 月 10 日中共中央又专门作出《对土地改革业已完成地区的地主给予劳动生产就业等的指示》，要求那些地区的领导说服农民主动地与那些表示服从的地主缓和关系，以便争取多数地主参加劳动，耕种自己分得的土地。如果他们从事农业劳动时遇到实际困难，亦应帮助他们解决。对于地主阶级中的知识分子或有其他技能的人，应允许和分配他们教书或从事其他职业。对于确实不能从事农业劳动，而能做生意者，可以允许他们做生意。他们的钱财，可以允许他们挖出来，投资生产，不再没收。他们的生产所得，不论多少，均不再没收。这些政策都有助于地主的改造，有助于缓和阶级矛盾，对农村的政治、经济、生活等方面都会产生深远的影响。

当然，也应看到，一种新的社会制度代替另一种旧的社会制度绝非易事。土地改革是广大农民群众反对根深蒂固的封建地主阶级的政治经济制度的伟大斗争，当群众发动起来以后，汹涌澎湃，有如排山倒海

---

① 《论联合政府》，《毛泽东选集》第三卷，人民出版社 1991 年版，第 1060 页。

之势，横扫一切封建势力。同时也难免出现了一些乱打、乱扣、乱杀、乱划成分等现象。

土地改革中，打人扣人是比较普通的。打人现象多是发生在诉苦斗争大会上，干部群众在激愤之下痛打地主。中共中央政治局曾要各地领导“劝告农民以不采非刑拷打为有利”。① 也有地主自杀的，这多出于恐惧。1951 年 6 月邓小平谈到在土地改革后期的迟押和惩治不法地主阶段，“有简单粗糙的毛病，无政府无纪律的倾向又在滋长。我们在领导上则有控制不严的缺点。”②

土地改革中有侵犯中农利益的。在没收征收与分配土地财产时总希望以总人口除土地的平均数才算满意，遇到中农土地多，贫农土地少的情况，总想抽中农的土地。

在土地改革中划分阶级成分时也有过严的问题。据调查，在浙江省海盐县横港乡有三村共 263 户，原划富农的 25 户，大佃农 1 户，错划中农 22 户。也有把小土地出租者划为富农的。③ 对此，中共中央早已指出，划分阶级中的“左”倾错误，必须予以注意，“因为这是土地改革中可以引起各种错误的一个关键问题”。④ 它必将造成打击富农、伤害小土地出租者、侵犯中农和孤立贫雇农的恶果，也将波及民族资产阶级，搅乱反对封建主义的统一战线，使中国共产党和人民政府陷于被动。

产生划分阶级错误的原因，主要是：

第一，领导干部中“左”的思想比较严重。有些干部甚至“对地富不能乱打乱杀想不通，不挖底财不分浮财想不通”；对保存富农经济更是想不通，“主张环境越稳定，对富农越不能客气”。⑤ 对党的划分阶级的政策模糊不清，对各种阶级成分的定性定量分析不够。有的甚至不会

① 《中共中央政治局扩大会议要点》，引自《建国以来重要文献选编》第二册，中央文献出版社 1992 年版，第 40 页。

② 《邓小平同志六月十一日在中央局委员会上的报告要点》，1951 年 6 月 11 日。

③ 参见《浙江省关于纠正错划阶级成分的指示》，1951 年 1 月 13 日。

④ 《冀中区党委关于各地、县委纠正划分阶级上“左”倾错误的通知》，全宗名称：冀中区党委第 92 号案卷第 1 号。（藏于河北省档案馆）

⑤ 《新区土地改革概况》，河北省委给华北局的周报，1950 年 1 月 25 日，卷号：0018；又见 1950 年第“河北省委”号全宗第 52 号卷第 6 号文件。（藏于河北省档案馆）

计算剥削，不了解什么是主要劳动和附带劳动，区分不清资本主义剥削和封建剥削等。

第二，干部中形而上学思想严重。有的定成分，追查三代，哪代成分高算哪代。对丧失劳动力的人，就认为他们没有劳动，是地主富农。

第三，干部中单纯的政治观点或经济观点。认为政治思想上的好坏可作为划分阶级成分的标准，忽视了以经济占有与剥削状况作为划分成分的标准。有些地方，将许多伪职人员错误地划为地主，有些干部认为"当了伪职人员"，就要"贪污敲诈勒索剥削"，"应划为地主"；单纯的经济观点，为了满足干部和贫雇农多分土地财产，任意提高成分，并把这说成是"贫雇农的要求"，从而置政策于不顾；在有的村里，采取"矮子里拔将军"的办法，硬是拔出了地主。

第四，确定成分时不尊重和不重视本人的申述，甚至有时不经全体农民通过，只有少数干部和贫雇农代表"内定"。有些干部，怕丧失威信，知错也不改。

第五，不严格执行请示、报告以及批准制度，上级也未认真进行检查监督，因而"先斩后奏"、"斩而不奏"，以及"多斩少奏"等现象层出不穷。①

第六，片面地理解了大胆积极发动群众的原则。有些同志把这一原则误认为是"放任自流"地发动群众。因此，发动群众时，他们自动放弃了对群众的领导，使运动一开始就有一种过"左"的倾向。

尽管中共中央从土地改革一开始，就向各地提出不要侵犯中农利益，不要破坏富农经济；不要将地主扫地出门；不要乱打乱杀；不要强迫命令和大轰大嗡的进行工作。② 同时还一再地强调不要重犯 1946 至 1947 年土地改革中所犯的"左"的错误，但仍然出现了上述问题。这些问题的出现，从客观上说，过去地主欺压农民，现在农民翻身了，以致不讲方式，发生了这样那样的错误。

---

① 参见《新区土地改革概括》，河北省给华北局的周报，1950 年 1 月 25 日，卷号：0018。（藏于河北省档案馆）

② 参见《中央关于中南局彻底完成土改计划的批示》，中国人民解放军国防大学党史党建政工教研室编：《中共党史教学参考资料》第十九册，国防大学出版社 1986 年版，第 231 页。

虽然在土地改革运动中出现了上述问题，但土地改革的巨大成绩是主要的。经过土地改革使亿万农民获得了土地和其他生产资料，生活条件也得到改善，因此，极大地激发了他们的生产热情，促进了农业生产力的发展，进而为国家工业化开辟了宽广的道路。

镇压反革命运动和土地改革运动的胜利完成，消灭了中国大陆上的最后的敌对阶级力量，为新民主主义社会的政治、经济和文化建设开创了一个和平安定的社会环境，新民主主义的国家机器完善起来，新民主主义社会制度日臻巩固，为大规模的经济建设，创造了客观条件。

（三）抗美援朝与巩固新民主主义社会

人民民主专政的对外职能，就是保卫新中国，打击一切来犯的敌人，捍卫国家的主权和领土完整。当时，主要是与美国帝国主义的战争政策和侵略政策的斗争。

1. 为了捍卫新生的共和国必须出兵援朝

1950 年 6 月 25 日拂晓爆发了朝鲜战争，美国政府随即进行了军事干涉，并侵占了我国领土台湾省。9 月，美军利用其强大的军事优势，在朝鲜仁川登陆，占领了汉城（即首尔——编者注），并越过“三八”线，很快地把战火烧到了我国东北边境。美军飞机多次野蛮地轰炸、扫射了鸭绿江边我国的城市和乡村，严重地威胁着我国的和平与安全。美军远东司令官麦克阿瑟狂妄地宣称：最迟可在圣诞节占领整个北朝鲜，“士兵们可以回家过圣诞节”，命令越过清川江的美军“各部迅速前进！目标：鸭绿江与图们江！”[①]大有进攻中国之势！

美国的侵略行径和阴谋企图，理所当然地遭到了中国政府和人民的强烈反对。1950 年 6 月 28 日，毛泽东在中央人民政府委员会第八次会议上的讲话中，严斥了美国对朝鲜和中国台湾的侵略，他指出：“各国的事情应该由各国人民来管，而不应由美国来管。”9 月 30 日，周恩来在中国人民政治协商会议全国委员会为建国一周年举行的庆祝大会上的

---

① 伍修权：《在外交部八年的经历（1950.1—1958.10）》，世界知识出版社 1983 年版，第 48 页；《中共军的突然袭击》，韩国《安全保障》杂志，1981 年 11 月，转引自《军事学术》，1982 年增刊第 1 期。

报告中严正警告："中国人民决不能容忍外国的侵略，也不能听任帝国主义者对自己的邻人肆意侵略而置之不理。"10 月 2 日，应金日成的一再请求，中共中央和毛泽东发出指示，决定派遣中国人民志愿军赴朝作战。10 月 8 日，中国人民革命军事委员会主席毛泽东发布命令，令中国人民志愿军迅速向朝鲜出兵，协助朝鲜人民向侵略者作战并争取光荣的胜利。

抗美援朝是中共中央和毛泽东经过周密思考、反复权衡、最后决定的。

当时，我国正面临着各种严重困难。解放战争刚刚结束，国民党残余力量尚未肃清，镇压反革命运动还未开始，全国大部分地区还未进行土地改革。国民党造成的经济百孔千疮、财政紧张、生产停顿、国力极弱、百业待兴。人民解放军经过长时间的艰苦战争，也需很好地休整。况且人民解放军的武器装备基本上还是在过去战争中从敌人手里缴获来的。新中国没有军事工业，没有空军，没有海军。①

美国则完全不同。它在第二次世界大战中发了横财，在经济上和军事实力上均居世界首位。1950 年美国的钢产量 9 800 多万吨，石油近 2.5 亿吨，粮食约 3 200 亿斤。其陆、海、空军是完全现代化的，投入到朝鲜战场的为陆军的三分之一，空军的五分之一和海军的近半数，计有飞机 2 400余架，舰艇 300 余艘，掌握着制空权、制海权，手里还有原子弹。

针对以上事实，中共中央和毛泽东高瞻远瞩，科学地分析了朝鲜局势和敌我状况之后，果断地作出了抗美援朝、保家卫国的正确决定。

当时中共中央和人民政府考虑的是，中国与朝鲜只有一江之隔，"中朝是唇齿之邦，唇亡则齿寒。朝鲜如果被美帝国主义压倒，我国东北就无法安定。"②当时我国的重工业半数集中在东北，鞍钢是全国最大的炼钢厂，抚顺是全国最大煤矿，沈阳是全国机械工业中心，它们的产量均占全国的一半以上。而当时鸭绿江上的发电站，是亚洲最大的水力发电站，由中朝双方共用，没有它，鞍钢等重要工业就要停工。此外，

① 1949 年才开始组建空军海军，中后期才有空军参战，也仅能用于保护后方部分交通线。

② 《抗美援朝，保卫和平》，《周恩来选集》下卷，人民出版社 1984 年版，第 51 页。

东北还是我国粮食和木材生产基地，各种资源极其丰富。东北解放又早，是整个国民经济的重要支柱，全国有许多新区都靠东北支援。总之，东北对我国的国民经济建设和国防建设关系极大。

从国际主义角度说，我们也不能眼看邻国被帝国主义任意宰割，况且中朝两党和两国人民从来就是相互支持的。如果再按兵不动，朝鲜民主主义人民共和国很快会被颠覆，或者名存实亡。当时的形势已到了危急的时刻。中国出兵时，金日成仅剩下三个多师抵抗美军的北进，其余部队都被隔在南方，正在后撤。在这种异常危急的关头，仅从道义上考虑，我们也决不能熟视无睹。当时周恩来就说："从朝鲜在东方的地位和前途的展望来说，我们不能不援助；以唇齿相依的关系来说，我们也不能不援助。"[①]事实证明，中国的出兵是对的。斯大林原本怀疑我们是民族主义者，我们决定出兵，"斯大林感动得流泪，认为中国同志最好"。[②] 中国同志是真正的无产阶级国际主义者。

总之，采取积极出兵朝鲜、歼灭美伪军的政策，对中国、对朝鲜、对东方、对世界都极为有力，而中国不出兵，让敌人压到鸭绿江边，国内外反动派的气焰将更嚣张，对各方都不利。首先是对我国东北更不利，整个东北边防军将被吸住，南满电力将被控制。所以，中共中央和人民政府认为"应当参战，必须参战，参战利益极大，不参战损害极大"。[③]

当然，中共中央和毛泽东也不能不认真考虑自身的力量和出兵可能引起的种种后果。显而易见，我们要打的不是国民党士兵，而是美帝国主义者。中国人民志愿军司令员兼政治委员彭德怀一见到金日成首相(兼朝鲜人民军最高司令官)时就讲："我们党中央和毛主席下这个决心(指入朝参战——引者注)是不容易的，中国大陆刚刚解放，困难很多，而既决定出兵，第一要能在合理解决朝鲜问题上有所帮助，主要的是要能够歼灭美国侵略军，第二要准备美国宣布同中国进入战争状态，至少要准备它轰炸东北和工业城市，攻击我沿海地带。"他接着说："现

---

① 《抗美援朝，保卫和平》，《周恩来选集》下卷，人民出版社 1984 年版，第 52 页。

② 《陈毅同志谈话记录》，1964 年 4 月 16 日。

③ 《关于中国人民志愿军入朝参战的两个电报》，中国人民解放军国防大学党史党建政工教研室编：《中共党史教学参考资料》第十九册，国防大学出版社 1986 年版，第 211 页。

在的问题是能否站得住脚，无非三种可能，第一是站住了脚，歼灭敌人争取和平解决朝鲜问题，第二是站住了脚但僵持不下，第三是站不住脚被打了回去，我们要争取第一种可能。”[①]实际上毛泽东在1950年10月2日就指出：“既然我军在朝鲜境内和美国军队打起来（虽然我们用的是志愿军的名义），就要准备宣布和我国进入战争状态，就要准备美国至少可能使用其空军轰炸我国许多大城市及工业基地，使用其海军攻击我沿海地带。”[②]周恩来于1950年10月24日在中国人民政治协商会议第一届全国委员会第十八次常委会上作的《抗美援朝，保卫和平》的报告中也讲道：“我们并不愿意战争扩大，它要扩大，也没有办法。我们这一代如果遇着第三次世界大战，为了我们的子孙，只好承担下来，让子孙永享和平。不过我们绝不挑起世界大战。我们应力争前一种前途，力争和平。但也准备应付后一种可能，应付世界大战。”

中共中央作以上估计是完全必要的。当中国人民志愿军入朝参战取得了前两次战役的胜利后，杜鲁门则公开威胁说，美国不打算放弃他们在朝鲜的使命，“不排除使用原子弹的可能”。[③] 而嗜血成性的战争狂——美军远东司令官麦克阿瑟则向美国参谋长联席会议提出了对中国进行报复的四项措施：“第一，封锁中国海岸；第二，轰炸中国本土内的军工企业及其设施；第三，派蒋军入朝作战；第四，要蒋军对中国大陆进行牵制性进攻。”[④]他还公开叫嚷：“和中国共产党对比，我们的强点是海军和空军，那就是我们应该加到他们身上的压力，他们不能抵抗，也没有什么东西可以用来抵抗。你会玩桥牌吗？你晓得桥牌的第一个法则是以你的强调来占上风。”在美国国会里也有许多人主张把战争扩大到中国，他们认为与其晚打不如早打，“敌人（指中国——引者注）力量增长的数目比我们更快，将来打不如现在打，将来打会造成十倍于今天的代价。”[⑤]可见，美军侵朝的最高司令官和美国政府的一部分当权者，

---

① 转引自柴成文、赵勇田：《抗美援朝纪实》，中共党史资料出版社1987年版，第62页。

② 转引自姚旭：《抗美援朝的英明决策》，《党史研究》，1980年第5期。

③ 柴成文、赵勇田：《抗美援朝纪实》，中共党史资料出版社1987年版，第67页。

④ 同上，第68页。

⑤ 姚旭：《抗美援朝的英明决策》，《党史研究》，1980年第5期。

是有意想给新中国制造事端的。

正是在认真分析各种复杂情况的基础上，我们才提前做好了各种准备，做到了有备无患，并保证了战争的胜利发展。

朝鲜战争爆发后，1950 年 7 月上旬，我国就组建了东北边防军，这是为我国的安全和东亚和平所作出的一个战略决定与措施，是为以后能适时出兵参战而走的具有决定意义的一着棋。1950 年 8 月 26 日周恩来在第三次国防会议上检查东北边防军准备工作时提出：组建东北边防军是基于两种可能的分析，一是在朝鲜人民自己解决了问题的情况下“备而不用”，二是如果朝鲜人民失去了前一种可能，即有支援朝鲜人民和保卫我国安全的任务。抗美援朝的事实证明了这一措施的正确。

中国人民志愿军进入朝鲜后，同朝鲜人民军紧密配合，主要进行了五次大的战役，重创了敌人。1953 年 6 月 27 日美国终于被迫在停战协定上签字。所谓“联合国军”总司令克拉克上将在停战协定上签字后则哀叹地说：“我执行上级指示，我获得了一个不值得羡慕的名声：我是美国历史上第一个在没有取得胜利的停战协定上签字的司令官。我感到一种沮丧的心情……”是的，抗美援朝是以我们的胜利和敌人的失败而结束的。

抗美援朝战争从 1950 年 10 月 25 日到 1953 年 7 月 27 日为止，中国人民志愿军和朝鲜人民军共毙俘敌军 109.383 9 万名，其中美军 39.754 3万名，击落击伤和缴获敌机 1.222 4 万架，击毁击伤和缴获敌军坦克 3 064 辆，击沉击伤敌军舰艇 257 艘。[①] 我志愿军伤亡、失踪 36 万人。抗美援朝战争的胜利，大大提高了中国人民在世界上的影响和地位，巩固了新生的人民民主政权，遏止了美国不可一世的骄横气焰，迎来了我国东北和朝鲜的安全与和平。

2. 新民主主义国家政权与抗美援朝的相互砥砺

抗美援朝是在全国性的新民主主义国家政权诞生后组织进行的第

---

① 关于敌军伤亡总数，据美官方公布已达 147.426 9 万人；美国学者费正清在《美国与中国》一书中讲：美国伤亡达 14.2 万人，南朝鲜伤亡人数估计为 30 万，北朝鲜为 52 万，中国可能达 90 万(费正清：《美国与中国(第四版)》，世界知识出版社 2000 年版，第 370 页)。

一场对外战争。美国武装干涉朝鲜内政，骚扰我国边境，侵占我国台湾，直接威胁大陆的安全和新民主主义社会的巩固，激起了全国人民的反帝国主义斗争。

抗美援朝战争一开始，中共中央和毛泽东就把争取战争的胜利放在首要地位，“一切服从战争，一切为了战争的胜利”。[①] 在全国范围内开展了声势浩大的抗美援朝运动。1950 年 10 月，中共中央在《关于时事宣传的指示》中指出：“为了使全体人民正确地认识当前形势，确立胜利信心，消灭恐美心理，各地应即开展关于目前时事的宣传运动。”12 月，又发出《关于进一步开展抗美援朝的指示》。在中共中央的号召下，全国人民的政治积极性空前高涨，积极参加到抗美援朝保家卫国的运动中。到 1951 年底，全国已有 70%～80%的人口，参加了抗美援朝的爱国运动，受到了抗美援朝的爱国教育。

为了从物质上有力地支援朝鲜前线，1951 年 6 月 1 日，中国人民抗美援朝总会发出了《关于推行爱国公约、捐献飞机大炮和优待烈属军属的号召》，各界人民积极响应，踊跃参加捐献活动。他们表示：“现在我们一切都准备好了，只要命令一下，要人有人，要钱有钱，要什么有什么。”广大工人、农民和积极分子除捐献财物外，纷纷要求以志愿的行动抗美援朝、保家卫国。许多爱国工商业人士也捐款捐物捐飞机。从 1951 年 6 月起，全国性捐献武器运动开展起来，仅一年时间，捐献额即达 55 650 亿多元（旧人民币），可买战斗机3 710架，涌现了无数动人的场面、事迹和人物。

抗美援朝运动也大大促进了我国人民民主统一战线的巩固发展。抗美援朝之初，民族资产阶级、各民主党派和民主人士也表现了爱国热忱，但有一部分人有崇美、恐美和亲美思想。中共中央十分慎重对待这些问题。在决定了抗美援朝之后，同各民主党派和无党派民主人士的代表多次进行协商座谈，征求他们的意见，打消他们的疑虑，在取得意见一致的基础上，1950 年 11 月 4 日，发表了《各民主党派联合宣言》，指

---

① 《抗美援朝开始后财经工作的方针》，《陈云文选》（一九四九——一九五六年），人民出版社 1984 年版，第 112 页。

出"帝国主义的侵略野心是无止境的"，而"中国全体人民团结一致，保卫家乡，保卫祖国，保卫和平的坚强意志，是无论如何也不能摧毁的"。宣告"中国各民主党派誓以全力拥护全国人民的正义要求，拥护全国人民在志愿基础上为着抗美援朝保家卫国的神圣任务而奋斗"。此后，各民主派、民主人士和爱国的工商业人士积极地参加到抗美援朝运动中来。1950 年 11 月 30 日，天津市工商界举行声讨美军示威游行。当毛泽东听到这一消息后立即复电给予赞扬，号召"全国工人、农民、知识分子及工商业家，凡属爱国者，一致团结起来，反对美帝国主义的侵略"。"希望全中国一切爱国的工商业家，和人民大众一道，结成一条比过去更加牢固的反对帝国主义侵略的统一战线"，取得反帝斗争的胜利。

抗美援朝斗争也促进了人民民主专政支柱——中国人民解放军的发展。过去我们只有单一兵种陆军，经过抗美援朝，建立了海军、空军、防空军、公安军、高射炮兵、坦克兵、工程兵、通信兵、铁道兵、防化学兵等诸军兵种合成军队，建立了一批军事、政治和技术性的军事院校，开始了建设一支现代化的革命军队。

抗美援朝运动也促进了国民经济的恢复与发展，到 1952 年工农业总产值都达到了历史的最高水平。人民生活得到改善，人民政府的威信树立起来。

3. 新民主主义国家绝不屈服于强权的政治外交

新民主主义性质的中华人民共和国成立后，美国仍然奉行强权政治的外交政策。我国则奉行了一条独立自主、和平共处的外交路线。

早在民主革命时期，毛泽东就庄严宣告："我们中华民族有同自己的敌人血战到底的气概，有在自力更生的基础上光复旧物的决心，有自立于世界民族之林的能力。"①新民主主义国家的外交路线与国民党的外交路线截然不同，新民主主义国家的外交路线是使我国获得真正的独立和平等，而不是像国民党那样依靠外国的施舍。要获得真正的独立，则"应靠中国人民自己努力争取，而努力之道就是把中国在政治上经济上文化上建立成为一个新民主主义的国家，否则便只会有形式上

① 《论反对日本帝国主义的策略》，《毛泽东选集》第一卷，人民出版社 1991 年版，第 161 页。

的独立、平等，在实际上是不会有的”。[①] 在我国新民主主义革命取得伟大胜利的前夜，周恩来向全世界宣告了新中国对外政策的基本立场，就是“中华民族独立的立场，独立自主、自力更生的立场”。同时还一再强调了“在原则性的问题上我们是不让的”，“任何国家都不能干涉中国的内政”。因为“我们就是为此而奋斗了一百多年！我们要自力更生，然后才能争取外援”。“我们不排外，不挑衅，但必须站稳立场，否则就只能倒在外国人的怀里。”[②]毛泽东在《中华人民共和国中央人民政府公告》中也宣告：我国将在平等、互利和互相尊重领土主权基础上同外国建立外交关系。我们为了贯彻执行和平的外交路线，又制定了许多外交方针，主要有：第一，“另起炉灶”。意指不承认国民党政府同各国建立的旧的外交关系，而要在新的基础上同各国另行建立新的外交关系。第二，“一边倒”。即站到苏联为首的和平民主阵营一边。第三，“打扫干净屋子再请客”。不急于同帝国主义国家建交，先把帝国主义的残余势力清除一下。第四，“礼尚往来”。资本主义国家，你对我好，我也对你好；你对我不好，我也对你不好。针锋相对，来而不往非礼也。我们总是采取后发制人的办法，你来一手，我也来一手。第五，“互通有无”。在平等互利的原则下同外国做买卖，双方都不要吃亏。第六，团结世界人民。除苏联和各人民民主国家外，还要团结争取原殖民地半殖民地国家、资本主义和帝国主义国家的人民，以巩固和发展国际和平力量，扩大新中国的影响。

在上述外交方针中，值得认真研究和详加说明的是“一边倒”的那条方针，这是新中国建立初期最重要的一条外交方针。它是毛泽东于1949年6月在《论人民民主专政》一文中郑重地提出来的，宣布新中国将坚定地站在人民民主阵营一边。9月，又将这一方针写进了《共同纲领》。11月周恩来对这一方针作了具体阐释，即：“我们现在的外交任务，是分成两方面的。一方面，是同苏联和人民民主国家建立兄弟的友谊。我们在斗争营垒上属于一个体系，目标是一致的，都为持久和平、

① 《论联合政府》，《毛泽东选集》第三卷，人民出版社1991年版，第1086页。

② 《关于和平谈判问题的报告》，《周恩来选集》上卷，人民出版社1984年版，第321～322页。

人民民主的社会主义前途而奋斗。另一方面，是反对帝国主义。帝国主义是敌视我们的，我们同样也要敌视帝国主义，反对帝国主义。”①

“一边倒”这条外交方针的提出是有着深刻的历史因素的。

从人民民主阵营的代表苏联来看，苏联是世界上第一个社会主义国家，在新中国成立之前的20多年的民主革命中，苏联无论从思想理论上，还是从人力物力上，都曾给予中国革命极大的帮助。所以，早在1946年周恩来就曾对马歇尔坦率交过底，“当然我们要一边倒的，不过程度如何取决于你们”。②

从帝国主义阵营的代表美国来看，美国是后起的帝国主义强国，对外政策的基本点是反对“共产主义”，一向反对中国革命和中国共产党。华尔街的老板们在蒋介石身上下了大约60亿美元的赌注来换取其在华的特殊利益，基本同蒋介石沆瀣一气。特别是抗日战争胜利后，美国从其殖民主义强国的立场出发，为了达到削弱苏联在远东的影响，抵制共产主义扩张这一战略目标，对蒋介石国民党的扶植步步升级。最初，用美式装备武装蒋介石国民党军队，空运蒋介石国民党军队抢占战略要地；然后，派马歇尔以调停为名，帮助蒋介石国民党积极备战，以全面进攻中国共产党；继而，当蒋介石国民党大势已去，又想换马，继续抵抗。总之，美国施展“扶蒋溶共”、“助蒋内战”、“换马谋和”等变幻多端的伎俩，其目的就是消灭中国共产党，保住在华地位和利益。

对美外交的原则立场在1949年1月中共中央就有明确的指示。1月8日中共中央政治局在《关于目前形势和党在一九四九年的任务》中剖析说：“美帝国主义的对华政策，已由单纯地支持国民党武装反共，转变为两面性的政策。这即是：一方面，支持国民党残余军事力量及地方军阀，继续地抵抗人民解放军；另一方面，则派遣其走狗混入革命阵营组织所谓反对派从内部来破坏革命。”我们必须识破这一阴谋，予以回击。1月19日，中共中央作出《关于外交工作的指示》，指示说：“许多帝

---

① 转引自中共中央文献研究室编：《文献和研究（1984年汇编本）》，人民出版社1986年版，第42～43页。

② 转引自《柯乐布总领事论1940—1950年中美冲突问题》，《国外社会科学情况》，1986年第7期。

国主义国家的政府尤其是美帝国主义政府，是帮助国民党反动政府反对中国人民解放事业的，因此，我们不能承认这些国家现在派在中国的代表为正式的外交人员……在原则上，帝国主义在华的特权必须取消，中华民族的独立解放必须实现，这种立场是坚定不移的。"基于以上事实和考虑，中国共产党当时是不可能实行亲美路线的。

那么，是不是说就是放弃独立自主的外交立场，一切依赖别人？或者说，倒向苏联，就与苏联没有矛盾？而远离美国，就没有在一定程度上发展各种关系的可能呢？不是的。我们说，"一边倒"的政策，在一定意义上说，正是中国共产党执行独立自主的政治外交路线的结果。从当时的国际形势看，世界被划分为两大阵营，美苏两国的"冷战"正在逐步升级。中国只有站在人民民主阵营一边才是符合中国革命和中国人民的根本利益的。

在建国初，苏联共产党及斯大林对中国共产党的一些看法还未彻底转变过来，特别是对中国是否走社会主义道路，是否坚持国际主义原则等是很不放心的。如，"过去我们不听共产国际和斯大林的错误主意"，违背他们的意志，"斯大林就怀疑我们走'南斯拉夫的道路'"，到这时仍有疑虑。"我国的一些民主党派和无党派民主人士参加了政府，苏联就怀疑我们会不会执行亲英美的路线等等。"[①]因此，当 1949 年底毛泽东周恩来率团访苏时，苏联方面在热情招待中国代表团的同时，也表示出了"冷漠和怀疑"的态度。尤其表现在签订《中苏友好同盟互助条约》上，毛泽东为此耽搁了许久，他表示一定要签，直到最后斯大林才同意签订。[②]

苏联和斯大林对中国共产党态度比较彻底的转变，是到了 1950 年中国决定出兵朝鲜，与美作战。朝鲜战争爆发前，斯大林对朝鲜战局的判断也是错误的。最初支持朝鲜人民军南进，盲目轻敌，没有将美国出兵估计在内，当美军在仁川登陆后，战局逆转，朝鲜危在旦夕，他又悲观

---

① 伍修权：《在外交部八年的经历(1950.1—1958.10)》，世界知识出版社 1983 年版，第 5 页。

② 同上，第 3～17 页。

地通知中国说:“金日成同志将在中国境内成立流亡政府。”[1]他本来怀疑中国共产党人是民族主义者,是会坐视不顾的。但是,1950 年 10 月 8 日毛泽东命令中国人民志愿军向朝鲜出兵了,同时,周恩来也带着师哲和一名机要员赴莫斯科同苏联商谈有关中国出兵后的事宜,这时,他被“感动得流泪,以为中国同志最好”。[2] 至此,他才纠正了自己对中国共产党的错误认识,相信中国同志是真正的无产阶级国际主义者。美国学者费正清认为:“中国人的干涉搭救了斯大林使北朝鲜陷于惨败的大祸。”[3]周恩来证实说:斯大林本来“怀疑我们不是真正的马克思主义者,怀疑我们对于帝国主义不斗争,一到抗美援朝,他的看法就改变了”。[4]

建国前夕,苏联共产党对中国共产党的担心疑虑和态度暧昧,美国的咄咄逼人和蛮横态度,加上中国共产党对苏美两国的底牌尚不十分清楚等因素,影响了中国共产党当时对外政策的制定。由于美国是一目了然的敌人,而苏联又未传递过毫无保留地支持中国共产党新政权的信息,所以,中国共产党更加坚定了独立自主的信念,这是一方面。另一方面中国共产党要建立巩固新国家,恢复完全破坏的经济,增强国力,巩固新生政权,极力避免孤立无援,因而并不反对在“互通有无”、“礼尚往来”原则下同资本主义国家交往,尤其是做生意,就是“对帝国主义阵营也要有分析”,给以“区别对待”。[5] 当时蒋介石国民党集团还未最后垮台,中国共产党自然希望这些国家不要再助蒋抵抗,断绝同蒋介石国民党政权的一切关系。相反,倘若这些国家敌视中国革命和新政权,并企图继续扶植蒋介石国民党政权向新政权反扑,那么,中国共产党为了捍卫新生的人民民主专政政权,便会全力同帝国主义斗争。

中国共产党基于以上认识,在对美关系上,采取了既十分疏远,又较灵活的态度。一是不急于同美国接触和建交,不幻想美国会放弃援

---

① 《陈毅同志谈话记录》,1964 年 4 月 16 日。

② 同上。

③ 费正清:《美国与中国(第四版)》,世界知识出版社 2000 年版,第 370 页。

④ 《共产国际和中国共产党》,《周恩来选集》下卷,人民出版社 1984 年版,第 302 页。

⑤ 《我们的外事方针和任务》,《周恩来选集》下卷,人民出版社 1984 年版,第 89 页。

蒋反共；一是把政治问题与经济问题区别开来，把建立贸易关系，达成某种程度的谅解，阻止美国过多干涉中国内政等作为更实际的目标。在这一方针指导下，1949年4月底中国曾派姚依林在北平与原北平领事馆总领事柯乐布进行过联系。5月，又通过某中间人向领事馆官员透露了中国共产党可以考虑在美苏之间发挥缓冲作用的信息。同月，黄华与美驻国民党大使司徒雷登在南京开始接触。6月28日黄华按约定时间拜访了司徒雷登，并带来了毛泽东和周恩来的口信说，“如果我（指司徒雷登——引者注）希望访问燕京大学，他们会欢迎我到北平的”，[①]无疑，这是中国共产党愿意调整中美关系的一个明显姿态，但中国共产党的态度并未得到美方的积极响应。虽然如此，中国共产党从策略上考虑，在宣布“一边倒”政策后，又通过中国国民党革命委员会负责人陈铭枢坦诚地向美国方面转述了中国共产党对调整关系所持的立场和一些具体设想。而从美国方面来说，虽然看到蒋介石国民党政权大势已去，考虑以贸易为纽带，同中国共产党拉关系，但其意图是要保住在华特权，防止苏联进入，因此，美国的实际做法自始至终以殖民主义强国自居，盛气凌人地提出种种不平等的交换条件，以“经援”、“承认”作恩赐、要挟，一副不可一世的架势。鉴于美国毫无诚意，中国共产党为了争取外交上的主动，解除莫斯科的疑虑，遏制美国的嚣张气焰，对付美国可能介入中国内战，为了消除国内少数人对中国走“第三条道路”资本主义道路的迷恋，去掉对美帝国主义的迷信，使人民清醒认识帝国主义本质，丢掉幻想准备战斗，巩固解放战争所取得的胜利，有必要尽快表明倒苏反美的态度。而美国紧接着发表“白皮书”，公然反对中国共产党领导下的人民民主专政的新政府，拒不承认中华人民共和国诞生，并千方百计离间中苏关系。美帝国主义在黔驴技穷之后，终于在1950年4月，其最高决策机构国家安全委员会抛出以“自由世界与共产主义阵营间的长期对抗”为主旨的NSC68号文件，确定了敌视新中国的基本方针。6月美国派第七舰队开进台湾海峡，阻止台湾的解放，同时出

① 肯尼斯·雷、约翰·布鲁尔编：《被遗忘的大使》（《The Forgotten Ambassador：The reports of John Leinhton Stuart，1946—1949》），江苏人民出版社1990年版，第306页。

兵朝鲜,对新中国虎视眈眈。为了保卫刚刚诞生的人民民主专政政权,中国人民志愿军被迫抗美援朝,中美武装对抗终于在第三国的领域上公开爆发。由上可见,中美关系演变到此,主要责任在于美国的强权外交,无视新中国的主权,最后被中国人民赶出大陆,这是咎由自取。

必须说明,“一边倒”政策,既不同于当时南斯拉夫与苏联彻底决裂的关系,更不同于东欧各国与苏联的依附顺从关系,而是具有中国自己的独到的特点的。最根本的特点就是,它是在独立自主地掌握自己命运的前提下的“一边倒”。1949 年 4 月周恩来就讲,为了国家的建设和发展,“即使对于苏联及各人民民主国家,我们也不能有依赖之心”,“我们愿意和一切以平等待我之国家合作”。与帝国主义国家、资本主义国家相处的原则,“在政治上,我们的立场依然是民族独立、平等相待”,“我们不排外,不挑衅,但必须站稳立场”,“帝国主义若要同我们建立外交关系,就要按平等原则进行谈判”。应该看到“资本主义世界并不是铁板一块”,世界也“不是简单的两大阵营对立”,应“使我们的外交工作更灵活一些”;“在经济上,有买卖就做、国际贸易要开展,这是于双方都有利的”。① 毛泽东、周恩来等同中国国民党中央委员会主席陈铭枢谈到“一边倒”政策时也讲:中国共产党的“一边倒”并不意味着“依靠别人”,而完全是中国共产党为了自己的目的而独立作出的政治决策,要把“政治路线”与“国家立场”两者区别开来。“政治上必须严格,经济上可以做生意。”②到 1953 年 9 月,周恩来还讲:“对于社会主义国家,我们能否存依赖心理?譬如说,苏联搞重工业,国防工业,我们搞轻工业,这样行不行呢?若是一个很小的国家,是可以的。但我们是一个近六万万人口的大国,地下资源很丰富,如果不努力建设工业,特别是建设重工业,那就不能设想了。”③

“一边倒”政策实行的结果,是我们在政治上取得主动,经济上获益

---

① 转引自邵玉铭:《司徒雷登与一九四九年美中和解问题》,载《党史通讯》1985 年第 10 期。

② 同上。

③ 周恩来:《在中国人民政协全国委员会第四十九次扩大常务委员会议上的总结发言》,中国人民解放军国防大学党史党建政工教研室编:《中共党史教学参考资料》第二十册,国防大学出版社 1986 年版,第 145 页。

匪浅。首先，我们在外交上得到了一个强大阵营的支持，而没有陷入两面落空，骑虎难下，完全孤立的被动局面，即没有出现后来同美苏同时对立的局面；其次，在美国不甘心蒋介石国民党的失败，继续扶蒋反共，对新中国耀武扬威的威胁下，它起了保障新政权和亚洲安全的作用，至少起了平衡作用。它也为新的人民民主专政彻底肃清国民党残余，顺利恢复和发展国民经济，提供了一个良好的外部环境；最后，争取了苏联的外援，发展了与社会主义国家的友好往来和外贸关系，加速了我国社会经济的发展，为奠定我国国民经济基础和后来开始的社会主义经济建设发挥了重要作用。实事求是地说，当时苏联对我国各方面的援助，从本质上讲，是出于国际主义的，是真诚无私的，是历史上任何国家对我国的援助无法与之相比的。

“一边倒”政策的确定和实行，是一种特定历史条件下的产物，在当时是必然的和合理的，但并不能说它是尽善尽美的。应该指出，由于历史的原因，这种政策除其积极意义以外，还有难以避免的局限性，给我国政治和经济建设带来了一些副作用。

第一，限制了我国同各种不同制度的国家、不同地区的人民的交往，因过于强调意识形态而影响了国家与国家间的关系。建国初在相当的一段时间内，我国几乎同世界资本主义国家没有任何往来，在建国头七年同我国建交的 28 个国家中几乎没有发达资本主义国家。那些发达资本主义国家一般都具有先进的科学生产技术，而这正是我国所急需的。“一边倒”政策的实行，断绝了我们向科学技术先进发达国家学习的机会，这使得我们在过去几十年离开了科学技术文化发展的行列。我们本来想把政治与经济分开来对待，但实际上，政治和经济是互相作用的，特别是当时意识形态在影响国与国之间的关系上作用相当大，资本主义把社会主义当作洪水猛兽，而社会主义则把资本主义当作妖魔鬼怪。在外交上过分强硬的态度和做法，使我们失去了灵活性，往往处于尴尬被动的地位，而且，双方互相敌视和封锁，既不利于国际紧张局势的缓和，也不利于我国经济的恢复和建设。我们自己也未坚持按照将政治与经济分开的原则去做，反而在同资本主义国家的关系上愈来愈带上意识形态的色彩，而不重视国家的实际利益，甚至把一些资本主义国家主动向我们表示改善关系当作一种阴谋，是“从内部破坏革命”[①]，故采取缄默静观的态度，失去了许多时机。实践证明，在对外关系上，政治色彩太浓，过于强调政治制度的区别，必然影响国与国之间的正常关系，对我国政治经济文化发展有百害无一利。

第二，造成了事实上的过分依赖别人。起初我们告诫自己不要一切依赖外援，可由于实行“一边倒”的政策，为了反对共同的“敌人”，自然就会同一个国家、一个政党、一个集团联系过分紧密，而刚刚起步的我们又急于从对方换取一切需要的东西，很少计较代价和后果。这就造成了我们各方面都要同别人合作，别人对我们了如指掌。但事物总是在起变化的，一旦风云突变，损失就难以数计。中苏关系发展的结局就是有力的证明。苏联的单方面撕毁一切合同，使我国进退维谷，外交上已无任何回旋余地，没有人再支援我们，而我们要偿还欠苏联的各项借款和应付利息140 600万新卢布，再加上我们的错误政策和自然灾害带来的困境，使我国国民经济几乎到了瓦解的边缘，人民只得勒紧裤带过日子，无数人因饥饿而死，人民政权面临了一场前所未有的危机。

第三，由于我们缺乏社会主义建设的经验，“一边倒”的方针使我们处处需向苏联“学习”，这就有意无意地形成了苏联的模式。而苏联模式的最大特点和弊端，是政治体制、经济体制，以至文化教育体制上的高度集中管理。实践证明，这种过于单一僵化缺乏竞争活力的体制，极不适合于我国国情，它影响了我国人民民主的政治体制的进步与发展和人民群众政治热情的发挥，延缓了经济发展的速度，甚至成为导致我国“大跃进”、“文化大革命”等政治大灾难的重要原因之一。

历史和现实都告诉我们，我们要自己掌握自己的命运，要奉行独立自主的外交路线，不管处于何种历史条件，出于何种原因，都要既从战略上考虑问题，也要从策略上考虑问题，即原则性和灵活性相统一。不能因为与美国对抗，就完全依赖苏联或将所有资本主义国家均纳入“敌方”范畴；同样，也不能因为与苏联友好，就与同苏联关系不睦的国家或政党为敌。任何时候，都不应该依附于或屈服于任何大国，都不应一味

---

① 《目前形势和党在一九四九年的任务》，《毛泽东文集》，人民出版社 1996 年版，第 231 页。

把意识形态放在国家与国家关系的考虑之上，应向任何愿意与我国发展各方面关系的国家开放，力争在发展同世界各个不同制度国家人民的友好往来中，发展我们的经济、文化、教育和科技，提高我国在国际上的地位，增强我们的国力，完善我们的人民民主专政制度。

概言之，新民主主义社会建立后，在我们国家内展开的镇压反革命、土地改革和抗美援朝三个大规模的运动，取得了伟大胜利，这一胜利的取得，证明了我国的人民民主专政具有强大的力量，同时也使新民主主义社会完全巩固起来。

第三章

新民主主义国家的特点

新民主主义国家是建立在新民主主义社会的理论基础之上的。中国共产党注重从新旧中国交替的历史转折的实际出发,无论是对待旧机构、旧军队、旧人员,还是建立新政权,都体现了高超的智慧和创造,体现了新中国的特点,使新民主主义成为一个具有鲜明中国特色的社会形态,成为中国历史上一个崭新的开端。

第一节　根据新中国的实际,正确处置旧的国家机器

随着解放战争在全国的胜利,国民党政权的全面崩溃,人民民主专政的新政权面临一个如何处置国民党的旧机构、旧军队和旧人员的问题。中国共产党和人民政府对此采取了区别对待的政策,即对国民党的国家机器要打碎,国民党的军队要消灭,但对其工作人员的大多数则采取了妥善处置和安排的政策。这无疑对亟待建立与稳定社会秩序以及恢复国民经济的新的人民国家有着极其重要的意义。

一、区别对待国民党的政治机构与经济机构

国民党的政治机构和经济机构是不同的。它的政治机构是其统治

人民与镇压人民的工具，因此，必须彻底地加以摧毁。它的经济机构除经济管理部门外，基本上是工矿企业生产部门，因此，则需要采取按原系统接管的政策。

1949 年 1 月 15 日中共中央在《关于接收官僚资本企业的指示》中提出："对于国民党反动统治的政治机构，如国民党的军队、警察、法庭、监狱及其各级政府机构，是应该彻底加以破坏的，而不能加以利用。"革命的人民必须重新建立起自己的机构，只有如此，才能达到保护人民镇压反动派的目的。因此，当时提出了"接收南京国民党反动政府及其所属各级政府的一切权力！"的口号。[①]《指示》中指出，对于负隅顽抗的国民党军队及其他持枪人员，应予以无情地歼毙和俘虏。对于国民党的司法机关及其所制订的一切法律，应立即接管和废除，同时"建立新民主主义国家的司法机关，以执行镇压反革命活动和保护人民利益的任务"。[②] 中共中央在另外一个指示中则明确规定："对于国民党行政、司法、军事、警察等机关的旧职员，则须要采取另外的改造办法，也可以采取更急进的办法。"[③]

但对于国民党的经济、文化、市政交通等机关和人员，则采取了保护政策。1949 年 4 月 25 日颁布的《中国人民解放军布告》则明令："保护一切公私学校、医院、文化教育机关、体育场所，和其他一切公益事业。凡在这些机关供职的人员，均望照常供职，人民解放军一律保护，不受侵犯。"[④]

对于接收的国民党官僚资本企业，"必须严格地注意到不要打乱企业组织的原来的机构"。对于接收的银行、工厂、矿山、铁路、邮政、电报等单位，如果原来职员、厂长、矿长、局长及工程师还在并愿继续服务

---

① 《中共中央庆祝平津解放的口号》，1949 年 1 月 27 日。中央档案馆编：《中共中央文件选集》第十四册，中共中央党校出版社 1987 年版，第 545 页。

② 《中央书记处关于接管平津国民党司法机关的建议》，中央档案馆编：《中共中央文件选集》第十四册，中共中央党校出版社 1987 年版，第 525 页。

③ 《中共中央关于对北平各机关旧职员处理原则的指示》，中央档案馆编：中央档案馆编：《中共中央文件选集》第十四册，中共中央党校出版社 1987 年版，第 616 页。

④ 《中国人民解放军布告》，《毛泽东选集》第四卷，人民出版社 1991 年版，第 1458 页。

者，只要不是破坏分子，"应令其担负原来职务"，负责生产。对于企业中的各种组织、实际工资标准、等级制度、奖励制度、劳动保险制度亦应照旧，应原职原薪，不得取消或任意改革。[①] 对于旧制度中某些不合理处，必须等到详细研究后，才可提出改良办法，绝不可草率拟定办法或用老解放区企业中的制度生搬硬套。"军管会只派军事代表去监督其工作，而不应派人去代替他们当厂长、局长、监工等。"即仍旧由原来的人员管理生产，军管会只是保障生产能照旧进行，而不应该派人去代替原有的经营管理。[②]

这种区别政治机构和经济机构的政策，是积极稳妥的，它既摧毁了国民党赖以进行统治的政权机构，又保证了人民日常的经济生活，促进了生产的恢复和发展，巩固了新生的社会制度。

二、对于国民党的军政人员一律"包下来"

对于国民党的军政人员如何处置，是统统裁减掉还是"包下来"？

当时中国共产党和人民政府在财政上是处于相当困难的境地的，对国民党的军政人员采取"包下来"的政策是一个很大的负担。但若不采取这一政策，就会在政治上、军事上造成严重后果。在这方面的教训是深刻的。北平和平解放后，遣散的傅作义部军队 1.7 万人均跑到绥远，他们怨天恨地，继续同我武装对抗；当人民解放军解放宁、沪、杭后，曾把旧人员裁了 2.7 万余人，也引起很大波动。中共中央及毛泽东早就重视了这一问题，从 1949 年初以后就提出了许多妥善处置旧人员的正确政策。

1949 年 3 月中共中央提出，对于国民党行政、司法、军事、警察等机关的旧职员，应采取留用一切有用人员的态度，决不可轻率地把他们开

---

① 但到了 1949 年 11 月 22 日《中共中央关于处理旧人员问题给华中局的指示》中，提法与 1949 年初有所改变。该指示称留用旧的政权机关与企业文教机关的人员"无论留用任职与专职，都不是原职原薪或原封不动"。

② 参见《中共中央关于接收官僚资本企业的指示》，1949 年 1 月 15 日，中央档案馆编：《中共中央文件选集》第十四册，中共中央党校出版社 1987 年版，第 497 页。

除赶走了事，并且要帮助他们解决家庭困难。

9月3日，毛泽东就旧人员的问题提出了后来被人们广为传诵的一句名言："三个人的饭五个人匀着吃"，要求把"多余人员设法安插到需要人的岗位上去。"①

9月24日，中共中央作出《关于旧人员处理问题的指示》，这是最系统提出对待国民党军政人员政策的指示，其内容是：第一，要十分慎重地处理旧人员，他们除少数战犯、特务及劣迹昭著的分子以外，"一般均将其希望寄托于我们，其基本要求是吃饭"。以往的经验说明旧人员一般不能用裁撤遣散的办法解决，必须给以工作和生活的出路；第二，中国共产党及人民政府负有改造及在工作中养活这些人的责任。全国解放后，在一定期间内，要养活新旧军政人员900万到1 000万人，这虽在财政上有很大困难，但是可以解决，而在政治上十分必要；第三，对国民党旧工作人员，除作恶多端、严重贪污及依靠关系吃饭等分子须予以撤职或法办外，"一般均应予留用"。"三个人的饭五个人匀着吃，房子挤着住"；第四，新的机构必须精干，必须革除国民党官僚主义效率低下的弊端，精简庞大的机关及闲杂人员，但对精简下来的人员，不可踢开不管，应举办训练班，薪资酌减至六折、七折，以保证他们及其家属的生活，认真考核学习成绩，量才用人，学习好的优先录用。

总之，对旧人员"包下来"的做法，体现了共产党人不计前嫌的博大胸怀。这种给人以出路的政策在客观上教育了一度与人民为敌的旧的军政人员，给了他们改恶从善的机会，同时避免了无休止地循环往复的敌对斗争行动，赢得了社会各界的赞扬，稳定了社会秩序。

三、改造和利用旧的军政人员

对于国民党的军政人员，并不因为他们过去同共产党和人民对抗，就统统逮捕、严惩、贬斥，而是区别不同情况，采取不同政策，尽量化消

---

① 《毛泽东同志关于上海工作问题给饶漱石的信》，1949年9月3日。

极力量为积极力量。

1949 年 4 月 25 日发布的《中国人民解放军布告》第五项规定："除怙恶不悛的战争罪犯及罪大恶极的反革命分子外，凡属国民党中央、省、市、县各级政府的大小官员，国大代表、立法(委员)、监察委员、参议员、警察人员，区、镇、乡保甲人员，凡不持枪抵抗，不阴谋破坏者，人民解放军及人民政府一律不加俘虏，不加逮捕，不加侮辱。"

就是一般以为必须砸烂的国民党司法机关，和一般不再留任的司法人员，中共中央也未简单轻率地处理，因为这是一个复杂而重要的问题，"应认真地进行了解工作和甄别工作，分别不同对象，慎重处理"。对一般无罪恶的司法人员(包括旧律师)不应一脚踢开，要加以利用。

为了稳定社会秩序，对于一般的保甲长，也采取了利用的政策。1949 年 1 月 3 日中共中央在《关于新解放城市暂时利用旧保甲人员的通知》中讲：对于"一般保甲长在短时期中，仍须暂行利用，使之有助于社会治安之维持"。

当时，对国民党一切政府机关的一般人员，中国共产党和人民政府采取了留用一切有用人员的政策。然而留用人员是有标准的。首先就政治标准来说，对国民党官僚一般是不予留用的，政治上有严重问题的一般也不留用。对于国民党过去反动、腐化的文职官员和军官们，由人民政府发动群众监视，依靠社会力量对其长期加以改造和强迫劳动。① 当然，如果是年轻的官员，政治上又没有严重的问题，通过一段时间学习可继续任职，如沈阳市就对没有真正学识，没有专门技术，但在政治上可能向人民靠拢，而又可以改造的国民党军官，则通过政治训练，视其结果分别给予适当的工作出路。另据沈阳市税务局接受旧职员之处理与留用人员的情况统计，②也可以看出当时执行政策的情况。

① 参见《中共中央军委关于处理国民党军官的方针的指示》，1949 年 2 月 16 日。

② 参见《中共中央关于对北平各机关旧职员的处理原则的指示》，1949 年 3 月 22 日。

沈阳市税务局接受旧之职员处理与留用人员的情况统计表

<table>
<tr><th>区别</th><th colspan="2">报到人数</th><th colspan="2">受训人数</th><th colspan="2">洗刷人数</th><th>走散人数</th><th colspan="2">留用人数</th></tr>
<tr><td rowspan="3">内容摘要</td><td>国税局所属
财政局所属</td><td>524人
256人</td><td>市政府税务所</td><td>117人
167人</td><td>第一次</td><td>职员39人
工友</td><td rowspan="3"></td><td>第一次</td><td>职员423人
工友69人
计492人</td></tr>
<tr><td>沈阳局</td><td>32人</td><td></td><td></td><td rowspan="2">第二次</td><td>职员20人</td><td rowspan="2">第二次</td><td>职员400人</td></tr>
<tr><td></td><td></td><td></td><td></td><td>工友14人</td><td>工友35人</td></tr>
<tr><td>合计</td><td colspan="2">812人</td><td colspan="2">284人</td><td colspan="2">73人</td><td></td><td colspan="2">435人</td></tr>
<tr><td>备考</td><td colspan="9">1. 洗刷人员占总比例8.9%(内包括工友14人)
2. 自行走散人员内包括有省税警9人</td></tr>
</table>

沈阳市是1948年底解放的，而解放愈晚的城市留用的旧人员也就愈多。

其次，就业务标准来说，在国民党企业机关的一些技术不高，工作能力不强，但因其“接近国民党负责人而占驻高级位置，领取高薪，则应降低其位置和薪水”；相反，技术较高，能力较强，因其同国民党负责人不和而职务和薪水明显低下者，则应适当地提高其职务和薪水。“只有如此处理后，才能使企业内部安定和团结，进行生产。”①

注意吸收专门人才，同样也适用于军队。1949年2月16日《中共中央军委关于处理国民党军官的方针的指示》中就有这样的要求：“(一) 首先注意吸收在军事上有较高的学识，可在我军事教育岗位上服务，且在群众中有一定的影响，政治上真正愿意向我靠拢者，应加以适当教育，分配适当工作”；“(二) 确有专门的军事技术为我军建设上必须者，如炮兵、工兵……等人才，即使在社会上没有什么名望，只要政治上不是反动分子，即应吸收他们参加工作。”

上述指示充分体现了中国共产党和人民政府的重视人才，区别对

---

① 《中共中央关于对北平各机关旧职员的处理原则的指示》，中央档案馆编：《中共中央文件选集》第十四册，中共中央党校出版社1987年版，第615页。

待，改造利用，给以出路的政策。

四、要注意保护城市和有秩序地接收城市

解放城市后，必须要注意保护城市，必须要讲究有秩序地接收，否则，即使解放了的城市，也会出现混乱。

在人民解放军最初解放城市时，因缺乏经验曾出现这样一些情况：如因纪律松弛而破坏了城市的公共规则；因政策水平低，有的搬运器材，拆卸零件，拿走皮带，损害工厂设备；有的农民进城找地主清算，破坏了一部分与地主有联系的工商业，从而侵犯了民族工商业；有的后方机关派人进城，抢购物资，做买卖，扰乱了市场；有的党政机关借口群众观点，对部分贫农进城"发洋财"，采取放任态度，因而使得潜伏下来的特务分子和流氓，也乘机进行破坏捣乱，使有的工厂、商店、医院乃至市政机关遭到了严重的破坏和损失。

鉴于这些情况，中共中央、中央军委则要求攻入城市的部队：第一，遵守公共规则；第二，除现行犯外，不得擅自逮捕；第三，没有命令，不得擅自进入外侨住宅或者对其进行人身检查；第四，不经上级许可，不得接受人民的慰劳，军队个人尤不得受礼和赴宴；第五，至少在一个相当时期内，不得接眷属进城居住，等等。① 中共中央东北局还规定：第一，在新解放的城市，实行短期军管制度。军管机关及以后成立的市人民政府和中国共产党的市委，可以全权处理一切违反城市政策和法纪的事件，但对一切重大事件，必须在事先和事后向上级报告；第二，加强党的关于城市工商业政策的教育；第三，攻城部队只有保护公私工商业的责任，没有没收处理的权力；第四，攻城部队在战斗结束后，除需要维持城市秩序的一定数量的部队外，其他部队均应撤出城外。"所有部队一律不准住在工厂、医院、学校和教堂。"②

由于中国共产党和人民军队深切了解打败国民党军队只是时间的

---

① 参见《中共中央军委关于城市驻军不住民房的决定》，1949 年 5 月 6 日。

② 《中共中央东北局关于保护新收复城市的指示》，1949 年 6 月 10 日。（藏于辽宁省档案馆）

问题，每座城市都将回到人民手里，为尽量减少对城市的破坏，每当人民解放军进攻某座城市时都进行周密部署，甚至不惜作出某些重大牺牲。例如，解放军攻打平津时，为了保护城市人民生命财产的安全和古建筑免遭破坏，一般不用炮轰，只用轻武器同敌人进行巷战、肉搏战，因而牺牲了许多战士。又如，解放上海时，本来南京、杭州已经解放，上海是唾手可得的，但考虑到上海是我国最大的工商业城市，上海的解放、接收和管理的好坏在国内外都会引起巨大反响，为使解放后的上海广大市民能照旧生活，经济不受影响，以及能稳妥地接收各部门，所以，做了充分准备，打上海的时间比原计划推迟了一个月。而上海的解放与成功地接收、管理，不啻是向国内外宣布了中国共产党及其领导的人民政府不仅有能力获得一个旧世界，而且也有能力建设一个新世界。

每当解放军占领一个城市后，就贴出布告，宣布各种政策，内容大致包括：第一，保护全体人民的生命财产安全；第二，保护民族工、商、农、牧业。希望各行各业照常生产和营业；第三，保护外国侨民生命和财产安全；第四，对不持枪抵抗的国民党人员，除罪大恶极者外，一律不逮捕；第五，没收一切官僚资本。①

中国共产党和人民政府对国民党政府机关的接收是循序渐进、由上至下、有条不紊地进行的。以工作做得较好的沈阳市来说，其主要做法有：第一，在一开始就召集旧人员开会，宣布对守法职员一律不抓，将来大部分留用，这就安定了职员的情绪，消除了顾虑，使其能积极地为我工作。许多是国民党党员的职员，还主动向人民政府坦白。第二，提出要求，不管是局长、科长、股长以及秘书主任，均应各守岗位，仍暂时按原职负责工作。原来的制度、规则、手续等，除必须立即废除者外，仍照旧执行。这些规定极其重要，它不但使接收工作，有头可找，有责可追，而且也保证了在短时间内井然有序地完成接收工作。第三，自上而下地有秩序地进行接收，亦即上级部门可以接收所属的下级部门，下级部门不能单独地进行接收，没有隶属关系的部门自然不能进行接收，这样，则避免了混乱、损失和脱节。第四，由于中国共产党和人民政府非

---

① 参见《中国人民解放军布告》，《毛泽东选集》第四卷，人民出版社 1991 年版，第 1485 页。

常缺乏干部，工作量大，为能开展工作，中国共产党和人民政府则采取了以少数干部为骨干，利用旧职人员的政策。第五，利用社会力量开展工作。对于过去的许多社会团体，并未采取一概排斥的态度，而是对其可利用者加以利用。如通过商会调拨各种物资与车辆，通过某些慈善团体进行募捐与征集粮食等。第六，经过一段工作后，宣布新机构、新制度、新人事。

由于中国共产党采取了上述妥善处置旧的军政机构人员和接收城市企业的政策，所以在废除旧的国民党的政治制度时一般都收到了良好的效果。

第二节　实行中国共产党领导下的多党合作制

新民主主义国家的“人民民主专政是中国工人阶级、农民阶级、小资产阶级、民族资产阶级及其他爱国分子的人民民主统一战线的政权”。[①] 参加这一政权的四个阶级和他们的党派，“团结起来，组成自己的国家，选举自己的政府”。[②]

在建国初期，我国各民主党派主要是代表民族资产阶级、小资产阶级及其知识分子的利益和要求的。在新民主主义革命时期，他们都同中国共产党有过长期合作、共同奋斗的光荣历史。在革命取得伟大胜利的前夕（有的还要早一些，如中国民主同盟），他们都由联共而转为拥共。“召集政治协商会议和成立民主联合政府的一切条件，均已成熟。一切民主党派、人民团体和无党派民主人士都站在我们方面。”[③]他们都积极参加了于 1949 年 9 月召开的第一届中国人民政治协商会议。这

① 中国人民政治协商会议全国委员会文史资料研究委员会编：《五星红旗从这里升起》，文史资料出版社 1984 年版，第 479 页。

② 《论人民民主专政》，《毛泽东选集》第四卷，人民出版社 1991 年版，第 1475 页。

③ 《在中国共产党第七届中央委员会第二次全体会议上的报告》，《毛泽东选集》第四卷，人民出版社 1991 年版，第 1435 页。

次会议通过了《中国人民政治协商会议共同纲领》、《中国人民政治协商会议组织法》和《中华人民共和国中央人民政府组织法》等文件，产生了国家机构，选举了国家领导人，确定了我国在共产党领导之下的人民民主专政的制度。

这个制度充分表明了共产党与各民主党派以及无党派民主人士的合作，同时也反映了在共产党领导下各民主党派参政、议政的特点，反映了联合专政的特点。如：参加第一届中国人民政治协商会议的，除共产党外，有民主党派、无党派民主人士和各种团体共 45 个单位 600 多人。在选出的政治协商会议第一届全国委员会的 6 位正副主席中有 4 名是民主党派和无党派民主人士。由政治协商会议产生的中央人民政府中的 6 位副主席中有 3 名是民主党派和无党派民主人士。在 56 名政府委员中，有 25 名是民主党派及无党派民主人士。在人民革命军事委员会 5 位副主席中，有 1 名是民主党派。在政务院的 4 位副总理中，民主党派及无党派民主人士占 2 名。在政务院 21 名委员中，民主党派及无党派民主人士有 11 名。在政务院 22 名部长中民主党派及无党派民主人士有 10 名，在政务院下属 30 个机构的 93 个负责人中，民主党派和无党派民主人士有 42 名。在地方人民代表会议及其选出的地方人民政府中，民主党派也都占有一定的比例。这样“既保证了无产阶级对国家政治生活的坚强领导，又体现了统一战线的广泛性”。①

可见，中国共产党对民主党派参政、议政的问题是极为重视的。

在人民代表会议代表遴选问题上，也严格地规定了党员和非党员的比例。“无论各届代表会议或人民代表大会，党员均不要太多……大体上，党员及可靠的左翼分子，略为超过二分之一即够，以便吸收大批中间分子及少数不反动的右翼分子。”②会议进行要采用充分的协商方法，使代表们有充分地发言权利，能够毫无顾忌地提出任何批评意见。后来，中共中央又多次重申政府机构必须配备党外人士的原则。在

① 李维汉：《回忆与研究》下册，中共党史资料出版社 1986 年版，第 791 页。

② 《中共中央关于转发察哈尔省各界代表会议的报告的指示》，引自《中共中央文件选集(1948—1949)》第十四册，中央党校出版社 1991 年版，第 705 页。

1951年3月8日发出的《关于各级政府委员会必须配备适当数目的党外人士的指示》中规定："党对各级人民政府委员会，必须根据统一战线的政策和共同纲领原则，配备适当数目的党外人士与我党负责同志共同组成这一方针，任何地方不容忽视。"毫无疑问，"各地是可在各民主党派中，工农模范中，爱国的知识分子、技术专家和工商业家中，乃至开明的绅士和宗教徒中，找到合适的人选"。要求"凡各级人民政府委员会中非党人数的比例太少者，上级党委及上级人民政府不应予以批准或上报"。[①] 这样规定的目的在于，务使各阶层的人民都有代表，"都能发表意见，以便团结起来，共同进行工作，并依据共同纲领，保障与发展他们的利益。"[②]

各民主党派和无党派民主人士在国家机构中不仅担任了重要职务，而且还有反映各阶级利益的《共同纲领》作保证。"我们有伟大而正确的共同纲领以为检查工作讨论问题的准则。共同纲领必须充分地付之实行，这是我们国家现时的根本大法。"[③]

中国共产党与各民主党派的合作，并使各民主党派人士参政上做到有职有权，对新中国的建立有极大的重要意义，所以中国共产党一再强调这合作的重要性。中国共产党的七届二中全会的决议要求："我党同党外民主人士长期合作的政策，必须在全党思想上和工作上确定下来，我们必须把党外大多数民主人士看成和自己的干部一样，同他们诚恳地坦白地商量和解决那些必须商量和解决的问题，给他们工作做，使他们在工作岗位上有职有权，使他们在工作上做出成绩来。"[④]

1949年4月周恩来也指出："中国新民主主义政治是四个阶级合作

---

① 《中央关于各级政府委员会必须配备适当数目的党外人士的指示》，中国人民解放军国防大学党史党建政工教研室编：《中共党史教学参考资料》第十九册，国防大学出版社1986年版，第259页。

② 谢觉哉：《人民民主政权建设和民政工作的成就》，中共中央党校党史教研室选编：《中共党史参考资料》(七)，人民出版社1980年版，第210页。

③ 《在中国人民政治协商会议第一届全国委员会第二次会议上的开幕词》，《建国以来毛泽东文稿》第一册，中央文献出版社1987年版，第408页。

④ 《在中国共产党第七届中央委员会第二次全体会议上的报告》，《毛泽东选集》第四卷，人民出版社1991年版，第1437页。

的……过去因为环境不同，我们不在一起，今天既然到了统一的环境，就可以大家一起来干。非共产党人也照样能工作，甚至做得更好。共产党人不是天生的。我的先代是'绍兴师爷'，什么'少有大志'，那是鬼话。"①

1950年3月李维汉在中央统一战线工作会议上作的《关于人民民主统一战线的新的形势与任务》的报告中，充分论述了如何处理与民主党派统一战线工作的问题。他说，第一，统一战线工作是党的总路线和总政策的重要一部分，它与党领导的其他各种工作紧密相连。第二，在政权机关中，统一战线的主要内容是建立党与非党人士合作的正确关系。第三，为此，要解决两个中心问题，一是同党外人士沟通政策观点，二是使他们有职有权。第四，在实际政策方面，党外人士与我们不可避免地会发生原则分歧或有不同意见。处理的办法是积极协商，耐心倾听，然后加以认真分析，正确地接受过来。不妥当的，加以解释，错误的加以批驳。既不怀成见，也不因人废言。第五，党外人士既然担任了一定的职务，即享有与其职务相当的权力，履行与其职权相当的责任，这不仅要在工作中同党外人士商量一切应该同他们商量的问题，取得大多数人的协议，然后付诸执行，而且要在共产党员和党外人士之间进行必要而适当的分工，并主动地帮助党外人士做出成绩来。第六，如果发现党外人士有缺点错误，应从团结的愿望出发，给以诚恳的和适当的批评，并帮助他们改正。只有这样，才能既搞好团结，又搞好工作。第七，一切政策的通过和执行，必须经过行政部门，党组织不应该代替行政机构直接处理行政事务，否则，党外人士势必无事可做，形成有职无权，既不能搞好合作，也不能搞好工作。第八，批评党内几种错误倾向。一种是关门主义。一部分同志，特别是一部分负责干部，由于怕麻烦和不放心，不愿与党外人士合作，或者只要进步分子，不要中间分子，更不要中右分子。另一种是迁就主义。在重大原则问题上，对错误意见或批评不加辩解，用降低党的政治原则去迁就。最后一种是敷衍主义。认为统一战线是一种手段，做做样子而已，因而不认真地去做统一战线工

① 《关于和平谈判问题的报告》，《周恩来选集》上卷，人民出版社1980年版，第325页。

作。事到临头便仓皇失措，不左即右。以上几种倾向，都使我们在统一战线中丧失了主动权，是违背工人阶级和党的立场的，必须予以改正。

一年以后，李维汉在第一次全国秘书长会议上又专门作了《进一步加强政府机关内部的统一战线工作》的报告，再次强调沟通政策思想和非党人士有职有权的问题，因为"政府工作人员既是来自各民族、各民主阶级、各民主党派，而各人的社会经历、教育经历、政治经验和工作经验又互不相同，甚至有很大的差别，在这种情形下，要实现统一行动和竭诚合作，就要依靠沟通政策思想"。而解决有职有权问题，必须做到"一份职务，一份权力，一份责任，三者不可分离"。"为便于实现有职有权，要执行周恩来总理的指示，在各级正副职人员之间进行适当分工。在这个问题上，应当要求共产党员首先尊重非共产党员的职权，在他们的职权范围内，使他们有可能与闻一切应该与闻的事情，同他们商量一切应该商量的事情，向他们报告和请示一切应该报告和请示的事情；同时还要积极地帮助他们能够履行责任，做出成绩。"①

在中共中央正确的指导思想下，各地严格执行了正确对待各民主党派的政策。在 1952 年 9 月以前，各级人民代表会议的代表中，民主党派代表的名额是超过比例的，而工农的代表名额，并未达到应有的比例。"根据 854 个县的统计，农民代表则只占 51.96%"。"而根据 41 个市的统计，工人代表占 23.5%，工商界代表占 15.1%。"②这样使民主党派、工商界人士能有更多地参政机会。

1954 年前后，国家政治体制虽有变动，但更多地安排民主人士的原则并未改变。在 1954 年撤销大区一级机构时，对于原在大区工作的民主人士的安排，中共中央决定："在大区撤销和一些省市合并后，民主人士除个别的送中央安排外，一律要分配到各省市安置。"对职务有所变动者，级别和待遇一律维持原状。对有特殊困难者，在原工作的地区给

---

① 李维汉：《进一步加强政府机关内部的统一战线工作》，中国人民解放军国防大学党史党建政工教研室编：《中共党史教学参考资料》第十九册，国防大学出版社 1986 年版，第 278 页。

② 谢觉哉：《人民民主政权建设和民政工作的成就》，中共中央党校党史教研室选编：《中共党史参考资料》(七)，人民出版社 1980 年版，第 210 页。

予照顾。[①] 在人民代表大会实行之后，民主人士仍然得到了重视和照顾。1954 年 1 月，中共中央统战部批转天津市委统战部《关于天津市各区人民代表大会中代表的阶级比例和民主人士安排情况的报告》中，充分肯定了“天津市在召开各区人民代表大会和选举区长、副区长、区人民政府委员会中，注意了既要加强党和工人阶级的领导，又要安排必要的民主人士的原则”。并指出，“这些经验是好的，可供各地参考”。在天津市的人民代表大会中，党员占全体代表的 45%。在区人民政府委员会中，党和非党的比例为 9 比 8，或 10 比 7，或 10 比 9，党员只占 1/2 强。

中共中央领导同志尤其重视统一战线工作，注意吸收民主党派及无党派代表参加政府机关工作，并委以重任，大胆使用，同时还给以多方关照。1949 年冬，在北京市人民代表会议上，推选中国民主同盟负责人之一的吴晗担任北京市副市长。但吴晗深恐做不好工作，不愿从政“当官”。他原本是个专事明史研究的学者，只是到了 20 世纪 40 年代，在深刻的民族危机下，国民党蒋介石仍高唱“攘外必先安内”，才迫使他走上抗战反蒋的革命道路。他曾经设想过，只要有一个好政府，便“可以功成身退了，天下事不与我相干了，可以退回书房，随心所欲去钻牛角尖，翻古书，自得其乐了”。毛泽东知道吴晗的想法后，就邀请他谈话，鼓励他工作。毛泽东讲：我们党同党外人士合作的政策，必须在全党的思想上和工作上确定下来。我们是把党外民主人士当作自己的干部一样看待的。党员和党外民主人士共事，必须很好合作。有了问题，互相诚恳坦白地商量、研究、解决。在工作中，一定要使党外民主人士有职有权。这样才能真正发挥党外民主人士的作用。周恩来也找吴晗谈话。他“从自己亲身经历谈起，讲述了中国革命是经过漫长、曲折和艰苦卓绝的斗争才取得的，人民的政权是用中华民族千百万优秀儿女的鲜血换来的，胜利来之不易。周总理还特别强调，人民政权刚刚建立，在巩固政权和经济建设方面，还有更多更困难的工作在等着我们”。毛泽东、周恩来的话深深地打动了吴晗的心。“如果革命者都功成身

---

① 参见《中共中央批转西北局关于大区撤销后对民主人士安排问题的意见》，1954 年 7 月。

退，不等于让革命事业半途而废吗？这怎么能对得起千百万为争取新政权而流血牺牲的优秀中华儿女呢？”[①]吴晗想通了，很快赴任，并为国家和人民做了大量工作。又如德高望重的黄炎培，他拒绝了国民党许以的高官厚禄，全国解放前夕，应中国共产党之邀来到北平，但他无意做官，经过周恩来的说服，他才同意出任政务院副总理兼轻工业部长的职务。他对自己的子女说：“以往坚拒做官是不愿入污泥，今天是中国共产党领导下的人民政府，我做的是人民的官呵！”[②]

当时的政权就是这样，不但体现了各民主阶级的广泛代表性，而且民主人士有职有权。陈云当时主持中央财经委员会的工作，他都是要各部部长汇报工作，非党人士担任部长的也是如此，如水利部就要傅作义报告，轻工业部就要黄炎培报告。当时政务院会议每周一次，有关文件交非党人士审查，一些指示、法令也叫他们修改。毛泽东每周总要安排几次与民主人士的谈话。周恩来指出：“这对于研究中国社会，吸取党外人士的好意见，改进工作，都是有益的。我们应该养成同党外人士经常接触的习惯。”[③]如在土地改革问题上，黄炎培听到了江南的一些传言，他写信告诉毛泽东。毛泽东则把华东局关于执行土地改革政策和镇压反革命的报告给他看，说明我们土地改革和镇压反革命的总方向是对的，但个别地方也有偏差，干部幼稚，掌握政策不熟练等。黄炎培看了说，共产党这样相信我，而且共产党的领导干部都承认这些缺点，那还有什么可说的呢？于是他就给江南的地主写了一封信说华东局的领导是正确的。[④]

实践证明，中共中央对待民主党派及无党派民主人士的政策，非但没有削弱中国共产党的领导和人民民主政权，相反，大大加强了工人阶级的领导，使民主人士情绪高昂，才尽其用，努力为新民主主义社会的政治经济文化建设贡献力量。

---

① 苏双碧、王宏志：《吴晗传》，北京出版社 1984 年版，第 223 页。

② 黄炎培：《八十年来》，中国文史出版社 1982 年版，第 173 页。

③ 《在中共中央统战部举行的茶话会上的讲话》，《周恩来统一战线文选》，人民出版社 1984 年版，第 204 页。

④ 同上，第 206 页。

第三节 建立精干的国家机构与树立清廉的政风

国家机构是否精干，政风是否清廉，直接关系到人民民主政权的巩固，关系到国家经济建设的发展。因此，建立一个真正为人民服务，有较高效率的政府机构，是建国初期国家政治建设中的一项重要任务。

在建国初期，国家的工作千头万绪，任务繁多，因此，一般说来，需要一个庞大的政府机构和大批的干部才能承担，但当时还没有条件建立起这样的机构和配备充足的干部，因大部分国土已解放，干部奇缺。

当然，从根本上说，我们建立的人民民主专政的国家制度是与中国历史上任何朝代的国家制度有本质不同的，它们是根本不能相比的，人民民主专政的国家制度有着无可比拟的优越性。但这不等于说，有了好的国家制度，就不需要建立一套更为完善的政治体制。事实证明，如果没有符合现代国家管理要求的政治体制，就很难发挥人民民主专政制度的优越性。

由于建国前我们长期处于战争中，根据地又在农村，因此，对于如何建立国家机构，显然经验不足。尽管有苏联的经验可以借鉴，但中国当时的情况并不同于苏联，不能完全照搬。应该说，在我国国家机构草创时期，我们是根据实际需要设置工作机构的，具有很大的创造性。

最初建立的国家行政权力机构中央人民政府政务院只设有政治法律委员会、财政经济委员会、人民监察委员会、文化教育委员会等四个委员会和30个部、会、院、署、行，而且规定："政治法律委员会、财政经济委员会、文化教育委员会只设置到省(市)，专署以下一律不设。""各级政府的人民监察委员会设置到县。"还规定：交通机构只设置到省。劳动机构只"设置到省(市)和省辖市，省级的劳动部门可由省人民政府驻在市的劳动局兼办，不另设机构。""……合作行政事务，由合作社兼办，不在编制上另有名额。"省(市)以上应尽可能地减少脱离生产的专职员额，各种群众团体组织应否全数设立，由当地人民政府，根据具体情况规定之。“中央和大行政区各部的机构，一般只设三级（部、司、科），特殊经批准者可设四级；省（市）各厅（局）的机构，一般只设两级（厅或局、科），特殊经批准者可设三级，省辖市以下，一般只设科不设局。”[①]当然，根据客观形势发展的需要，以后又不断增加和减少了一些部委。1950 年成立了中央节约检查委员会；1951 年 5 月建立了各级统计机构；1952 年 8 月撤销了情报总署、新闻总署、贸易部，成立了对外贸易部、商业部、第一机械工业部、第二机械工业部、建筑工程部、地质部、粮食部；1952 年 11 月增设了国家计划委员会、高等教育部、扫除文盲运动委员会、体育运动委员会，等等。

当时国家机构中的工作人员也十分精练，这可从地方政府部门和中央政府部门工作人员的人数上看出来。1950 年 6 月 13 日政务院发布的《关于统一全国各级人民政府、党派、群众团体员额暂行编制草案》中规定：区级编制 27～30 人；县级编制 178～254 人；省级编制 1 607～3 659 人；中央级编制 6 万人（包括受训人员、休养干部、预备员额等）。大行政区的政治法律委员会只设 5～10 人，省（市）的只设 3～5 人；大行政区的文化教育委员会只有 20～35 人的编制员额，省（市）的只设 13～25 人的编制员额。劳动部只有 230 人，教育部 497 人，财政部 881 人，轻工业部 150 人……[②]从中央到地方的国家机关，有如此少的工作人员，这是后来，以至今天，都无法比拟的。

中共中央和中央人民政府及其主要领导人，在国家机构初建时，就非常注意行政开支和机构的精简。毛泽东指出：“要获得财政经济情况的根本好转，需要三个条件，即：（一）土地改革的完成；（二）现有工商业的合理调整；（三）国家机构所需经费的大量节减。”[③]虽然如此，由于

---

① 劳动人事部编制局编：《机构　编制　体制文件选编》（上），劳动人事出版社 1986 年版，第8～9 页。

② 参见劳动人事部编制局编：《机构　编制　体制文件选编》（上），劳动人事出版社 1986 年版，第 201～209 页。

③ 《为争取国家财政经济状况的基本好转而斗争》，《毛泽东文集》第六卷，人民出版社 1999 年版，第 70 页。

国家建设任务繁重，经验不足，以致在建立各级人民政府机构和党委机构的过程中，曾产生了在上层方面机构偏大、层次较多、分工不细，甚至有人浮于事等现象；而在下层方面，特别是经济建设和文化教育建设等方面，又缺乏必需的人员。这种头重脚轻的情势，如果不加以适当的调整和紧缩，势必使国家财力负担过重，行政工作效率减低，并滋长官僚主义。为此，中共中央决定精简机构，首先从自身做起。1951 年底召开的全国编制会议提出的原则是：紧缩上层、充实下层、减少层次、调整区划、精简机构、裁减冗员，“拟从中央，大行政区两级之原编制名额中，减少五分之一；省级原编制名额中，减少十分之一；专署级亦略有减少。各中央局、分局、省委、地委亦应以此原则实行精简”。这样做，固然困难很多，但若不适当地减少党的机构，“则中央所提出的精简节约政策，必会遇到更多的困难”。① 1951 年 12 月 7 日中央人民政府政务院也作出了《关于调整机构紧缩编制的决定(草案)》，认为 1950 年 6 月 13 日政务院颁布的《关于统一全国各级人民政府、党派、群众团体员额暂行编制草案》，有许多不合理之处“必须加以调整，使该减的减、该加的加、该合并的合并”。《决定》对“紧缩上层、合理充实下层”、“合并分工不清和性质相近的机构”、“精简机构、减少层次”、“压缩市的编制”等问题还作了具体说明和规定，总的精神是按合理化原则，调整和精简机构，紧缩上策，充实下层，以达到“提高政府工作效率和加强国家各种建设的目的”。②

后来，中共中央又多次作出了精简机构的决定。1952 年 3 月 29 日，中共中央在《关于选拔和调整干部、精简机构的指示》中提出：第一，“厉行节约，取消一些可以取消的机构，合并一些可以合并的机构”，大大缩减庞大的机构。第二，对于在“三反”运动中已经解散的机构，如非十分必要，就不必再行成立。第三，凡是暂不大需要的机构，应坚决撤销。第四，在调整机构时，彻底纠正一切人浮于事的现象。1953 年 9 月至 10 月第二次全国组织工作会议，专题研究了中共中央同年 8 月 28

---

① 《中共中央关于各级党委精简编制的指示》，1951 年 12 月 1 日。

② 《中央人民政府政务院关于调整机构紧缩编制的决定(草案)》(1951 年 12 月 7 日政务院第一百一十四次政务会议通过)，劳动人事部编制局编：《机构　编制　体制文件选编》(上)，劳动人事出版社 1986 年版，第 4～13 页。

日的《关于增加生产、增加收入、厉行节约、紧缩开支、平衡国家预算的紧急指示》，“决定各大行政区党、政、人民团体各级机关，除原拟在今年内增加到16万人，概不增加外，应在1953年编制预算的基数上精简编制员额140 500名”。[①] 同时会议还针对1949年到1953年国家行政费用一般都占国家预算的15%以上偏高的问题，指出：“精简行政机构，节约行政经费，不但是积累建设资金的重要措施之一，同时也是克服官僚主义，提高工作效率和节约(省——引者注)干部，加强厂矿工作的有效方法。”为此，会议具体规定了五条原则：第一，紧缩行政机关，加强厂矿和学校；紧缩人多事少的机构，补充事多人少的方面。第二，紧缩经济工作部门上层领导机关，充实厂矿生产单位。第三，合并重叠组织，取消可有可无的机构，成立急需建立的机构，并尽量减少各级机关的内部层次。第四，精简区级编制，加强县级领导。区级编制人数最多不得超过20人。第五，妥善安置编余人员，凡暂时不能分配工作者，参加文化或技术训练班学习。[②] 这些果断措施，无疑对遏制国家机构及其工作人员的膨胀，起了制约的作用。

建国初期的国家机构和工作人员的数量是很少的，但工作效率却很高。这固然是与工作人员在长期艰苦斗争中养成的良好作风密切相关的，但更主要的是由当时的政策决定的。《共同纲领》第18条规定：“中华人民共和国的一切国家机关，必须厉行廉洁的、朴素的、为人民服务的革命工作作风，严惩贪污、禁止浪费，反对脱离人民群众的官僚主义作风。”当时的中共中央领导人也谆谆告诫同志们：“要认识在全国获得胜利之后，还必须以同过去一样的努力，保持那艰苦奋斗、勤俭朴素的作风，要准备节省每一个铜板去为新社会经济的建设而积累一分力量。只有这样，再努力十年到十五年，那我们可以说我们的胜利是最终地巩固起来了。”[③]

---

① 《中共中央关于精简行政编制的通知》，1953年11月9日。

② 参见《中央关于召开第二次全国组织工作会议的通知》，中国人民解放军国防大学党史党建政工教研室编：《中共党史教学参考资料》第二十册，国防大学出版社1988年版，第122页。

③ 《任弼时同志在中国新民主主义青年团第一次全国代表大会上的政治报告》，《任弼时选集》，人民出版社1987年版，第481～482页。

那时不论是中共中央领导，还是地方干部，都把发扬艰苦朴素的作风当成一种美德，当时国家行政机关的经费和军队的军费非常紧张，甚至建国后还不得不延续很长一段革命战争年代实行的供给制。这样一种类似于战时共产主义的政策，使得国家干部的生活异常清苦，即使这样，广大干部并无怨言，因为他们深知在革命战争年代正是依靠这种艰苦奋斗的作风，才取得了人民的信任和战胜了敌人。他们普遍地认为，为国家排忧解难，让人民得到温饱，是一种殊荣，一种高尚革命情操。正是因为这样，广大干部不仅在压缩行政开支时毫无怨言，而且在公与私方面也是十分分明的，任何个人都不占公家的便宜。就连公家的信封，纸张也不动用。广大干部一般自觉地保持着革命战争年代艰苦奋斗的作风，当官不像"官"，一个人做几个人的工作，不计时间报酬，待遇差干劲大，他们堪称是中国历史上最忠诚于人民的、最受人民信任的、最少报酬的、工作效率最高的一代精英。

总之，我国建国初期是中国共产党和国家机关工作最富成效时期。国家机构因事而设，人员精干；开支紧缩，艰苦创业；部长负责，上下一致；讲求效率，为公为民；政绩卓著，百姓赞誉。周恩来在1954年对建国初期国家机关建设的经验进行总结时说：我们的国家机关是属于人民群众的，是为人民服务的，因此它同旧中国的压迫人民的国家机关在本质上相反。组成我们的各级国家机关的是各民主阶级的活跃分子，主要是劳动人民的活跃分子。我们的一切国家机关工作的指导原则是民主集中制，集体领导制和群众路线。假公济私、贪污诈骗、任用私人、欺压群众这些旧官僚机关的传统恶习，在我们的国家机关里是完全不允许的。事实上，这些现象在我们绝大部分的国家机关工作人员中已经绝迹了。人民群众第一次看到了廉洁奉公的、认真办事的、艰苦奋斗的、联系群众的、同群众同甘苦共患难的自己的政府。①

① 参见周恩来：《政府工作报告》，《新华月报》，1954年第10期，第85页。

第四节　重视民主建设和注意党政分工

民主建政是人民民主专政的基础工作，是否重视这一工作，实质是对民众意愿、参政权利、民主政治抱什么态度的问题。这一工作直接关系到新民主主义国家政权的巩固和发展。

我国的“国家政权属于人民。人民行使国家政权的机关为各级人民代表大会和各级人民政府”。[①] 毛泽东要求：“必须认真地开好足以团结各界人民共同进行工作的各界人民代表会议。人民政府的一切重要工作都应交人民代表会议讨论，并作出决定。”[②]

我国的人民民主政权的建设经历了一个由低级形式到高级形式，由暂时代替到最终完备的过程。具体政权形式曾有过军管会、各界人民代表会议、人民代表会议、人民政府、人民代表大会、行政委员会，等等。每一形式各有不同的特点和内容。

军管会，这是在初解放的地区建立的军事管制机关。《共同纲领》规定：“凡人民解放军初解放的地方，应一律实施军事管制……由中央人民政府或前线军政机关委任人民组织军事管制委员会和地方人民政府。”军管会的基本任务，“就是在新解放的城市中肃清反革命的残余势力，逮捕首要战犯、肃清散兵游勇、接收反动统治机构。没收官僚资本、维持社会秩序、扶植人民力量。”[③]军管会只是一个临时机构，存在的时间不长。

人民代表会议，是在条件许可时在各地方召开的有各界人民代表

---

① 《中国人民政治协商会议共同纲领》，中共中央文献研究室编：《建国以来重要文献选编》第一册，中央文献出版社 1992 年版，第 4 页。

② 转引自谢觉哉：《人民民主政权建设和民政工作的成就》，中共中央党校党史教研室选编：《中共党史参考资料》（七），人民出版社 1980 年版，第 209 页。

③ 《中共中央关于新解放城市的军事管制问题和释放狱囚问题给西北野战军的指示》，1949 年 1 月 6 日。

参加的会议，它有选举正式的政权机关——人民政府的权力。1949 年 7 月中共中央曾提出："凡 3 万人口以上的城市，在解放两个月至迟三个月后，即应召开各界代表会议，以为党与政府密切地联系人民群众重要方法之一。"①8 月，又三令五申 3 万人口以上的城市，"务于九月份一律开一次各界人民代表会议……不许可有不开的，不许可不公开发表和不做口语广播。借此以使所属 3 万人口以上城市的党的组织和各界人民代表亲密结合，经过他们去团结各界人民，克服困难，恢复和发展生产，并克服党的领导机关中的许多人只相信少数人的党内干部会议不相信人民代表会议的官僚主义作风"。② 各界人民代表会议是由社会各团体选派代表参加组成的，而不是普选产生的，但它执行各地人民代表大会的职权。毛泽东指出："一俟条件成熟，现在方式的各界人民代表会议即可执行人民代表大会的职权，成立全市的最高权力机关，选举市政府。"③后来，毛泽东又肯定了董必武关于"建政工作是一件大事，在组织上和思想上都要有充分的准备"的观点。④ 1949 年 12 月中央人民政府颁布了"各界人民代表会议组织法"，给予人民代表会议以合法的地位和权力。各地非常重视这一政权组织的建设，按照中央人民政府的指示，纷纷召开了各界人民代表会议。到 1952 年 9 月，全国各地基本都召开了人民代表会议。⑤ 绝大部分地区在人民代表会议的基础上选举产生了各该级人民政府委员会，并普遍建立了省、市协商委员会和县常务委员会。所有的省和部分的市协商委员会代行了中国人民政治协

---

① 《中共中央关于迅速召开各界代表会议和人民代表会议给各中央局、分局的指示》，中央档案馆编：《中共中央文件选集》第十四册，中共中央党校出版社 1987 年版，第 676 页。

② 《中共中央关于三万以上人口的城市及各县一律召开各界人民代表会议的指示》，中央档案馆编：《中共中央文件选集》第十四册，中共中央党校出版社 1987 年版，第 700 页。

③ 《毛泽东同志在北平各界代表会议上的简短演说》，1949 年 8 月 13 日。

④ 参见《致董必武》，《毛泽东书信选集》，人民出版社 1983 年版，第 423～424 页。

⑤ 各界人民代表会议与人民代表会议在 1949 年 9 月以前，有些细微差别。老解放区召开的是人民代表会议，新解放区召开的是各界人民代表会议。1949 年 9 月 23 日，中共中央在《关于人民代表会议同各界人民代表会议的区别给东北局的指示》中，要求在"各界人民代表会议和人民代表会议之间，不应再行划分什么区别"，但人民代表会议和人民代表大会之间应有区别。

商会议的地方委员会的职权。[①]“这就是说：我们国家的基本制度——人民代表会议，已在全国范围内从上到下地建立了，并已证明它是人民行使政权的最好的基本组织形式。”[②]我们在召开各界人民代表会议过程中，积累了丰富的经验：

第一，做好准备。

大部分地方，在召开各界人民代表会议之前，都成立了筹备机构，进行筹备工作，利用座谈会、报纸、黑板报、画报、漫画和秧歌等方式，宣传解释各界人民代表会议的任务和代表的标准、职权等。先行广泛地搜集群众意见，为会议做好准备。

第二，选好代表。

推选代表，既要有严肃性，又要注意广泛的代表性。对于群众不满的偏右分子，只要确有代表性的也应选入。事实证明，许多问题，经过他们从另一角度提出，反复辩论解释，反更容易解决，对群众教育的意义也就更大。总之，在各界人民代表会议和人民政府委员会中，各民族、各民主阶级、各民主党派、各人民团体，及其他爱国主义分子都有适当代表参加，充分体现出我国政权的人民民主统一战线性质。

第三，形成制度。

各界人民代表会议要经常开会，休会期间，一般要设立各界人民代表会议协商委员会。仅在 1949 年 10 月到 1950 年 10 月的一年中，在 12 个省、73 个市和很多县都组织了省、市、县的协商委员会。毛泽东指示，各界人民代表会议“城市最好每月开会一次或三月开会两次，各县似以两月开会一次为宜”。[③] 根据这一指示，1949 年 12 月制定的省、市、县各界人民代表会议的组织原则分别规定：省各界人民代表会议每年召开一次，省协商委员会每三个月召集一次；市各界人民代表会议每三个月召开一次，市协商委员会每月召集一次；县各界人民代表会议每三个月召开一次。人民代表会议的制度化，增加了政治的透明度，使人

① 具体数字见第二章第二节。

② 谢觉哉：《人民民主政权建设和民政工作的成就》，中共中央党校党史教研室选编：《中共党史参考资料》（七），人民出版社 1980 年版，第 210 页。

③ 《毛泽东同志关于上海工作问题给饶漱石的信》，1949 年 9 月 3 日。

民可以了解行政机关的政务活动，随时就重大问题向有关权力机关咨询，这就沟通了人民同政权机关经常联系的渠道。

第四，突出重点。

每次人民代表会议都要讨论一些问题，但须抓住广大人民群众迫切要求解决的一两个问题，作出决议后加以认真贯彻执行，才有成效。当时一般的都以生产上的重要问题为专题，解决与群众有关的生产问题，以及推广先进经验，在群众中开展生产竞赛，为人民政府的生产计划提供建议。不少地方在开会时，还邀请劳动模范作报告，举办生产展览会，组织代表参观，用真人真事进行提高技术和生产组织的教育。人民代表会议为群众大办实事，排忧解难，博得了广大人民的赞誉。如，太原召开各界人民代表会议后，人们不再相信过去敌人的欺骗宣传，认为："共产党真民主，说到做到，做不到就不说。"[①]由于各阶层人民更加相信共产党和人民政权，克服困难的勇气和力量也随之增大了。

第五，广纳众意。

耐心谦虚地征询各方的意见，认真解答问题，使各个代表均有充分发言的机会。此外，会后要向各个部门作通报。

虽然人民代表会议是各界人民参政议政的一种较好的形式，在新旧国家政权更迭的大变革时代也曾起过积极作用，可它毕竟是一种过渡的政权组织形式，不尽完备，所以，《共同纲领》要求："凡在军事行动已经完全结束，土地改革已经彻底实现，各界人民已有充分组织的地方，即应实行普选，召开地方的人民代表大会。"据此，中共中央在1952年底指出：1953年的一个重要工作任务是"为了实现国家建设，准备选举各级人民代表和举行全国人民代表大会，并继续不断地加强党和人民的联系"。[②]之所以把实行民主集中制原则的人民代表大会制度当作我国基本的政治制度，就是因为它能够使人民行使自己的权利，能够便利人民群众参加国家的管理，从而得以充分发挥人民群众的积极性和

---

① 《薄一波关于华北各城市召开各界代表会议的情形和经验的报告》，中共中央文献研究室编：《建国以来重要文献选编》第一册，中央文献出版社1992年版，第32页。

② 《中共中央关于一九五三年新年宣传工作的重点》，1952年12月25日。

创造性。而如果没有一个切合适宜的政治制度保障人民参与国事的权利，那么，人民群众就会对政治漠不关心，缺乏积极性，成为一盘散沙。由于中国共产党和人民政府充分认识到这一点，所以在 1953 年 3 月就正式公布施行了《中华人民共和国全国人民代表大会及地方各级人民代表大会选举法》。这个选举法的诞生是三年多来人民民主政权建设的成果。它是在广泛征求各方意见，吸收苏联的选举经验，经过多次讨论修改的基础上拟定的。选举法规定了如下原则：

其一，选举权的普遍性。

每个公民都有参加选举的权利，人民代表大会的选举权是普遍的，选民占全国人口很高的比例，即除了那些依法尚未改变成分的地主阶级分子，依法被剥夺了政治权利的反革命分子，其他依法被剥夺政治权利者和精神病患者外，凡年满 18 周岁之中华人民共和国公民，不分民族、性别、职业、社会出身、宗教信仰、教育程度、财产状况和居住期限，均有选举权和被选举权。这是新民主主义社会的政治制度下人民的民主权利的实质体现。

其二，选举权的平等性。

选民参加选举的权力是平等的，不受限制的，受到充分保障的，即所有男女选民都在平等的基础上参加选举，每一选民只有一个投票权。人民代表大会代表的名额及代表的产生均以一定人口比例为基础。此外，还从我国实际出发，在代表名额方面，适当地照顾了特殊的地区和单位，这是完全合乎情理的。

其三，代表受选民和原选举单位的监督。

选举法规定："代表在任期间，经多数选民或其选举单位认为必须撤换者，得按法定手续撤回补选之。"这就自始至终保证了选民的权利，弥补了补选可能出现的漏洞。

其四，直接选举和间接选举相结合。

中央、大区、省、（设区的）市、县等实行间接选举，采用无记名投票方法，而在县以下的乡、镇、市镇、市辖区和不设区的市等基层单位实行直接选举，一般地采用了举手表决的投票方法。当时，所以未完全采用直接的和无记名的投票方法，是由于选举工作刚刚起步，有社会的其他方面还不配套、文盲很多等具体原因。

根据上述原则及选举法规定的其他原则，在选举中采取的大致步骤是：

其一，在中央和地方组织专门机构——选举委员会，作为办理全国和地方各级人民代表大会选举事宜的机关。它负责选举的全部工作。

1953年3月2日，中共中央作出“关于迅速成立县以上各级选举委员会及选举主席、委员的规定”，其中规定：“选举委员会的委员，可在共产党、各民主党派、各人民团体及人民武装部队中选择，并由共产党出面约集各党派团体负责人商定名单，而后由上一级人民政府任命之。”这既保证了选举工作有秩序地进行，又体现了选举委员的广泛代表性。

其二，以点带面，积极稳妥。

乡、县、市、省的各级选举委员会，动员了257.939 0万名干部参加选举的指导工作，并选取了不同类型的地区，进行基层选举的典型试验，取得经验后，分批地展开。

其三，进行广泛的普选宣传工作。

这是做好普选工作的前提。1953年初中共中央宣传部作出了《关于普选宣传工作的指示》，它要求把选举新规定的候选人的提名方法向群众交代清楚，“教育人民认真地执行代表候选人的提名，并对候选人名单进行认真的讨论和慎重的鉴别”。遵照这一指示，各地在选举前一般都认真地进行了选举法的宣传工作，宣传人民民主专政政权的性质和作用，特别是人民群众当家做主，行使民主权利的重大意义，同时阐明选出代表及干部的好坏直接关系到人民群众的切身利益，关系到政权工作的好坏。这样，便激发了群众的参与政治的热情，他们踊跃参加选举运动。广大人民把选举日当作节日，张灯结彩，庄严郑重地投上自己的一票，把自己所信赖的先进分子选为人民代表。广东省台山县大湾乡回国华侨陈聪在选举后说：“我活了九十多岁，到过许多国家，从来没有见过这样民主的选举。”①

---

① 邓小平：《关于基层选举工作完成情况的报告》，中国人民解放军国防大学党史党建政工教研室编：《中共党史教学参考资料》第二十册，国防大学出版社1986年版，第329页。

其四，认真地做好人口普查的选民登记。

这是选举的最基础的一项工作。在基层选举前，先进行人口普查。根据中央人口调查登记办公室的初步统计，1953 年 6 月 30 日 24 时全国人口总数是 6.019 123 71 亿。与此同时，各地进行了选民登记工作。经过选民资格审查后，登记的选民总数为 3.238 096 84 亿人，占进行选举地区 18 周岁以上人口总数的 97.18%。这个比例是相当高的，它说明我国人民民主政权的基础十分雄厚。

其五，其他工作。

接下来就是按区域或选举系统提出代表候选人名单，公布候选人名单，广泛征求选民意见，然后再按居住情况划分的选区分别召开选举大会，各级代表一般采用无记名投票选举方法选举，只有获得出席选民或代表半数以上选票时，始得当选，否则，另行选举。此外，还对破坏选举的行为作了予以制裁的规定。

由于选举法的严格规定和具体政策制定的正确，全国的选举工作开展得既热烈又扎实。除少数暂不进行基层选举的地区外，进行基层选举的单位共为 21.479 8 万个，进行基层选举地区的人口共为 5.714 345 11亿人，参加投票的有 2.780 931 00 亿人，占登记的选民总数的 85.88%，妇女参加投票的占登记的妇女选民总数的 84.01%。全国基层选举的胜利完成，大大促进了我国人民民主制度的发展，为县以上各级人民代表大会奠定了基础。尤其是 1954 年 4 月 15 日中央选举委员会和中央人民政府政务院《对于召开省、市、县人民代表大会的几个问题的决定》下达后，各地立即纷纷召开人民代表大会。选出了参加全国人民代表大会的代表共 1 226 人。1954 年 9 月 15 日，中华人民共和国第一届全国人民代表大会第一次会议在京召开，这标志着我国人民民主制度的正式确立。

总之，重视人民群众参与政治的权利，实行全国范围的真正普选，选出廉洁奉公、联系群众的代表，组成反映民意的政权机构，“广大人民群众已经开始在运用代表会议的组织形式积极起来管理自己的和国家的事务”，这就初步找到了一条通向民主政治的道路。“人民普遍反映：‘人民政府不仅给我们办事，向我们报账，我们决定了，政府就办，人民真是当家做主了。''以前谁管老百姓的要求，哪个人敢批评政府？现在政府有了错，人民也可批评'，'这才叫人民政府'。"[①]是的，只有让人民通过实际的而非形式的选举选出来的政府机关才能得到人民的信赖，也才能对人民具有号召力，对人民的事业负责。

第五节　《共同纲领》和政治体制都带有明显的过渡性质

整个新民主主义国家本身既是相对独立的国家形态，又是向社会主义过渡的国家。我国建国初期的人民民主专政的国体和政体是具有明显的过渡性质的。

一、以中国人民政治协商会议通过的《共同纲领》代替全国人民代表大会制定的宪法

1949 年 9 月，中国人民政治协商会议通过的《共同纲领》不单单是统一战线的纲领，同时，更是国家的根本大法。这是因为：第一，它是由代表全国各阶层人民的各党派、团体在充分民主协商的基础上共同制定的，集中体现了全国人民的意志和利益，对中华人民共和国的每个公民都有制约作用，参加政治协商会议的各单位、各级人民政府必须共同遵守，是我国的建国大纲，施政纲领。这个纲领公布后，各民主党派纷纷召开代表大会，把它定为自己的纲领。第二，它规定了我国的性质，和政治、经济、军事、文化、民族及外交诸方面政策的总原则。规定了全国人民广泛的民主权利，以及必须履行的若干义务等，这些内容都是关系国家根本利益的重大原则问题，而不是国家生活和社会生活中某一方面或某些方面的重要问题。这表明它具有宪法的性质和特点，而区

① 彭真：《关于政法工作的情况和目前任务》，中国人民解放军国防大学党史党建政工教研室编：《中共党史教学参考资料》第十九册，国防大学出版社 1986 年版，第 284 页。

别于其他法律。第三，在 1954 年以前，其他法律文件的制定都必须以《共同纲领》的规定为基本原则。例如 1950 年颁布的《中华人民共和国土地法》、《工商业税暂行条例》都是以《共同纲领》为基本法而制定的。第四，1954 年第一届全国人民代表大会通过的我国第一部《中华人民共和国宪法》中，对《共同纲领》的宪法性质，予以肯定。该宪法明确指出：它是以"《共同纲领》为基础，又是《共同纲领》的发展"。[①] 毛泽东就《共同纲领》的宪法性质也指出："我们有伟大而正确的共同纲领以为检查工作讨论问题的准则。共同纲领必须充分地付之实行，这是我们国家现时的根本大法。"[②]

尽管说《共同纲领》实际等同于宪法，但它毕竟是在特殊的历史条件下形成的施政纲要，带有明显的临时性、替代性和过渡性。其后，国家就应当迅速地制定宪法。宪法是一个国家最高的行为准则，是国家根本制度的规定。所以，中共中央在 1952 年时就着手酝酿召开第一届全国人民代表大会制定宪法了。

二、最高国家权力机关和行政机关具有过渡性

1954 年的《中华人民共和国宪法》明确规定，"中华人民共和国全国人民代表大会是最高国家权力机关"，由选举产生。可建国初期由于不具备召开普选的全国人民代表大会的条件，所以举行的是由共产党负责召集的中国人民政治协商会议，它执行全国人民代表大会的职权，通过《中国人民政治协商会议组织法》、《共同纲领》，选举中央人民政府委员会，并付之以行使国家权力的职权，就有关国家建设事业的根本大计或重要措施，向中华人民共和国中央人民政府委员会提出决议案，即它是中央人民政府协议事情的机构。一切大政方针，都先要经过它，然后建议政府施行。总之，它具有统一战线和最高权力的双重职能，负有建

① 《中华人民共和国宪法》，中共中央党校党史教研室选编：《中共党史参考资料》(八)，人民出版社 1980 年版，第 95 页。

② 《在中国人民政治协商会议第一届全国委员会第二次会议上的开幕词》，1950 年 6 月 14 日，《建国以来毛泽东文稿》第一册，中央文献出版社 1987 年版，第 408 页。

国责任。

按照《共同纲领》规定：中央人民政府，在全国人民代表大会闭幕期间为行使国家权力的最高机关。依据《中央人民政府组织法》的规定，它可以指定并解释法律、颁布法令并监督其执行，它对外代表中华人民共和国，对内领导国家政权，它组织政务院，以为国家政务的最高执行机关；组织人民革命军事委员会，以为国家军事的最高统辖机关；组织最高人民法院及最高人民检察署，以为国家的最高审判机关及检查机关等。这实际执行的是全国人民代表大会和常务委员会的职权。可它按规定又必须向代行全国人民代表大会职权的全国政治协商会议负责并报告工作。而政务院按规定是国家政务的最高机关，领导全国各地方政府的工作，可它又必须对中央人民政府委员会及其主席负责并汇报工作，它实际成了行使国家最高行政权力的机关，这就在中央一级形成中央人民政府下辖属政务院的两级政府体制，这两者在同地方人民政府的关系上发生重叠。上述现象表明，在国家最高权力机关和最高行政机关的关系上，存在互相交叉和职责不明的地方。这是一种两种政府的过渡体制。

在中央以下政府的组织形式上，曾实行过军管会，各界人民代表会议，省、市人民政府，大区军政委员会或人民政府委员会等。军管会，顾名思义，就是军事管制，它实行于刚刚解放的地区，时间很短。紧接着就是召开各界人民代表会议，选举当地政府，然而人民代表会议的代表不是经过民选，而是由社会各团体提名的。大区军政委员会或人民政府委员会，是介于中央和省、市人民政府之间的机构，这是沿用战争年代中央局的建制，各大区机构基本建立在各个野战军各自解放的区域里，各大区党政部门的领导人基本是野战军的负责人。这一切，充分说明，在政府机构设置上有很大的过渡性。

三、干部管理体制上的临时性

从革命战争年代开始，就实行党管干部的原则。建国以后，仍然沿用了这一原则，其基本要求是：全国一切部门的干部，都是党的干部，都是按照党的方针政策和组织原则统一管理的。

在国民经济恢复时期，由于工作重点的转移，繁重的民主建设、经济建设的任务的到来，干部的需要量和调动量激增了，这需要有一个权力很大的高度集中的干部调配部门和制度，能迅速有效地进行这一工作，因此，当时则仍然采用了战争年代管理干部的体制，即除了军队系统的干部外，其余的干部都由中共中央及各级党委组织部门统一管理，这也就是“一揽子”管理干部的体制。

实践证明，这种“一揽子”管理干部体制保证了各地区、各部门当时急需干部的要求，使中国共产党和人民政府的方针政策在全国各地得到迅速地贯彻执行。

随着新中国各方面工作走向正轨，大规模经济建设的到来，中国共产党和国家组织机构以及干部的日益增多，干部队伍的相对稳定，要求大多数干部向专业化方向发展。这样一来，中国共产党的“一揽子”管理干部体制的缺点就明显地暴露出来。“由于党委的组织部直接管理的干部范围过宽，不可能与各个管理业务的部门取得经常的密切联系，从干部的实际工作来考察他们的政治本质和业务能力。”[①]所以，必须改变中国共产党具体管理干部的形式。为此，中共中央于1950年初派出一个组织干部工作团去苏联参观考察。该团回国后，曾提出采用苏联共产党的干部职务名单制的设想。1950年12月8日，中共中央组织部负责人安子文在给毛泽东、刘少奇的一个报告中，又提出拟仿照苏联共产党的干部职务名单制的方法，从1951年组织工作会议后开始实行。刘少奇在报告上批示同意。[②] 1951年3月召开的中国共产党第一次全国组织工作会议，虽议论了干部管理问题，但由于会议的重点是研究整党和建党问题，因而，并未对干部管理体制的新建议形成决议。一直到1953年9月中国共产党第二次全国组织工作会议时，才作为专题研究了干部问题，11月，又以中共中央名义下发了《关于加强干部管理工作的决定》，正式提出改变原有的干部管理方法，实行中国共产党分部分

① 中组部办公厅编：《组工文件选编(1953—1954)》，第102页。

② 参见中组部办公厅编：《组工文件选编(1949.10—1952)》，第286、289页。

级管理干部的新体制。具体是：第一，分部管理干部制度，就是在原有的党委组织部、宣传部、统战部的基础上，增加计划工业、财政贸易、交通运输、农林水利等新的党委工作部门，分别管理相对应的政府部门的干部。第二，分级管理干部制度，即所有干部都划分职务名称，按职级分划由中央或地方各级党委分工管理。新的干部管理体制的优点，就是在党管干部的原则下，能够采取适合新形式的管理方式，通过分部管理干部，可以把管理干部与管理业务结合起来，而分级管理干部，使各级党组织对所管干部的范围有了明确的责任感。两者结合，可以更科学地对干部进行鉴别工作，以达到人尽其才，才尽其用，合理安排的目的，从而更好地调动了干部的积极性，做好各项工作。

新中国初期的干部管理体制是伴随着政治经济形势的发展而不断变化的，从“一揽子”管理干部的体制演变为分部、分级管理干部的体制，这是干部管理体制的一个进步，有一定的积极作用。但整个说来，当时的干部管理体制还深受战时干部管理体制的影响，具有一定的临时性、过渡性，这种干部管理体制未能很好分清中国共产党管理干部的原则与具体的干部管理形式的关系，以致中国共产党不仅要管理党的系统的干部，还要管政府、群众团体等其他系统的干部。中国共产党揽了许多不该揽的组织人事权，造成管人与管事相互脱节、组织人事干部权力等高度集中于中央，管得过死，不利于干部自身主观能动性的发挥，不能根据具体的工作任免各级干部，不适于现代国家管理的专业化、技术化、科学化的要求，它必须过渡到分级管理，层层负责，中国共产党的干部由党管，政府的干部由政府管，给地方更多的干部使用权，让干部合理地流动，建立一套与社会主义现代化建设相适应的科学的干部管理体制。

四、司法监督体制具有过渡性

司法监督机关是国家机器不可缺少的重要组成部分。《共同纲领》第十七条规定：“废除国民党反动政府一切压迫人民的法律法令和司法制度，制定保护人民的法律、法令，建立人民司法制度。”当时在中央人民政府下设立了与政务院平级的最高人民法院和最高人民检察署，作为国家最高审判机关和检察机关。在政务院之下设立了公安部、司法部、法制委员会。地方各级人民政府也逐步建立了相应的司法机关。在省以上人民政府设立政法委员会，负责指导与联系民政、公安、司法、检察、民族事务等部门的工作，并对各该级人民政府委员会负责。

中共中央及中央人民政府非常重视司法机关的建立和建设。人民法院在建国以前的各革命根据地内就已经有了一定基础，人民检察机关则是解放后才开始建立的。1950 年 9 月 4 日，中共中央发出了《关于建立各级政府检查机关的指示》，要求各级党委重视并负责作好以下工作："（一）限于本年内，将各大行政区、各省、市检查署，全部建立，已建立的则加以充实。（二）某些专区及县选择重点建立。（三）一九五一年普遍建立县检查署。（四）调配一定数量的老干部作骨干"等。各级检查机关的建立，完善了我国的司法制度，纠正了许多法律上的严重错误，仅就 1953 年各级人民检查署协同有关部门检查的违法乱纪与错捕、错判案件即达 9 751 件。根据其中 1 312 件案件的统计，即保障和恢复了 5 951 名群众的民主权利。①

在中国共产党与司法机关的关系上，当时一方面强调司法机关办案要按法定程序去做，另一方面，实行有关重要案件、重要犯人，特别是死刑判决的党内审判制度。这样一来，本是实行垂直领导原则的司法机关，又同时受中国共产党的机构的领导，形成双重领导方式。这样做的主要原因，是由于刚刚解放，国内阶级斗争形势相当尖锐复杂，敌视新政权的势力仍很强大，暗藏的敌人活动频繁，而我们还未来得及制定各种法律，司法机构也极不健全，人员也少，等等。因此，必须加强中国共产党的一元化领导。在承担繁重的剿匪、镇压反革命任务时，只有依靠中国共产党的领导，用中国共产党和人民政府的有关政策和临时性法规条例的力量，发动广大人民群众，依靠直接的群众运动，彻底肃清残余的敌人和各类犯罪分子，这样做在当时是很必要的。但中国共产

① 参见《关于过去检查工作的总结和今后检查工作方针任务的报告》，1954 年 3 月 17 日高克林同志在第二届全国检查工作会议上的报告。

党直接干预司法事务的制度是一种过渡性的制度，它有很多弊病，必须随着形势的变化加以改变。可惜，后来这一制度又被补充、完善，形成了一套更为严格的党内审批制度。

当时除了建立正式的司法机关外，为了保障革命秩序与土地改革的进行，曾以县、市为主，成立了一种称作"人民法庭"的带有临时性、群众性的司法机构，其任务是运用司法程序，惩治危害人民与国家利益、阴谋暴乱、破坏社会治安的恶霸、土匪、特务、反革命分子及违抗土地改革法令的罪犯，以巩固人民民主专政，顺利地完成土地改革。"人民法庭"和法庭不同，它实行巡回审判制度。后来在"三反"、"五反"运动中，也成立了同样的机构。这种组织是建立在基层的，能深入实际，在大规模群众运动中，它办案快、效率高，能运用法律武器达到惩办犯罪分子的目的。但同时也不免出现草率判案、动辄杀人等问题，它是我国法律制度建设初期带有过渡性的司法机关。

建国初期，在中国共产党和国家机关中初步建立了某种"内在"的监督机制。这种"内在"的监督，主要有：人民政治协商会议对中央人民政府的直接监督和民主监督，各民主党派、各社会团体及广大人民群众对党政部门和公务人员的一般监督，政府系统的人民监察委员会对政府机关和公务人员是否履行职责的监督，中国共产党系统的各级纪律检查委员会对党的组织、党的干部及党员的检查，人民检察院的监督，以及中国共产党要对任何地区、任何部门、任何工作人员进行经常的系统的全面的监督。为此建立了上级对下级的巡视检查制度，中国共产党的工作部门监督一定的国家工作部门的制度，管理干部的部门同时负责检查干部的实际工作情况的制度等监督机构和制度。这就初步形成了一种有力的权力监督制衡体制。

人民监察委员会和纪律检查委员会是最专门、最明显、最经常、最大量地处理党政组织、工作人员违法乱纪行为的机关。政务院的人民监察委员会于1949年9月27日决定成立，到1953年6月，全国各级人民政府已建立了3 439个人民监察机关，它们对国家机关和工作人员中的违法乱纪行为进行了严肃的斗争，在工作的轻重缓急上，均以经济建设工作作为监察检查的重点，在方式方法上注意贯彻群众路线，依靠人民群众做好监察工作，取得了很大成绩。各级监察机关检查处理了大量违法失职案件，仅据 1953 年上半年 1 454 个监察机关的统计即受理了 23.9 万余件。[①]

中央纪律检查委员会于 1949 年 11 月决定成立，到 1952 年 2 月 10 日止，全国县、团以上各级地方党委和军队党委纪律检查委员会均已成立。他们密切结合党的中心工作，与中国共产党党内各种违法乱纪的现象，作了坚决的斗争。那时党员及党员干部的作风普遍是好的，但中国共产党的纪律检查部门并未放松对任何一起违纪事件的查处，仅 1951 年（"三反"以前）就处理违犯党纪的党员干部 4.818 9 万人。党的纪律检查委员会同时通过正反两方面的典型的案例来教育党内外群众，对于党的纪律性的增强和党的组织的巩固起到了一定的作用。

总之，在第一届全国人民代表大会召开之前，新中国政治体制的几个主要范畴只是草创，尚带有比较明显的过渡性质。随着人民民主专政制度的巩固和发展，人民民主专政的主要结构、功能，在实践中得到不断的调整和完善。

---

① 参见《中央人民政府政务院人民监察委员会党组关于四年来人民监察工作情况和今后工作任务的报告》，1953 年 12 月 5 日。

第四章

新民主主义社会的执政党——中国共产党

众所周知,中国共产党的建设在新民主主义革命时期是克敌制胜的三大法宝之一,在党执政后的新民主主义社会中也是如此。1949 年中国共产党领导的全国新民主主义社会制度的建立,标志着中国共产党在中国政坛上地位的根本变化,从此,中国共产党成为执政党。而如何正确地处理党与国家的关系,如何发挥党在社会中的作用,如何确立党的形象,成为领导体制建设的核心问题。

第一节　执政的中国共产党

一、开天辟地的一代

在共产党领导下的国家,政治领导者应该是一个多层次的群体结构,它的最高层次是负责全局性决策的领袖集体,其次是拥有一般权限的党、政各级领导者。各个层次的政治领导者的群体结构,是指领导班子成员按一定的原则和规范组织起来的有机整体,而不是一群领导者个人的简单相加。周恩来指出:“党是一个集体,是有组织的。党的领导是组织领导,不是个人领导。”①

① 《论知识分子问题》,《周恩来选集》下卷,人民出版社 1984 年版,第 365 页。

在阶级社会中，一个阶级要夺取政权，维护自己的统治，实现自己的意志，就必须推举出本阶级的先进分子来组织和领导群众进行斗争，这就产生了政治领导者。正如列宁指出的："在现代社会中，假如没有'十来个'富有天才（而天才人物不是成千成百地产生出来的）、经过考验、经过专门训练和长期教育并且彼此配合得很好的领袖，无论哪个阶级都无法进行坚持不懈的斗争。"①又说："政党通常是由最有威信、最有影响、最有经验、被选出担任最重要职务而称为领袖的人们所组成的比较稳固的集团来主持的。"②由此可知，政治领袖是政党的核心人物，是政治领导体系的核心，是发挥集体领导效能的关键，政治领袖素质的优劣，更是直接关系到政党、政权、政治领导体系的存在和发展。在共产党国家，甚至直接关系到国家的兴衰。

新民主主义社会建立之初，中国共产党和人民国家最高领导集团就基本具备了列宁所讲的领袖人物的标准，具体说就是基本具备了革命化、知识化、年轻化的标准，具有务实、谦虚、民主的精神。

革命化。他们是中国共产党第一代革命者。在反动政权的残暴统治下，在革命战争年代，他们怀着对旧的社会制度的愤懑和共产主义的信念，冒着杀头的危险投奔到了共产党的旗下，历经了种种艰难困苦的折磨和白色恐怖、枪林弹雨的考验。他们坚信党的领导，坚信马克思主义，坚信新民主主义革命的必然胜利，愿意为建立平等、自由、繁荣、富强的新民主主义社会和社会主义社会而奋斗终生，即为党的事业、国家的前途、民族的振兴、人民的幸福献出一切。从推翻旧世界建立新世界这种政治革命的意义上说，他们是几代中国共产党人中最革命的一代。

知识化。经过长期的革命斗争，他们积累了丰富的政治经验，具有了无可比拟的阶级斗争知识。非但如此，在生产技术知识方面也有一定的基础。最主要的领导人毛泽东，他在哲学、政治、文学、历史、地理等偏重于社会科学方面的学问博大精深，其涉猎之广，造诣之高，使他成为中国近现代政治家最有知识的人之一。其他中央领导人，有些在

---

① 《怎么办?》,《列宁选集》第一卷，人民出版社 1995 年版，第 332 页。

② 《共产主义运动中的"左派"幼稚病》,《列宁选集》第四卷，人民出版社 1995 年版，第 197 页。

苏联受过高等教育，有些到过西方勤工俭学，有些在苏联和西方都学习工作过。最主要的是建国前中国共产党曾创建了许多革命根据地，这些根据地就是自成体系的国中之国，分别经过了无产阶级领导的工农民主专政的国家政权、“三三制”政权和人民民主专政政权。他们无论对于革命战争迫切需要的军事知识，还是对根据地建设急需掌握的政治、经济文化知识，都是相当刻苦认真地钻研，并学有成效。正是因为他们有高度理论文化素养，才能在研究了中国革命实际问题和总结了中国社会发展规律的基础上，形成了关于中国革命的有系统的科学理论，即马克思主义与中国革命具体实践相结合的毛泽东思想。培养了既会打仗又会生产，既懂得武装革命原理又掌握文化科学知识的一大批通才。“历史表明，我们党的干部队伍从来就不是一支没有知识的、愚昧的队伍，而是一支真正掌握了当时革命斗争迫切需要的知识，精明干练，因而能够克敌制胜的队伍。”①

当然，不可否认，由于长期处于战争的动乱环境中，早期很多党员没有机会和时间坐下来认真系统地学习各方面的知识，特别是科学技术、经济建设的知识。又由于长期活动处于闭塞落后的农村中，农民出身的党员占有较大的比例，所以，知识水准普遍偏低，就连中国共产党的主要领导成员也极少懂得现代科学技术、现代生产管理、现代社会管理的专门知识。毛泽东在中国共产党的八大一次会议上曾强调指出：“中央委员会的成分，反映了中国革命的历程，将来它的成分是会改变的，我们的中央委员会应该有许多工程师，有许多科学家。”②

年轻化。建国初的中央委员会是自中国共产党执政以来年轻化程度最高的领导班子。党、政、军主要领导人也是迄今为止最年轻的。1949年时，毛泽东56岁、刘少奇51岁、周恩来51岁、朱德63岁、任弼时45岁、邓小平45岁、陈云45岁、彭真47岁、李富春49岁、陈毅48岁、林彪43岁、刘伯承57岁、彭德怀51岁、贺龙53岁、叶剑英52岁、徐

---

① 中共中央政党工作指导委员会编：《十一届三中全会以来重要文献简编》，人民出版社1983年版，第310页。

② 同上，第311～312页。

向前 48 岁、聂荣臻 50 岁、罗荣桓 47 岁、李先念 40 岁……列举的这 19 位领导人，他们的年龄基本在 40～50 岁之间，平均年龄 49 岁。而这正是人一生中阅历、知识、经历的巅峰时期。由于最高领导机关成员的年轻化，精力旺盛，充满朝气，所以他们能够锐意改革，能够承受大负荷的工作任务，保持了中国共产党和人民国家领导机构的活力，没有辜负全国人民的重托，取得了一个又一个胜利。

当时，并非不存在“老干部”问题，但当时的“老干部”毕竟不多，而且“老干部”的概念与现在的不尽相同，它主要以资历划线。中国共产党当时的干部政策非常明确，反对单纯强调资历的所谓“资格论”，坚持新老干部互相配合、互相结合。中共中央认为，“在国家建设时期，必须大量培养新干部和大胆提拔新干部，这是根据于政治上的理由，根据于客观形势发展的需要，根据于国家利益和人民利益的要求，而不是根据别的”。老干部有许多长处，“但是，因为老干部人数较少、年龄一般较大，而且许多老干部文化水平较低，掌握现代化工业所必备的高深科学技术知识，困难较多。而在这些方面，新干部恰恰有其为老干部所不及的优点”，因此，应“力求使新老干部配合起来，结合在中国共产党和国家领导工作的总合奏队中”。[①] 正是在这一方针的指导下，成批成批地适应新的建设形势需要的新干部（有许多是学生）走上了领导岗位，挑起了大梁，做出了成绩。

务实、谦虚、民主的精神。建国前后，中共中央主要领导人都非常注意研究中国军事政治经济变化情况，从中国的实际出发提出建国的纲领。中国的资产阶级民主革命，是由共产党领导成功的，共产党的最高革命纲领是实现社会主义、共产主义。中国共产党在建国时并未急于求成，宣布中国进入社会主义社会，而是考虑到中国特殊的国情，提出了新民主主义社会的理论，建立了既不同于一般的资本主义社会，也不同于社会主义社会的新民主主义社会，从而避免了我国社会超越革

---

① 饶漱石：《为实现党的政治任务和组织任务而斗争》，中国人民解放军国防大学党史党建政工教研室编：《中共党史教学参考资料》第二十册，国防大学出版社 1986 年版，第 126～127 页。

命阶段，欲速则不达的"左"倾冒险主义错误的发生。在这一理论指导下，中国共产党又谨慎地采取了对待各民主阶级、各民主党派的政策，尤其是将民族资产阶级划为人民的范畴，保留多种经济成分的政策，使中国共产党赢得了最广大人民群众的支持，建立了前所未有的最广泛的统一战线，迅速地恢复和发展了国民经济，增强了人民的向心力，巩固了新民主主义社会制度。

建国之初，党的主要领导人头脑清醒、遇事谨慎、谦虚待人、广纳众议，他们并没有沉醉于革命的一个个胜利之中，沉醉于人民的鲜花赞美之中，而是时刻警醒全党同志，保持高度的革命警惕性，戒骄戒躁，防止被胜利冲昏头脑，在新的形势下败下阵来。作为最高领导人的毛泽东，更是谦虚谨慎、团结同志、作风民主的表率。在中共七届二中全会上毛泽东就提议作了几条规定："一曰不作寿。作寿不会使人长寿。主要是要把工作做好。二曰不送礼。至少党内不要送。三曰少敬酒。一定场合可以。四曰少拍掌……五曰不以人名作地名。六曰不要把中国同志和马、恩、列、斯平列。这是学生和先生的关系，应当如此。"并讲"遵守这些规定，就是谦虚态度。"当时的中共中央是严格按照这些规定做的。毛泽东的谦虚、民主的态度尤其表现在与民主人士的关系上。他经常亲自阅读民主人士的来信，经常亲笔给民主人士写信。他还常约请民主人士的代表谈心，征求意见，阐明中国共产党的有关方针政策。黄炎培就曾多次与毛泽东面谈，吴晗也是在毛泽东当面力劝下答应出任北京市副市长职务的。毛泽东还多次要求让民主人士的代表参政议政，使他们有职有权有责，给他们看有关中共中央的文件。为能让右翼的民主人士参政，毛泽东还具体地规定了参政的比例。在中共中央和毛泽东的带动下，全党上下形成了尊重党外人士，一视同仁，同甘共苦的和谐气氛。由于中共中央的谦谨恭让，把许多本该由战绩卓著的革命元勋担任的要职让给了民主人士的代表，在国家最高权力机关和国家最高行政机关的重要人选上都充分体现了这一点，就连全国政治协商会议代表的名额，按其代表的党员的人数相比，民主党派的代表的名额远远大于共产党的代表名额。中国共产党和人民国家的其他主要领导人，像刘少奇、周恩来等，也是常常与民主人士、民族资本家座谈，听取他们对我们各方面的工作的反映，对中国共产党的路线方针政策的看法，政务院甚至规定每星期开会一次，听取民主人士的意见。

在对待党内的事务上，党的主要领导人同样谦和、民主。毛泽东注意发扬民主集中制的原则，实行“弹钢琴”的工作方法，发挥每个人的积极作用，善于听取别人的意见，很少独断专行，经常找下面的干部谈情况，甚至鼓励下面的干部越级直接向他写工作报告。中共中央在毛泽东的提议下，规定了下级党委向上级党委写工作报告的制度。凡是呈送中共中央的报告，毛泽东几乎每件必阅，特别在几次大的政治运动期间，各地送上的工作报告，毛泽东不只仔细审阅，而且基本上每件都写批语，真可谓日理万机，事必躬亲。当时还规定了党内各种民主会议制度，民主程度较强的尤体现在组织生活会制度上。上至中共中央，下至基层支部，都开组织生活会。这实际是一种批评与自我批评的会议。会上大家都说心里话，真实地向党表达心意。被批评的同志均是本着“有则改之，无则加勉”的态度。党中央也非常注意吸收下边的意见，设立了专门的信访接待机构，毛泽东、刘少奇等都曾就基层干部提出的一些事关中国共产党和人民国家大政方针的意见亲笔回信，像毛泽东就中国共产党的性质问题给河北省委党校同志的回信；刘少奇就民族资产阶级问题给东北的一位同志写回信，这类例子不胜枚举。

由于当时中共中央领导人谦虚民主，十分注意倾听党内同志以及民主人士、广大人民的呼声，这就促进了中国共产党与各民主党派之间的关系、中国共产党与人民群众的关系，树立了中国共产党在社会上和人民中的诚信，中国共产党的工作得到了各方面的大力支持。

新中国建立之初，因为缺乏经验，并未建立起一套完备的民主政治制度，包括领导制度，相反，在长期战争中形成的一些制度已开始不适应和平年代大规模经济建设、文化建设、思想建设、政治建设等方面的需要。可是在这种情况下，各方面的工作能做得井井有条、极为出色，无疑与执政党中国共产党的优良民主作风密不可分，而共产党的优良民主作风又与当时有一个久经考验的“富有天才”的中央领导集团密不可分。这个集团不仅有着革命化、知识化、年轻化的特点，而且还有务实、谦虚、民主的精神。这些特点和精神使得他们具备了第一流领导人的素质，是一批既通晓领导工作艺术又懂得斗争策略的人才，加之他们处在条件艰苦、从头做起的历史大转折的特殊过渡时期，两者相结合，就产生了一种“组合效应”、“多角度决策”，从而最大限度地发挥了政治、经济、文化、军事的综合效能，形成了一种少有的内在促发机制，使中国共产党和人民国家机构高效能地运转，中国共产党的政策深入人心，中国共产党的形象为人敬仰，这就在一定程度上弥补了民主制度尚未完善的局限。

二、正确处理党政关系

毋庸讳言，中国共产党诞生以后，近三十年的历史充分证明了中国共产党是真正为整个民族、全体人民谋幸福的政党，是新中国当之无愧的领导者。事实上，新中国建立之始，中国共产党就以执政党的姿态处于国家权力的中心地位。这就产生了党政关系问题。在战争时期，由于主要任务是打仗，需要高度集中的统一领导的指挥系统和调动系统，这就形成了中国共产党领导一切的领导体制。当然，在根据地的建设中，党也曾提出过注意避免“国民党直接向政府下命令的错误办法”。[1] 1941年2月2日，中共中央给各中央局、各将领发出指示，规定凡有全国意义的通电、宣言和对内指示，必须得先请示中央；5月间，中央发布了关于统一各根据地对外宣传的指示；7月1日，中央发布了关于增强党性的决定，着重反对分散主义，强调：“不允许任何党员与任何地方党部，有标新立异，自成系统”，“要求各个独立工作区域领导人员，特别注意在今天比任何时候更需要相信与服从中央的领导”；[2]1942年9月1日，中央进一步肯定和明确了党的一元化领导原则，“根据地领导的统一与一元化，应当表现在每个根据地有一个统一的领导一切的党的委员会（中央局、分局、区党委、地委），因此，确定中央代表机关（中央局、分局）及各级党委（区党委、地委）为各地区的最高领导机关，统一各地

① 《井冈山的斗争》，《毛泽东选集》第一卷，人民出版社1991年版，第73页。

② 《中央关于增强党性的决定》，中央档案馆编：《中共中央文件选集》第十三册，中共中央党校出版社1991年版，第146页。

区的党政军民工作的领导”；[①]后来又作出了中央委员会的决议必须经主席签字方为有效的决定；1948 年 1 月 7 日，中央发出了关于建立报告制度的指示；9 月政治局会议作出关于向中央请示报告制度的决议；9 月 20 日，中央作出了关于健全党委制的决定等。

对于党政的正确关系，列宁曾经有过十分明确的说明。在他看来，党的领导是对整个国家实行总的领导，党组织不能过分干涉属于行政部门的细节工作。他讲：“必须十分明确地划分党（及其中央）和苏维埃政权的职权；提高苏维埃工作人员和苏维埃机关的责任心和主动性；党的任务是对所有国家机关的工作进行总的领导，而不是像目前那样进行过分频繁的、不正常的、往往是对细节的干涉。”中国共产党比较重视党政关系问题主要是在建国以后。1949 年全国解放了，战争结束了，和平建设任务提上了日程，人民民主政权纷纷建立，各民主阶级、民主党派开始参与国家领导工作。中国共产党及时意识到了中心任务和社会条件的变化，开始注意和强调工作重点的转移和党的职能的变换。1950 年 4 月，周恩来说：既然现在我们在全国范围内建立了国家政权，进入了和平时期，那么一切号令应该经政权机构发出，应当改变过去战争条件下形成的以党的名义下达命令的习惯，“这点中央已经注意到，各地也应该注意”，“党政有联系也有区别。党的方针、政策要组织实施，必须通过政府，党组织保证贯彻。党不能向群众发命令”。就是军队也是如此。“关于党政关系，愈是下级机关愈应注意。”[②]1950 年 3 月李维汉在谈到党与政权的关系，党员与在政府中工作的党外人士的关系时说：“党在现时比以往任何时候都要加强自己对政权工作的领导，但这种领导，是以党的政策，党员的模范工作以及党组的活动来实现，而不是由党直接管理或代替政权工作。”“政策的通过和执行，必须经过行政机构。”[③]1951 年 2 月中共中央在对《河北省委关于改善领导方法

① 《中共中央关于统一抗日根据地党的领导及调整各组织间关系的决定》，1942 年 9 月 1 日。

② 《发挥人民民主统一战线积极作用的几个问题》，《周恩来统一战线文选》，人民出版社 1984 年版，第 174～175 页。

③ 李维汉：《人民民主统一战线的新的形势与任务的报告》，中共中央文献研究室编：《建国以来重要文献选编》第一册，中央文献出版社 1992 年版，第 156 页。

的决定》的批示中指出，党委应主要掌握全面工作方针、政策的领导，凡属政府日常的行政工作，统由政府部门办理。9月董必武在文中作了这样的论述："党领导着国家政权，但它并不直接向国家政权机关发号施令。""党对国家政权机关的正确关系应当是：一、对政权机关工作的性质和方向应给予确定的指示；二、通过政权机关及其工作部门实施党的政策，并对它们的活动实施监督；三、挑选和提拔忠诚而有能力的干部（党与非党的）到政权机关中去工作。"[①]10月和12月董必武又就区乡政权建设问题分别写信给中共中央主席毛泽东和华东局饶漱石，认为"各级党委对各级政权机关的领导，应经过在政权机关中工作的党员来实现……党直接做政权机关的工作是不好的"。"建政工作除必须党来领导外，下级政权机关的建立，党应经过上级政权机关领导着去作较好些。"[②]毛泽东接信的当天就给予了答复：认为董必武信的内容是正确的，可以抄发华东以外各中央局负责同志一阅，促其注意这件事。[③]后来中国共产党的许多文件也强调党不能越俎代庖，做政权组织的工作。

从实践来看，1949年11月，中共中央分别作出《关于在中央人民政府内组织中国共产党党委会的决定》和《关于在中央人民政府内建立中国共产党党组的决定》，决定通过党委和党组两种形式实现中国共产党对政权机关的领导。中央人民政府内设立的中国共产党的委员会，其职权主要是按照中央人民政府的政策和决议保证行政任务的完成。在中央人民政府和政务院所属各部、委、院、署、会、行，由担任负责工作的共产党员组成党组，其主要任务是保证执行中共中央一切有关政府工作的决定。政务院各部委的日常工作实行的是部长负责制，部长全权负责本部门的一切行政业务工作。按照党不能代替政府发布命令的原则，中共中央一般不向中央人民政府下命令，中央人民政府颁布的法

① 《论加强人民代表会议的工作》，《董必武政治法律文集》，法律出版社1986年版，第190～192页。

② 《关于县乡政权建设问题给中共中央毛泽东主席的信》，《董必武政治法律文集》，法律出版社1986年版，第208页。

③ 参见《致董必武》，《毛泽东书信选集》，人民出版社1983年版，第423页。

律、法令,虽然都是中国共产党的创意,许多重要的文告也是先由中国共产党拟定初稿,但均需拿到政治协商会议全国委员会或其常务委员会讨论,提出修改意见,再拿到中央人民政府委员会或政务院讨论通过,颁布实施。

随着时间的推移,国家开始有计划地大规模经济建设,工矿企业已完成了民主改革和生产改革,建立了一套新的管理组织和制度,并培养了一批新的管理人员和技术人员,一般厂矿已由党员干部任厂长,但由于工矿企业不是厂长负责制,当时出现了一些问题:多头领导、无人负责、工作秩序混乱等,为了使生产进一步走上正轨,生产指挥更加集中和统一,职责更加分明,消除工作中无人负责与职责不明的混乱现象,必须改变过去在全国大部分地区实行的党委领导下的厂长负责制,而实行厂长负责制。厂长负责制,就是厂长对企业的生产行政工作进行专责管理的制度。厂长对完成国家计划,对企业经营管理和生产技术、财务工作,均负全责。现代工业的组织庞大,生产具有高度连续性和集中性,客观上也要求有高度集中领导的一长制。

鉴于以上情况,1953 年 9 月 9 日中共中央在《关于国营厂矿加强计划管理和健全责任制的指示》中提出要在国营企业中"建立和健全各种责任制度,特别是厂长负责和生产调度的责任"。1953 年 10 月 27 日,饶漱石又代表中共中央在第二次全国组织工作会议上的总结报告中要求:"全国各地国营厂矿均应普遍实行厂长负责制",而"企业中党的组织对企业中的思想政治领导负有完全责任,对厂矿中的生产工作负有保证监督的责任"。他还指出:"在企业生产行政管理上实行一长制和在企业党的组织中实行党委的集体领导制,这两者并不是对立的。为了保证生产计划的完成,必须实行部长、局长和厂长在生产行政管理工作上的责任制。为了发扬党内民主,提高党员群众的积极性,在企业党委中以及在各工业部门的党组和机关党委中实行党委制",以避免个人单独决定重大问题。此外,他肯定了东北"五三"工厂实行厂长负责制的经验以及 1951 年 5 月东北局《关于党对国家企业领导的决议》,要求"各地均可参照执行”。[①] 这样，从 1953 年后半年起，华北、华东、中南等地区逐渐开始推行厂长负责制，但这时中共中央尚未对这一问题作出具体规定，有的地区也未作出专门决定。到了 1954 年 4 月 8 日，华北区作出《关于在国营厂矿中实行厂长负责制的决定》，要求改党委领导下的厂长负责制为厂长负责制，党委只负责政治思想工作、群众团体工作和保证监督责任。李富春又就这一问题专门写信给刘少奇，指出：工厂管理的提高，在行政事务上要实行厂长责任制，而党必须加强政治思想的领导，从日常事务中抽身出来，这是势在必行的。建议中央批发华北局关于厂长负责制的电报。这样，1954 年 5 月 28 日中共中央转发了《华北局关于在国营厂矿中实行厂长负责制的决定》，决定指出：现在国营厂矿的情况比过去有了很大变化，“中央认为有必要也有可能在全国各国营厂、矿（包括地方国营厂矿）中实行厂长负责制，以便进一步提高工业企业的领导水平，更好地完成国家计划。”这一决定标志着在国营厂矿中最后确定了实行厂长负责制。这一制度在实行过程中，尽管不断遇到来自党的各层领导的一些诘难，但毕竟坚持实行了一段时间。遗憾的是，到 1956 年 9 月，由于中国共产党笼统地否定苏联经验教训的结果，将厂长负责制改变成了党委领导制。

新民主主义社会中企业厂长负责的领导制度的确定，是对战争年代长期形成的党领导一切的旧观念、旧做法的冲击，是中国共产党尊重客观经济规律，善于根据不同部门具有的不同性质和职能而采取不同领导方式的体现，也是当时的经济得以迅速恢复发展的一个重要的领导体制上的原因。

新中国初期，中共中央及其主要领导人从理论上已初步认识到了党政必须分开的重要意义，对党政各自的职能和党政相互的关系的论述基本是正确的，并采取了一些措施减少党过多地干涉行政，特别在国营工业企业的领导体制上，作了大胆探索，推行了“一长制”，效果显著。

---

① 饶漱石：《为实现党的政治任务和组织任务而斗争》，中国人民解放军国防大学党史党建政工教研室编：《中共党史教学参考资料》第二十册，国防大学出版社 1986 年版，第 122～123 页。

但总的说来，由于长期战争中一元化领导体制形成的巨大冲击力，以及新的政府机构尚处于草创之中，还有一定的阶级斗争任务没有完成，所以当时在党政国家机关中仍然实行党的一元化领导原则（只是在一段时间，在行政业务工作上，强调实行部长、局长负责制）。只是由于中央的主要领导人比较谨慎谦虚，注意尽量少干预业务部门的工作，以及民主党派的代表大量参政，所以在一定程度上减弱了党的一元化领导，使得这一原则当时并未暴露出很大问题。但这不等于说，当时这一领导方式就不存在问题和没有潜伏着问题。它的问题主要来自两个方面，一是党的一元化领导体制本身，即是说，各级党委和领导成员如何实行民主集中制和集体领导，如何对他们实行有效地制约监督，对此，当时甚至以后并没有明确具体的严格制度规定。定期向中央请示报告的制度，也不能防止一些权力集中在党委少数人以至党委书记几个人手里的现象发生。最为重要的是中央一级，自党的七大以来，毛泽东一直担任着中央委员会主席、中央政治局主席、中央书记处主席三位一体的职务。过去我们形成了这样一条规定，即“主席有最后决定权”，这在紧张复杂执行单一战争任务的环境里是十分必要的，但到了和平时期国家各方面的工作头绪繁多，这种规定，就有害无益了。因为没有一个机构（不管是共产党的，还是其他民主党派的），可以对最高领导机关和最高领导人实施监督制约，直至发现问题，给以阻止或弹劾。

建国以后，毛泽东的职务又增加了许多，由中央人民政府主席、中国人民革命军事委员会主席到中国人民政治协商会议第一届全国委员会主席（1954 年是中华人民共和国主席）等国家最高领导职务，集党、政、军最高权力于一身。毛泽东当时是事必躬亲，凡以中央和中央军事委员会发出的电报和文件，几乎每件必看和签字。就是毛泽东参加通过的中央决议，其他中央领导人未经毛泽东签批同意下发，也属“破坏纪律”行为。为此，毛泽东于 1953 年 5 月用书面文字郑重重申：“嗣后，凡用中央名义发出的文件、电报，均须经我看过方能发出，否则无效。请注意。”[①]这实际

① 《关于用中央名义发文件、电报问题的信和批语》，《建国以来毛泽东文稿》第四册，中央文献出版社 1990 年版，第 229 页。

使党、政、军最高权力的行使在很大程度上取决于一人。邓小平指出："权力过分集中的现象，就是在加强党的一元化领导的口号下，不适当地、不加分析地把一切权力集中于党委，党委的权力又往往集中于几个书记，特别是集中于第一书记，什么事情都要第一书记挂帅、拍板。党的一元化领导，往往因此变成了个人领导。"[①]这种领袖拥有"最后决定权"的领导制度不仅不能保证决策的民主化与科学化，而且稍稍不慎，即会造成不良后果，以致严重失误。新中国初期政治生活的实际发展表明：在整个国家和社会沿着集体领导确定的正确轨道前进的总趋势下，还是出现了一些个人决断失误而造成的较为严重的偏差。

新中国初期党政关系的实践。相对说来，新民主主义社会阶段，中国共产党对党政关系的处理还是比较好的，但事实上，在整个民主革命时期一元化领导体制强大惯性的冲击下，一切重大问题仍由各级党委作决定和下达指示的传统，很难改变过来。党的组织在人们心目中具有很高的地位，而政府机构的影响力相对要小得多，也就是人们把党领导一切认为是理所当然的，这就出现了一个十分矛盾的局面：一方面中国共产党强调党政职能分开，另一方面又时常不自觉地以党代政。这里的根本原因是尚未严重意识到党领导一切的不良后果，也没有从根本上建立起一套明确区分党政职能范围的规章制度和政治体制。所以，在三大敌人残余彻底消灭，和平环境完全实现，国家机构日臻完善之后，党的一元化领导原则仍未改变，在党政机关，党和国家最高领导体制上还有加强的趋势。这就出现了向着同一职能双向增长的趋势，即一边在添设政府机构，一边也在增加党的机构，建立党对政府对国家领导监督的一套制度。在党是领导核心的原则影响下，一些党委工作部门和政府系统的党组，甚至中共中央，经常是胡子眉毛一把抓，常常发生干预包办政府系统工作的现象，管了一些属于业务范围内的具体工作事务，影响了政府部门和其他社会经济文化组织独立负责地发挥自己应有的职能的作用（当然，这些问题的存在也与当时的客观情况有

① 《党和国家领导制度的改革》，《邓小平文选》第二卷，人民出版社 1994 年版，第 328～329 页。

一定关系)。当时政府部门向中央写报告,包括工作报告,大多是以党组的名义上报。这使人觉得,似乎政府是不重要的,政府各部多是党的各部下属的一个具体办事机构。这样,部长负责制受到了党组书记的制约、领导,民主人士当部长只是摆设。由于建国初期未解决好领导体制问题,仍实行党的一元化领导原则,导致后来相当长时间的党政不分、以党代政、官僚主义、个人崇拜、家长制作风、个人凌驾于组织之上、独断专行等不良现象发生,削弱以致破坏了民主集中制和集体领导,给党内生活和国家生活带来了严重危害。这正如邓小平指出的:"党成为全国的执政党,特别是生产资料私有制的社会主义改造基本完成以后,党的中心任务已经不同于过去,社会主义建设的任务极为繁重复杂,权力过分集中,越来越不能适应社会主义事业的发展。对这个问题长期没有足够的认识,成为发生'文化大革命'的一个重要原因,使我们付出了沉重的代价。"①

我们之所以强调三大敌人彻底消灭以后,党应该逐渐改变党的一元化领导体制,建立起中央委员会向全党负责的制度、监督限制最高领导集团权力的制度、行政立法司法部门相互制约的制度、政治公开化的制度、真正科学民主选举领导人的制度等,这是因为和平建设时期到来后,社会环境、革命任务和党的地位都发生了根本的变化。

第一,以《共同纲领》、《中华人民共和国宪法》为核心的法律体系已初步形成,以全国政治协商会议、全国人民代表大会制度为基础的国家政权体系日益完善,各民主党派、各民主阶级、各社会团体、各阶层人民参政自主的意识已大大加强。但是,党的一元化领导的传统却使一部分党的领导干部仍然习惯于战争年代"一切我说了算"的工作方式,仍然置身于法律之外,凌驾于政府和各种社会组织之上,向人民群众发号施令。这种情况到了反右派以后最为突出。这样,既有损于法律的威严,又不利于政府和各民主党派、各个社会团体发挥作用,更压抑和挫伤了广大人民群众关心国家大事、参政论政、为国家作贡献的积极性,即限制了亿万人的智慧和能力的发挥。

① 《党和国家领导制度的改革》,《邓小平文选》第二卷,人民出版社1994年版,第329页。

此外，从社会角度看，党的一元化领导的结果，造成民主党派和群众团体毫无各自的特色，几乎成了陪衬。实践证明，民主党派越有自己的地位和特点，对执政的共产党在社会群众中的民主的领导形象的树立越有利，其威信也就越高。

第二，武装斗争基本结束后，经济建设和发展生产力成为一切工作必须围绕的中心任务，这是一项更为深远、更为艰巨、更为复杂、更为长期的任务。党的一元化领导的高度集中化的管理体制不适合于发展商品经济的需要。搞活经济所必需的多种经济成分和多种分配方式，以及多种所有制的存在，也会使社会各阶级、各民主党派和各群众团体的利益不同日益显现。中国共产党要摆平各个方面的利益，本身就是一项艰巨的任务。因为处理不好，所有的矛盾都会集中到中国共产党自己身上，容易造成中国共产党组织和社会各阶级、各民主党派和各群众团体之间的不和谐，这不仅有损于中国共产党的形象和威信，更为重要的是有害于国家的经济建设。

第三，“和平时期，党处于执政地位，情况就很不相同了。对一些人来说，有争权争名争利的机会。”①打倒敌对阶级本是件好事，但是，共产党也失去了一个强大的外部制约。战争时期打一个败仗，就要改弦易辙，党的路线正确与否一目了然。执政后错误路线依靠政权力量，却能维持很长时间，给党和人民国家带来更大的危害。因此，加强党的建设，纯洁党的组织，也要求改变党政不分，以党代政的一元化领导体制，建立党政分开，党要管党的新体制。

总之，由于开国之初未建立起党政分开，监督制约的科学的领导体制，为后来相当长一段时间留下了严重的隐患。

三、党风是关系党的生死存亡的问题

执政党的党风，是有关党的生死存亡问题，同时也直接决定着社会风气的好坏。党的作风建设，同党的思想建设、组织建设一样，是整个

① 薄一波：《新时期党的建设必须加强》，1987 年第 9 期《支部生活》。

党的建设中的一个极其重要的方面，处在一个至关重要的地位。

中国共产党是马克思主义和毛泽东思想武装起来的党，是经受了战争年代各种复杂艰难斗争考验的党。共产党在新民主主义革命时期，就非常重视党风建设。1942年，毛泽东指出："只要我们党的作风完全正派了，全国人民就会跟我们学。党外有这种不良风气的人，只要他们是善良的，就会跟我们学，改正他们的错误，这样就会影响全民族。只要我们共产党的队伍是整齐的，步调是一致的，兵是精兵，武器是好武器，那末，任何强大的敌人都是能被我们打倒的。"①当时中国共产党是这样要求的，党员也是这样去做的。全党发扬了理论联系实际，密切联系群众和批评与自我批评的三大作风，全心全意为人民服务，吃苦在前，享受在后，为了党和人民的利益勇于献身、不惜牺牲个人利益的精神。凭着这种精神，才领导全国人民取得了新民主主义革命的胜利。

中华人民共和国成立后，共产党成为执政党，情况发生了根本变化。执政党的地位，使党能够凭借政权的力量和在长期革命斗争中形成的优良作风和传统，在更广大的范围内和更深刻的程度上，为人民谋取更大的利益。但是，执政党的地位，也"容易在党内滋长脱离群众的倾向，而这种倾向对人民产生的危害也比执政以前大得多"。② 党风不好，党的干部也会从人民的公仆变为骑在人民头上的老爷，变为压迫人民的统治者。可以毫不夸张地说，党风的好坏，直接决定着整个社会风气的好坏，决定着我们长期为之而奋斗的事业的成败。只有党风端正，扶正压邪，才能排除干扰，增强党的凝聚力、人民的向心力，使我国的各项建设工作顺利进行。

鉴于党风的重要性，在建国前夕召开的中国共产党的七届二中全会上中央就警告全党同志："因为胜利，党内的骄傲情绪，以功臣自居的情绪、停顿起来不求进步的情绪，贪图享乐不愿再过艰苦生活的情绪，可能生长。"而"夺取全国胜利，这只是万里长征走完了第一步。如果这

① 《整顿党的作风》，《毛泽东选集》第三卷，人民出版社1991年版，第812页。

② 赵紫阳：《沿着有中国特色的社会主义道路前进——在中国共产党第十三次全国代表大会上的报告》，人民出版社1987年版。

一步也值得骄傲，那是比较渺小的，更值得骄傲的还在后头。中国的革命是伟大的，但是革命以后的路程更长，工作更伟大，更艰苦。这一点现在就必须向党内讲明白，务必使同志们继续地保持谦虚、谨慎、不骄、不躁的作风，务必使同志们继续地保持艰苦奋斗的作风。我们有批评和自我批评这个马列主义的武器。我们能够去掉不良作风，保持优良作风。我们能够学会我们原来不懂的东西。我们不但善于破坏一个旧世界，我们还将善于建设一个新世界。"①

中共中央机关报——《人民日报》也多次发表《克服以功臣自居的骄傲自满情绪》②为中心内容的社论。1949 年 4 月，任弼时在一个报告中提醒党团员，"要认识在全国获得胜利之后，还必须以同过去一样的努力，保持那艰苦奋斗、勤俭朴素的作风，要准备节省每一个铜板去为新社会经济的建设而积累一份力量。只有这样，再努力十年到十五年，那我们可以说我们的胜利是最终地巩固起来了"。③ 10 月 26 日毛泽东在给延安各界人民的复电中说，希望"全国一切革命工作人员永远保持过去十余年间在延安和陕甘宁边区的工作人员中所具有的艰苦奋斗的作风"。④ 中央其他领导人也反复强调继续保持革命战争时期的优良传统、经受住执政的考验问题，给全党同志打了预防针。

党风建设不能只停留在口头上。为了监督和处理违犯党的政策事件，从组织上保证党风的建设，保证党的路线、方针和政策的正确地贯彻执行，严惩一切破坏党的纪律的行为，1949 年 11 月 9 日，中共中央决定成立中央及各级党的纪律检查委员会。决定申明"我们的党，已成为全国范围内执政的党"，成立党的纪律检查委员会，这是"为了更好地执行党的政治路线及各项具体政策，保守国家与党的机密，加强党的组织性与纪律性，密切地联系群众，克服官僚主义，保证党的一切决议的正

---

① 《中国共产党第七届中央委员会第二次全体会议决议》，中央档案馆编：《中共中央文件选集》第十四册，中共中央党校出版社 1987 年版，第 597 页。

② 这是 1950 年 10 月 10 日《人民日报》社论的标题。

③ 《在中国新民主主义青年团第一次全国代表大会上的政治报告》，《任弼时选集》，人民出版社 1987 年版，第 481～482 页。

④ 《永远保持艰苦奋斗的作风》，《毛泽东文集》第六卷，人民出版社 1999 年版，第 17 页。

确实施”。[1] 中央纪律检查委员会直接受中央政治局领导，各级纪律检查委员会在各该级党委会指导之下进行工作。上级党的纪律检查委员会，有权改变或取消下级党的纪律检查委员会的决定。这就形成了比同级党委低，而比其他部门高的纪律监督检查机构的特殊地位。

顾名思义，纪律检查委员会的工作任务就是严肃党纪。毛泽东早就讲过：“纪律是执行路线的保证。”[2]第一任中央纪律检查委员会书记朱德在1950年时说：“如果党内没有纪律，或者不坚持执行党内纪律，那我们的党就会成为一盘散沙，也就无法率领千百万群众去进行胜利的斗争，取得像今天这样巨大规模的胜利。”[3]建国后违反政策和纪律的事件增多起来、严重起来，这主要是由于主客观条件的变化造成的。客观上，执政党的地位容易产生政治麻痹、思想松懈、骄傲自大等许多不好的东西，加之从色调单一的山沟沟进到花花绿绿的大城市，实行与各民主阶级合作，与留用人员共事的政策，则使党员受周围环境的包围和影响，一些意志薄弱者很难抵御住花花世界的诱惑。主观上，则是由于党内教育、党内生活、党内制度，特别是党内纪律的执行等方面，没有跟上形势变化的需要，存有缺陷。建立各级纪律检查机构，就是要改变这种主客观造成的不利局面，解决共产党执政条件下的党风建设问题。

战争年代，党组织一般处于不公开的秘密状态，全国即将解放，出现了是否尽快公开党，将党置于人民群众监督之下的问题。中共中央从党的建设、革命工作角度考虑，要求各地（除新解放区外）结束秘密的地下党的状态，迅速公开党的一切支部。不仅如此，还规定：党的支部，“在其讨论有关群众利益的问题的一切会议上，包括党的批评检讨会议在内，均应有党外群众参加”，目的为了“使党内的一切好的与坏的现象，暴露于群众之前，为群众所监督，为群众所批评与拥护”。[4] 这种类

---

① 《中央关于成立中央及各级党的纪律检查委员会的决定》，中国人民解放军国防大学党史党建政工教研室编：《中共党史教学参考资料》第十九册，国防大学出版社1986年版，第81页。

② 毛泽东：《论新阶段》，东北书店1947年版，第103页。

③ 《加强党的纪律检查工作》，《朱德选集》，人民出版社1983年版，第279～280页。

④ 《中共中央组织部关于南京市公开党问题给华东局组织部的指示》，1949年9月18日。（藏于中央档案馆）

似支部生活扩大会的形式，对于党的支部的建设具有重大意义。当时基层党支部之所以有力量，之所以被称为战斗的堡垒，是与中国共产党实行诸如此类做法分不开的。

为了密切联系群众，接受群众的公开监督，中共中央作出了在报纸刊物上公开批评与承认错误的具体规定。中央认为："由于我们的党已经领导着全国的政权，我们工作中的缺点和错误很容易危害广大人民的利益，而由于政权领导者的地位，领导者威信的提高，就容易产生骄傲情绪，在党内党外拒绝批评，压制批评。"如果不能公开地及时地在全党和广大人民中对我们工作中的缺点错误展开批评与自我批评，那么中国共产党和人民国家机关就要被严重的官僚主义所毒害，不能完成新中国的建设任务。为此，中共中央决定："在一切公开的场合，在人民群众中，特别在报纸刊物上展开对于我们工作中一切错误和缺点的批评与自我批评。"这样做，是为了巩固中国共产党与人民群众的联系，吸引人民群众踊跃参加国家的民主政治建设和生产建设事业，保障中国共产党和人民国家的民主化，加速社会进步。为了做好这项工作，中国共产党特意规定了几条具体的办法，主要有：

第一，"凡在报纸刊物上公布的批评，都由记者和编辑负独立的责任"。废除过去某些地方实行的将批评的稿件送给被批评的组织和人员阅看，征得同意之后，才可发表的办法。今后，"只要报纸刊物确认这种批评基本上是正确的，即令并未征求或并未征得被批评者的同意，仍然应当负责加以发表"。

第二，"批评发表后，如完全属实，被批评者即在同一报纸刊物上声明接受并公布改正错误的结果。"如被批评者拒绝表示态度，或打击报复，即应由党的纪律检查委员会予以处理。触犯刑律的，由司法机关予以处理。①

我们说，舆论监督是国家政治体制中一个相当重要的、不可缺少的监督机制，舆论可使一切阴暗腐朽的东西曝光于大庭广众，舆论也可使

---

① 参见《中共中央关于在报纸刊物上展开批评和自我批评的决定》，中共中央文献研究室编：《建国以来重要文献汇编》第一册，中央文献出版社 1992 年版，第 190～192 页。

少数人操纵的幕后政治变成广大人民群众参与的公开政治……舆论的社会作用愈来愈大，愈来愈被人们所认识和运用是不言而喻的，特别对于这种一党执政、封建余毒较严重、监督机制不完善、民主法制不健全的社会，利用舆论监督党员的违法乱纪和腐化堕落的行为有着特殊的作用。

针对某些地方的某些党员，甚至负相当领导责任的党员，居功自傲、高高在上、向党外群众摆党员架子、摆革命老资格、不愿或不善于和党外群众与民主人士合作的关门主义的毛病，中共中央要求全党认真学习《斯大林、毛泽东论共产党员要善于和非党群众团结合作》的文章，检查这方面的工作，"以便克服我们党员和党外群众团结合作的缺点，并把这一合作加强起来"。[①] 斯大林在文章中说："布尔什维克所以有力量，共产党员所以有力量，就是因为他们善于把千百万非党员积极分子团结在我们党周围。"[②]毛泽东也在有关文章中指出了共产党与党外人士合作的原则，"这就是倾听群众意见，要联系群众，而不要脱离群众的原则"。"国事是国家的公事，不是一党一派的私事，因此共产党员只有对党外人士实行民主合作的义务，而无排斥别人垄断一切的权利。"共产党"应该受人民的监督，而决不应该违背人民的意志。它的党员应该站在民众之中，而决不应该站在民众之上"。我们共产党的毛病还很多，"我们还要经过与党外人士实行民主合作，来清除这些毛病。这个叫做内外夹攻，把毛病治好，把国事真正办好起来"。[③] 斯大林、毛泽东的这些话透彻地阐明了党与群众的关系，把联系团结群众摆到了事关革命事业成败的重要位置上。它教育了全党同志重视群众工作，摆正官民关系，放下党员的沾沾自喜和官架子，与人民同甘共苦，为民谋利。

中共中央领导同志的作风如何，对党风的好坏起着至关重要的示

① 《中共中央关于学习〈斯大林、毛泽东论共产党员要善于和非党群众团结合作〉的指示》，中国人民解放军国防大学党史党建政工教研室编：《中共党史教学参考资料》第十九册，国防大学出版社 1986 年版，第 118 页。

② 《斯大林、毛泽东论共产党员要善于和非党群众团结合作》，中国人民解放军国防大学党史党建政工教研室编：《中共党史教学参考资料》第十九册，国防大学出版社 1986 年版，第 118～119 页。

③ 同上，第 119 页。

范作用。当时作为最主要领导人的毛泽东就在这方面树立了一个良好典范。他不仅反复谆谆告诫和要求全党同志继续保持战争年代形成的艰苦朴素、不搞特殊的优良作风，而且身体力行。如，1949 年毛泽东的至亲杨开智(杨开慧之兄)写信给他，请他让地方政府对其工作给予照顾。同年 10 月 9 日，毛泽东打电报给当时任湖南军政委员会委员、长沙军管会副主任的王首道，让他"在湘按其能力分配适当工作，任何无理要求不应允许"。[①] 同时通过王首道转一电报给杨开智本人，希望他"在湘听候中共湖南省委分配合乎你能力的工作，不要有任何奢望，不要来京。湖南省委派你什么工作就做什么工作，一切按正常规矩办理，不要使政府为难"。[②] 这表明了毛泽东不徇私情、坚持原则的精神；1950 年 9 月 20 日，当毛泽东得知长沙地委和湘潭县委正在为他修缮韶山故居和修通从长沙通往韶山的公路，立即写信给湖南省委负责人黄克诚、王首道等，请他们命令立即停止，"一概不要修建，以免在人民中引起不良影响。是为至要"；同年 5 月和 10 月他先后在沈阳市政府和北京市政府关于修建毛泽东塑像的报告上批示，坚决反对这样做，认为这样做"只有讽刺意义"；1951 年 12 月，他就中共中央办公厅秘书室汇报的送礼物的歪风进行了批评。12 月 25 日，以党中央名义批转了《中共中央办公厅秘书室向毛主席的工作汇报》，指示说："送礼物是不必要的也不应该的，动不动就送锦旗，更是铺张浪费。各地党委对于这些现象应当认真纠正，必须养成朴素节省的风气，必须制止任何一种浪费民力、物力的事情。"明令：今后"机关团体一概不许送礼。非有隆重大事，不许送锦旗。过节不许送食品"。以上事例可见，毛泽东身居高位，头脑清醒、心向人民、廉洁克己，堪称楷模，这样的领导人群众自然会折服的。当时中央的其他领导同志也基本像毛泽东一样，他们生活俭朴、不谋私利、不搞特殊。在物质生活上除了规定的薪水和待遇外，从不多拿多占。在中央领导下的干部战士同样具有这种作风，最为令人感动的是，

---

① 《关于杨开智等工作安排问题的电报》，《建国以来毛泽东文稿》第一册，中央文献出版社 1987 年版，第 32 页。

② 同上，第 32～33 页。

战争年代实行供给制的干部和解放军战士建国初期仍实行供给制(而留用的旧人员却实行薪金制),生活照样艰苦,而广大干部战士感到生活是充实的有价值的,把为人民吃苦当作一种殊荣。

中共中央和中央领导人的良好风气,带动了全党的风气,全党的风气又影响了全国的风气,党风好、社会风气正,与旧中国比较,真有天壤之别。

第二节　执政党的力量主要取决于党员的素质

一、注重党员的成分

中国共产党的十三大报告有这样一段话讲得十分精彩:“无产阶级政党的力量和作用,主要地不是取决于党员的数量,而是取决于党员的质量,取决于他们执行党的路线的坚定性和对共产主义事业的忠诚。”共产党不是今天才认识到这一问题的,建国初期在党的建设的日程表上就已经将这个问题列为了重要的任务之一。当时中共中央为了提高党员素质,采取的一个重要措施是加强党员组织队伍的建设,即通过一定的组织措施,提高党员工人阶级成分的比例,降低农民成分。由于中国社会的状况和中国革命所走的道路,中国共产党党员的构成农民出身的居多,文化程度偏低。据 1949 年下半年统计,在 326.533 7 万名地方官员中,农民出身的占 83%,工人出身的占 5.87%。在 300 多万党员中,文盲、半文盲的占 69%,小学程度的占 27.66%,中学程度的占 3.02%,大学以上的占 0.32%,在全党 20 万左右的支部中,农村支部占 79.8%。在一般的党员干部中,对于发动农民、建立根据地、组织武装、领导武装斗争比较熟悉,比较有经验,对于管理城市、组织职工、领导工商业则比较生疏和缺乏经验。然而中国共产党当时需要大批熟悉城市、懂得经济的干部,在这种情况下,则必然是长期从事农村工作的干部进入城市，领导和从事陌生的各行各业，他们虽然有革命斗争经验，可是由于他们长期生活在农村，深受农民小生产习气的影响，加之理论、文化水平低，政治成熟程度不够，“因而在思想上存在着程度不同的经验主义、盲动主义，以及在新的情况下，容易发生左右摇摆的偏向”，容易犯小资产阶级的狂热病。① 中国的民主革命实际上是一场农民革命，中国共产党党员农民出身居多的状况正是适应了民主革命的要求，所以作为无产阶级政党的共产党并未发生大的问题。但在民主革命结束后，在新民主主义社会和建设社会主义社会的过程中，这种党员中农民出身居多的状况则不能适应了，如果不及时扭转这种状况，势必不能实现中共中央由乡村转向城市、由打仗转向生产的战略转移，也就不能很好地领导新的建设事业的成功。

中国共产党意识到了这一问题的紧迫性、严重性，所以一进城，党中央就发出指示，明确规定：“今后发展党的重点，应该放在城市中，首先是工人阶级上，在三年到五年内要从产业工人中接收三分之一的人入党。”同时“为了保证无产阶级成分在党内有一定的比例，今后对农民党员的发展，要加以限制”。② 毛泽东在七届三中全会的报告中也指出：“今后必须采取谨慎地发展党的组织的方针，必须坚决地阻止投机分子入党，妥善地洗刷投机分子出党。必须注意有步骤地吸收有觉悟工人入党，扩大党的组织的工人成分。在老解放区，一般地应停止在农村中吸收党员。在新解放区，在土地改革完成以前，一般地不应在农村中发展党的组织。”③中共中央和毛泽东的这一英明决策，对贯彻完成中国共产党在新的历史阶段的总任务具有深远意义。

各地遵照中共中央指示，在发展党员时一般都注意了工人的成分。如天津 1949 年 9 月至 12 月增加新党员 6 648 人，其中工人成分占了 73%；北京 1949 年增加新党员 3 550 人，其中工人成分占了 50.4%；河北 1949 年 4 月到 10 月增加新党员 7.212 2 万人，其中工人成分占了

---

① 《安子文同志五月份向毛泽东同志所作的综合报告》，1949 年 5 月 11 日。

② 《中共中央关于发展和巩固党的组织的指示》，1950 年 5 月 21 日。

③ 《为争取国家财政经济状况的基本好转而斗争》，《毛泽东文集》第六卷，人民出版社 1999 年版，第 72 页。

10.3%。到了1953年底，中共中央继续强调，在新区农村中，“发展新党员的工作不宜贪多求快，不宜笼统地提出消灭空白村，或无条件地强调在没有党的地方发展党”。农村中党的支部也不宜发展过大，“而应力求精干，重质不重量，以免降低党员标准，影响党的战斗力”。“农村支部在党员发展到达一定的数量时，应当暂时停止发展”。而“城市建党的情况和条件与农村不同……因此，在城市中发展党的组织应采取巩固地向前发展的方针，应当把发展新党员的工作作为党的经常工作”。为了使党的组织建设适应于党的政治任务，当时中共中央还要求做好公、私厂矿企业、重要的生产部门、大专院校、技术学校等单位的建立党组织和发展党员的工作。①

中国共产党之所以越来越重视改变党员构成成分，也是与中国共产党逐步深化对共产党的性质的认识分不开的。共产党是无产阶级政党，在建党时就已明确，但在1951年底以前中国共产党对无产阶级内容的理解却带有农民革命的痕迹，认为农村的雇农、贫农就是无产阶级和半无产阶级，视同于工人阶级。1951年4月，在中国共产党的第一次全国组织工作会议上作出的《关于整顿党的基层组织的决议》中，还有“中国革命在过去是城市工人阶级和乡村半工人阶级的”提法。7月间，在《中共中央关于工人阶级与半工人阶级的领导作用的问题的解释》中，将上述提法改为：“中国革命今后更需要工人阶级的领导”，半工人阶级也“是包括在内（领导阶级——引者注）的”。10月，河北省委党校的两名干部写信给中央，对这类提法提出异议，认为半无产阶级，即农村中的贫农，不能作为革命的领导成分。11月，安子文就此问题向毛泽东写了一个报告，肯定了上面两位同志的意见，认为过去的提法容易使人对中国革命的领导问题以及我们党的认识上发生误解，作为半工人阶级的乡村贫农及城市的贫农和苦力，在中国人民民主革命阶段中，确实曾经表现过积极作用，但这种作用“和工人阶级在革命中的领导作用仍应有所区别”。12月，中共中央作出《关于中国革命领导阶级问题的

---

① 参见饶漱石：《为实现党的政治任务和组织任务而斗争》，中共中央文献研究室编：《建国以来重要文献选编》第四册，中央文献出版社1993年版，第529页。

修正指示》，承认过去的提法是不适当的，应予修正，应提“中国革命是中国工人阶级领导的”。要求“无论过去或今后，均应只提是工人阶级(通过其先锋队中国共产党)领导的，不应再把半工人阶级包括在内”。[①] 正是由于中国共产党明确了中国革命的领导力量只有工人阶级，所以更加重视在工人群众中发展党员和建立支部。

中国共产党除了在组织上注意提高党员的成分外，还在思想上教育党员为实现中国共产党的总任务而奋斗。1951 年 3 月，中国共产党的第一次全国组织工作会议通过的《关于整顿党的基层组织的决议》提出：“中国共产党的最终目的，是要在中国实现共产主义制度。它现在为巩固新民主主义制度而斗争，将来要为工业国有化，农业集体化，即为转变到社会主义制度而斗争，最后要为实现共产主义制度而斗争。一切党员必须具有为彻底实现党的这些目的而坚持奋斗的决心。”这次会上还提出党员必须做到的八个条件，要求应对党员普遍进行一次关于怎样做一个共产党员的教育，对要求入党的积极分子首先进行怎样做一个共产党员的系统教育，即关于共产党和共产主义的教育。1953 年底，鉴于中国共产党在过渡时期的总路线已经提出，党员的奋斗目标的提法也应作某些调整，所以中国共产党又提出了“中国共产党的最终目的，是要在中国实现共产主义社会。从中华人民共和国成立以后，我们的国家就开始进入一个新的历史时期，即为逐步过渡到社会主义社会而斗争的时期……在建成完全的社会主义社会之后，还要为实现共产主义社会而斗争。一切党员必须具有为彻底实现党的这些目标而坚持奋斗的决心”。[②] 可见，中国共产党除了教育党员树立为共产主义而奋斗的远大理想外，总是随着历史条件的变化，而不断提出近期的奋斗目标。此外，中共中央还规定了党内每年进行一次选举的制度，严格履行入党手续的制度，加强党员干部培训的制度等，这都大大有助于党员素质的提高。

---

① 华北局《建设》第 135 期。

② 《中央关于修改第一次全国组织工作会议两项决议的通知》，中国人民解放军国防大学党史党建政工教研室编：《中共党史教学参考资料》第二十册，国防大学出版社 1986 年版，第 219 页。

二、整 风 运 动

加强中国共产党基层组织的建设也是提高党员素质和党的战斗力的重要一环。当时为加强基层党组织建设而采取的主要形式是开展整风整党运动。在中国共产党的历史上曾有过著名的“延安整风”。而1951年夏到1954年春进行的整党工作，是建国后的第一次整党。这是在新的历史条件下，对如何加强执政党建设问题而进行的一次尝试。

执政党地位的确立，给共产党提出了许多严峻的课题。首先是党员数量激增，建国后短短两年内就增加了270多万人，1951年初党员总数已达580万。这种情况固然说明共产党的兴旺，同时也不免带来一些新的问题。由于刚刚解放，发展党员的手续极不完备，有的地方甚至实行“自报公议党批准”的建党方法，使一些不具备党员条件的人被接收了，尤其是许多怀着各种各样不纯动机的人混入党内，企图从执政党的地位捞取某些好处，这就造成了共产党的队伍严重不纯，党员的质量下降。其次，革命的胜利使党内滋长了各种各样的歪风和不正确的思想。面对这些新情况和新问题，中国共产党一方面对党员加强防止变质的危险，以及为中国共产党的近期目标和长远目标而奋斗的思想教育，另一方面则从组织上着手整风整党。

在1951年整顿党的基层组织之前，1950年实际上已进行过一场整党整干运动，那次整风的重点是整顿党员干部的作风。1950年5月，中共中央发出了《关于全党全军进行大规模整风运动的指示》和《关于发展和巩固党的组织的指示》。指示详细列举了新老党员、干部中存在的各种严重的问题，要求全党全军“进行一次大规模的整风运动，严格地整顿全党作风，首先是整顿干部作风”。在1950年夏秋两季首先完成整干任务，全党整风任务在1950年夏秋冬三季内完成。同年6月，毛泽东在中国共产党的七届三中全会上的书面报告中再次强调了建党整党原则，希望通过整风运动，能够“提高干部和一般党员的思想水平和政治水平，克服工作中所犯的错误，克服以功臣自居的骄傲自满情绪，克服官僚主义和命令主义，改善党和人民的关系”，这也是那次整风运动需要解决的中心问题。

通过整风运动，澄清了党员干部思想上许多糊涂观念，懂得了政策的重要，并联系自己检查执行政策的情况，纠正了一些部门"左"的偏向。例如，公安工作中的所谓"富人穷人路线"，"压制富人偏袒穷人"；在劳资政策上，"宁可得罪资方，决不得罪劳方"；税收政策中认为"无奸不商"，"宁左毋右"，"宁多毋少"，有"捞一票"的思想。揭露批评了官僚主义、命令主义的现象，在一定程度上改善了各级干部的作风，改善了党群关系，促进了各项工作的进行。但是党的基层组织中存在的思想不纯和组织不纯的问题，仍未解决，这就需要党提出新的整党的重点。

1951 年 2 月中共中央政治局扩大会议决定：从 1951 年下半年开始，用三年时间有计划、有准备、有领导地进行一次整党运动。这次整党的重点是整顿党的基层组织。1951 年 3 月召开的中国共产党的第一次全国组织工作会议上，通过了《关于整顿党的基层组织的决议》，决议分析了党的状况，提出了用三年时间整顿党的组织的计划。

由于中国共产党提前全面规定了整党的内容、目的、方针、政策和步骤，所以整党运动能够比较顺利地开展起来。在运动中，中国共产党又提出了注意把整党与各项政治活动、各项工作任务相结合，互相促进，使整党起到了带动其他工作的目的。

到 1953 年 6 月止，全国已有的支部已有 65%进行了整顿。基层组织约有 90%以上的党员是基本上符合党员标准的，约有 10%的人被判明不符合党员标准。在整党过程中，共有 32.8 万人离开了党的组织。其中有 23.8 万余人是完全丧失党员条件的堕落蜕化分子和混入党内的各种坏分子，被开除了党籍；有 9 万人或是经过教育自认不够党员条件而自愿退党的，或是消极落后经过教育也不能达到党员标准而被劝告退党的。同时，中国共产党按照新的党员标准，又发展了 7.07 万新党员，新建立了 8.2 万个支部，使全国职工人数在 50 人以上的厂矿企业、高等学校一般都有了党的组织。不少私营工矿企业也有了党的组织，天津市在 25 个职工以上的私营工厂中已有 67%有了党的组织或有了党员，这大大提高了党员的工人阶级成分，加强了党的基层组织的力量。到 1954 年春整党结束，广大党员的理论认识水平有了一定的提高，明确了中国共产党在新时期的总任务，增强了革命和建设的自觉性，改变了不良作风，党群关系进一步改善，党的威信大为提高。

建国初期的整风整党运动能够沿着正确方向健康地进行，没有出现大的偏向，主要由于中国共产党吸取了延安整风的经验教训，加强了对整党工作的指示，当时规定："整党、建党均须由中央及各中央局实行严格的控制，下面不得自由行动。"[①]同时作了全面严格的部署，划分了不同性质的问题的不同界限、不同地区整党的不同时间、不同阶段的不同任务。强调了在政治上、思想上加强党的建设，进行共产主义大目标教育和怎样做一个共产党员的教育。抓住了基层党组织这个环节，把握了党群关系这个关键，集中解决党的建设中的要害问题，这一切做法使这次整风整党工作获得了成功。

三、"三反"运动

新民主主义社会建立不久，在中国共产党和人民政府部门中，贪污、浪费、官僚主义现象有所抬头，其原因主要来自两方面，一方面全国解放后，中国共产党和人民政府对旧公务员实行包下来的政策，他们中的部分人身上仍然带有旧社会的污毒，利用各种机会贪污盗窃国家和人民的资财，中饱私囊；另一方面，中国共产党的地位的实质变化，管辖着全国广大的区域，物质生活条件大为改观，加之受部分留用人员作风的影响和不法资本家"五毒"的腐蚀，党内少数意志薄弱者开始腐化堕落并走向反面，而中国共产党和人民国家领导机关及其领导干部中的官僚主义作风又助长了这种现象的蔓延，若不进行"三反"，不铲除"三害"的社会基础，中国共产党和人民政府的前程就不堪设想。

"三反"运动从1951年底开始到1952年6月基本结束。这次运动取得了很大成绩，这从下面的统计数字中可以看出，同时这些数字也说明了当时的问题是十分严重的。当然，很可能有不确实之处，但这数字已使人触目惊心，因为新中国刚刚成立。据统计"全国县以上党政机关

---

① 《中共中央政治局扩大会议决议要点》，《毛泽东文集》第六卷，人民出版社1999年版，第145页。

(军队除外)参加‘三反’运动总人数383万6千多人，共查出贪污分子和犯贪污错误的120万3千多人，占参加‘三反’运动总人数的31.4%；其中共党员19万6千多人，占贪污总人数的16.3%。贪污1 000万元(旧人民币——引者注)以上的105 916人，占贪污总人数的8.8%”。到1952年10月，“贪污分子和犯贪污错误的人中，已做处理的107万8千多人，占总人数的89.5%，尚未处理的12万5千多人，占10.5%”。“在已处理的部分中，免予处分的占75.7%，给予行政处分的占20.7%”；[①]“判处刑事处分的38 402人，占已处理部分的3.6%”；“经中央和大行政区批准判处死刑的42人(内有杀人犯5人)，死刑缓刑9人，共计51人，占0.14%”。[②]

“三反”运动的意义主要在于：

第一，它向全国人民表明共产党及其人民政府是不同于旧中国的任何统治者的，它是不允许一切腐败现象存在的。“三反”的胜利，带动了社会风气的好转，确立了中国共产党在人民心目中的威信。比如，“有些教授就说：‘过去我担心共产党胜利后也会和国民党一样贪污腐化，现在放心了。’有些老百姓说：‘毛主席眼睛真亮，有贪污就一下除掉。’”[③]

第二，“三反”中揭露出来的触目惊心的违法乱纪、贪污盗窃的事实，令中央震惊，使全党同志警觉起来，把“三害”的严重性、危害性提到了一个新的高度来认识，进一步增强了同“三害”斗争的警惕性、自觉性和拒腐性。

第三，“三反”配合和促进了“五反”，为其开辟了道路。党内的一些贪污分子往往与社会上的不法奸商有密切交往，互相利用，把大贪污犯挖掘出来，也就提供了不法奸商施放“五毒”的线索，也教育了工商业

---

① 安子文：《关于结束“三反”运动和处理遗留问题的报告》，中共中央文献研究室编：《建国以来重要文献选编》第三册，中央文献出版社1992年版，第385页。

② 同上，第386～387页。

③ 《中共北京市委关于继续开展反贪污反浪费反官僚主义斗争的报告》，中国人民解放军国防大学党史党建政工教研室编：《中共党史教学参考资料》第十九册，国防大学出版社1986年版，第444页。

者，他们纷纷说："公家的便宜可沾不得。"①

第四，"三反"运动也是更加现实与深刻有力的整党运动。经过"三反"，清理了党内一批腐败分子和蜕化变质分子，教育和挽救了一批干部，有力地促进了执政党的建设。

第五，"三反"运动也是一次移风易俗的社会改革运动。它冲击了几千年来一直存在于中国社会中的"三害"的社会基础，扶正祛邪，社会风尚大为改变，国家工作人员在一定程度上克服了官僚主义、自由主义、本位主义，克服了自私自利、损人利己的思想，国家机关面貌焕然一新，全心全意为人民服务，廉洁奉公、克勤克俭的工作作风逐渐确立起来，为各项工作的开展和国家的经济建设准备了有利条件。

总之，"三反"运动具有伟大的历史意义，它树立了党的良好形象和国家机关的优良作风。

当然，不必否认，像建国初任何一次剧烈的群众运动都难免带来某些问题一样，"三反"运动本身也暴露了一些问题，诸如，"三反"运动定性不准、过粗过急、许多地方使用酷刑、扩大打"虎"面、对社会震动过大等，这些问题的出现是与中央最主要领导人对于"三反"运动的某些指导思想分不开的。

首先，限期突击开展运动的思想是不够妥当的。"三反"运动前后进行了半年左右，各地在运动初期一般就展开了面对面的斗争，迅即进入高潮，各种学习、调查等准备工作严重不足。在"三反"运动伊始，1952 年元月 4 日，中共中央就发出《关于立即限期发动群众开展"三反"斗争的指示》，要求各级党委立即抓紧"三反"斗争，缩短学习文件的时间（有四五天就够了），召开干部会，限期（例如十天）展开斗争，送上报告，"违者不是官僚主义分子，就是贪污分子，不管什么人，一律撤职查办"。中央还责成薄一波用电话和各大区负责同志联络，在"三反"紧张时期，每三天至五天通话一次，检查各地"三反"进度。2 月 4 日，毛泽东

① 《中共北京市委关于继续开展反贪污反浪费反官僚主义斗争的报告》，中国人民解放军国防大学党史党建政工教研室编：《中共党史教学参考资料》第十九册，国防大学出版社 1986 年版，第 444 页。

在一个党内指示中还具体规定了地委一级为止，“三月份应完成县级的三反”，“拟以四五两月基本上完成全国区乡两级的三反工作”。[①] 中央一级已于1951年底到1952年初开始进行了。这样分步骤地进行可以避免出现混乱和犯大错误。但是，由于规定的期限太短、太紧，各地来不及准备，仓促上阵，乱打一通，不可避免地出现了过快、过粗、打错等“左”的错误。

其次，限额捉“虎”的思想也是不妥当的。这一思想实际是将限期开展运动的思想给以具体化了，其影响和后果更为严重。毛泽东十分关心打“虎”数字。他在1951年底，根据经验判断，政府财经部门及公安部门、军队后勤部门及经手事业费的部门（例如文化部）贪污分子很多，特殊者可达该部门全体人员的100%，一般是30%左右，有些占50%左右，有些占20%左右。[②] 1952年元月，他批评各大军区清出的“老虎”太少。“像华东中南西南三大军区系统估计至少有大老虎两百个以上，华东中南可能更多，千万不要让他们溜走了。”[③]同月，毛泽东又作出《关于必须集中力量打大“老虎”的指示》，确认“凡属大批地用钱、管物的机关，不论是党政军民学哪一系统，必定有大批的贪污犯，而且必定有大贪污犯（大老虎）”，就是宣传文教部门也有大“老虎”。总之，任何部门都有大“老虎”，因此，各地区各部门在“三反”斗争激烈开展后，“就要将同志们的注意力引向搜寻大老虎，穷追务获，不要停留，不要松劲，不要满足于已得成绩。在这方面，要根据情况，定出估计数字，交给各部门为完成任务而奋斗”。他甚至提出：“在斗争中还要根据情况的发展，追加新任务。”中央一级就是这样做的，望各地仿照执行。他让负责同志向下面的同志讲明：“如果他们不愿意包庇大贪污犯，以致将来查出来（总有一天会查出来），自己要受指责和处分，就应组织一切

① 《关于限期向中央报告打虎预算和县、区、乡开展三反运动的电报》，《建国以来毛泽东文稿》第三册，中央文献出版社1989年版，第141页。

② 参见《毛泽东同志关于从发现浪费现象中去发现贪污现象问题的告示》，1951年12月12日。

③ 《关于全军必须以全力进行三反然后整编的电报》，《建国以来毛泽东文稿》第三册，中央文献出版社1989年版，第78页。

可用的力量为搜尽一切暗藏的大贪污犯而奋斗。”

元月底，毛泽东又改变了过去规定的大“老虎”标准，转而批道：“捉‘大老虎’，不要以为贪污1亿元以上的才算，要根据不同的部门来决定，三千万、一千万，在某些部门就是‘大老虎’，绝不容放松。”[①]这实际意味着让没有大“老虎”的单位硬要找出大“老虎”来，无疑这类做法会严重扰乱阶级阵线，扩大打击面，降低党的政策的威力。元月28日，毛泽东又肯定了北京市委的打“虎”经验，其中有：规定“老虎”数目，限期具报，如果那个单位的首长认为本单位没有“老虎”，应签字保证，领导立即派人复查。这样一来“许多原以为没有或很少老虎的，查出了许多老虎”。[②] 2月4日，毛泽东同意了中南军区党委打“虎”的初步预算，并进一步指出：“以后可以按照情况随时追加。”毛泽东还根据东北增加打“虎”2000只数字的情况，推断“每一个小省应有大小老虎几百只，每一个中等省和大省应有大小老虎一二千只至三千只”。[③] 他让各地驳倒持县村没有“老虎”论点的人。2月12日，毛泽东再次批评：“许多部门的领导者不愿意担负多打老虎的责任，打虎预算甚低。上级分派任务，勉强承认，信心不高。有些人知道虎多，办法很少，打不出来。都因为没有认真研究情况。”[④] 2月17日，毛泽东赞扬“中南局最近提了一个打大虎八千的预算”，要求各大区参照中南局计划酌量增加预算。[⑤] 毛泽东还在许多批示中提到增加打“虎”预算问题。

正是在毛泽东这种思想指导下，各地区、各部门打“虎”的数字一而

---

① 《毛泽东同志批转山西省委的“三反”综合报告》、《中央关于处理贪污浪费问题的若干规定》中确认：“凡贪污一亿元（旧人民币——引者注）以上者为大贪污分子，一亿元以下者为中、小贪污分子。”中国人民解放军国防大学党史党建政工教研室编：《中共党史教学参考资料》第十九册，国防大学出版社1986年版，第475页。

② 《转发北京市打老虎经验的批语》，《建国以来毛泽东文稿》第三册，中央文献出版社1989年版，第111页。

③ 《关于限期向中央报告打虎预算和县、区、乡开展三反运动的电报》，《建国以来毛泽东文稿》第三册，中央文献出版社1989年版，第142页。

④ 《关于六十六军打虎经验的批语》，《建国以来毛泽东文稿》第三册，中央文献出版社1989年版，第195页。

⑤ 参见《转发习仲勋关于西北区打虎新预算报告的批语》，《建国以来毛泽东文稿》第三册，中央文献出版社1989年版，第225页。

再再而三地增加，越来越膨胀。尽管当时也提出了运动应该注意的事项，要求讲究政策，勿出偏差，但许多地方为了完成任务，只得搞逼供信，其结果造成大量冤假错案，斗争扩大化。例如青岛市，据不完全统计，由于“三反”运动中搞逼供信，到 1952 年 12 月，打死与自杀已死达 172 人，仅卫生局等五个单位就死 54 名，自杀未遂者 50 名。在 104 起案件中，大多数既无贪污又无政治问题。他们除 6 起由自杀者本人负责和 6 起因政策交代不清而致自杀外，余均与刑讯逼供有关。因刑讯逼供致使不少人无辜受累，不少人伤残，有的人甚至自杀。尤其错误的是各单位对死者未作善后处理，均以“畏罪自杀”或“叛国”的罪名宣布了事。由于对打“虎”打错不予纠正，引起了干部职工及其家属不满。[①]（当然，这些问题在运动后期作了纠正。）

1952 年 3 月邓小平也谈到在西南全区“在‘三反’运动中，各地均有程度不同的逼供行为和肉刑与变相肉刑，因此可能有一些假虎，这是运动中的主要缺点”。[②] 10 月 18 日，安子文在呈送总理及主席批阅的《关于结束“三反”问题的报告》中说：“‘三反’运动中全国打出的1 000万元（旧人民币）以上的贪污分子最高数字曾为 29.2 万多人，但现在剩下 15.5 多万人，减少了 65%。如此大量减少的主要原因，是过去对于‘老虎’的标准掌握不严，以致把失职、浪费、有政治问题，甚至没有贪污的人均算成了‘老虎’。”为什么会造成这种现象呢？主要“由于运动开展得迅速、猛烈，各地在反右倾之后的一个短时间内未能掌握实事求是的精神，并且很多地方发生过‘逼供信’的偏向，有些地方逼供、诱供情况还比较严重；而贪污分子则害怕斗争，假坦白，企图蒙混过关”。他还透露：“在最近这一时期内……上诉或控告的很多。”“有相当一部分提出被原来所在的机关开除，现在生活无着……有少数人因肉刑逼供而伤残”，要求重新处理，故建议对“这些人应以十分关心的态度给以医治和调养”。这是中央对于错误的承认和分析。

---

① 参见《中共中央关于青岛市“三反”中发生逼供信严重错误的通报》，1952 年 12 月 16 日。

② 《邓小平同志关于“三反”、“五反”、土地改革和经济工作等问题的报告》，1952 年 3 月 15 日。

“三反”运动还对社会经济生活造成影响。运动高潮时，几乎所有的干部都投入了运动。后规定抽出三分之一的人维持正常的业务工作，情况才稍好转。运动后，干部心有余悸，不再敢抓经济工作，许多事处于无人问津的状态。中央意识到了“由于过去各地‘三反’、‘五反’的影响，使社会经济生活和城乡交流发生了阻滞现象”，所以于 1952 年 5 月 23 日决定推迟县、区、乡的“三反”运动，[①]这实际宣告了全国“三反”运动的基本结束。

新中国初期，客观上由于共产党刚刚领导全国人民建立了新民主主义社会制度，而大凡新生的制度总是有相当旺盛的生命力；主观上由于中国共产党在民主革命时期形成的优良传统和作风尚有很大的惯性，加之中共中央重视党风建设，不仅有思想教育，而且有严格的组织措施端正党风，所以共产党的党风是好的。但我们应该指出，尽管中共中央强烈地意识到了新的环境下执政党的建设的重要性，可当时党的建设过多地偏重于党的思想建设、作风建设，而采用的基本是“整党整风”和“三反”等大规模群众的政治运动的方式。这主要由于在漫长的对敌斗争环境下，中国共产党积累了运用“运动”方式解决敌我矛盾的经验，共产党的干部非常熟悉这些经验。殊不知在阶级敌人基本被消灭以后，解决人们的思想问题、执政党的建设问题、人民内部矛盾问题等仍然沿用轰轰烈烈的群众政治运动或斗争的方式，往往会不可避免地给共产党自身及其整个社会带来负面作用，甚至造成阶级斗争扩大化的错误。

邓小平指出：“历史经验证明，用大搞群众运动的办法，而不是用透彻说理、从容讨论的办法，去解决群众性的思想教育问题，而不是用扎扎实实、稳步前进的办法，去解决现行制度的改革和新制度的建立问题，从来都是不成功的。”“因为在社会主义社会中解决群众思想问题和具体的组织制度、工作制度问题，同革命时期对反革命分子的打击和对反动制度的破坏，本来是原则上根本不同的两回事。”[②]这种对群众运动

---

① 参见《中共中央关于推迟县区乡的“三反”和中小城市的“五反”的指示》，1952 年 5 月 23 日。

② 《党和国家领导制度的改革》，《邓小平文选》第二卷，人民出版社 1994 年版，第 336 页。

的认识无疑是令人信服的。

以往人们在总结建国初期的“整党整风”、“三反”、“五反”、“知识分子思想改造”等运动时，一般都是讲运动的初期中期好，到了后期就出现过快、过火、过“左”等错误，这几乎成了总结历次运动的公式。诚然，这种固定性的解释有某些道理，但从根本上说，实难令人信服。因为它没有从根本上回答或解释清楚这一问题：为什么一搞运动一般就要出大问题，留下难以治愈的后遗症？这不能不使我们认真思考这样一个问题：在共产党掌权后，除了对敌斗争可以考虑继续利用运动方式外，还需不需要用运动的方式或群众性的阶级斗争的运动方式解决人民内部矛盾和经济问题？建国初期及以后的许多痛苦教训告诉我们，利用政治运动的方式解决社会政治经济问题有着相当大的局限性，不可轻易采用。当时的“运动”带来的一些弊端主要有：

第一，对整个社会的震动过大，自然对正常的社会活动和生产产生很大的影响。

第二，使政治空气骤紧，人与人之间互相怀有敌意，人人自危，往往还会造成人民自己整自己的局面。

第三. 大搞逼供信，这是一般政治运动普遍存在的问题，它助长了人们说假话。因为要“运动”出成果，就要想方设法揪出“运动”的“对象”来，这就难免打错人，揪错人，造成大量的冤假错案。

第四，不利于形成民主法制的环境，谁敢讲真话谁挨斗，斗争随便升级，基本“无法无天”，使得万马齐喑，好人被整，真正的坏人趁机浑水摸鱼，大搞破坏活动，整个国家的民主政治和法制建设受到破坏。

第五，为持有极左观念的官僚主义者、教条主义者制造借口，提供了打棍子的机会等。

正是由于建国初期，在国家政权机构的相互关系上，我们没有建立起严格科学的适应现代国家管理的互相制约监督的制度，以致影响到后来国家政治体制和人民的民主权利，造成宪法授予的权力与实际运行中享受的权力不符，最典型的是宪法上称为国家最高权力机关的全国人民代表大会，并未能真正全面体现它作为国家最高权力机关的作用，人民的民主权利也经常得不到保障。以言治罪、以权代法等现象屡有发生，却没有惩治领导者破坏人民民主权利行为的相应法规，法制建设未受到应有的重视。邓小平指出："旧中国留给我们的封建专制传统比较多，民主法制传统很少。解放以后，我们也没有自觉地、系统地建立保障人民民主权利的各项制度，法制很不完备，也很不受重视"，特权现象泛滥。"克服特权现象，要解决思想问题，也要解决制度问题。公民在法律和制度面前人人平等。"①

过去没有很好地进行制度建设，在党的内部制度上尤其如此，中国共产党是执政党，又实行一元化领导，因而党的建设好坏对整个国家、整个民族都至关重要。而从建国伊始，党的建设的唯一办法就是开展"整党整风"、"三反"等运动。不可否认，在建国初期的紧张环境下，在部分党员干部还实行带有战时共产主义的供给制的特殊条件下，在党的组织尚未健全的情况下，"整党整风"和"三反"运动，仍然有一定的适用性，对党的建设也确曾起过很大的推动作用。但在人民民主的政权巩固之后，从中央到地方党的组织健全之后，即到了全国和平建设时期，单靠突击性的"整党整风"和"三反"等运动对于党的建设不仅略嫌不足，而且有时十分有害。由于借用"运动"这一过去主要是对敌斗争的形式，有时也就容易滥用斗争敌人的方式来斗争自己的同志，无限上纲，混淆敌我矛盾。建国初期的"整党整风"和"三反"运动中出现的这类问题就是明证。更为严重的是，中国共产党的领导人并未认识到这类问题的严重性，所以后来一直沿用运动的方式解决党内问题，这就形成了一个恶性循环和连锁反应：长期的接连不断地运动使领导人更加熟悉且擅长搞运动的一套做法，并把它推而广之，当作解决一切思想作风问题的万灵药方，加上对我们的基本制度的坚信不疑等一些认识上的问题，使领导者越发忽视对制度的建设，以致一直未能很好地解决领导制度、组织制度、工作制度的问题。而建国初再次强调和实行的党的领袖享有对一切问题的最后决定权，就在一定程度和一定场合将党和国家的命运系在了一个人或几个人身上，这种危险不仅已在当时潜伏着，而且影响到后来，党的权力越来越集中。不说党外，就说党内：党委

---

① 《党和国家领导制度的改革》，《邓小平文选》第二卷，人民出版社1994年版，第332页。

书记由上级委派，而非党员选举，大大打击了党员的政治积极性，增加了党员对党的领导的猜忌，不利于党的领导，党员很难享受起码的权利等。这一切反常现象都是在我们党内各项制度不健全的状况下出现的，它也孕育了我们一个错误接着一个错误的发生。对此，邓小平说得很透彻："我们过去发生的各种错误，固然与某些领导人的思想、作风有关，但是组织制度、工作制度方面的问题更重要。""不是说个人没有责任，而是说领导制度、组织制度问题更带有根本性、全局性、稳定性和长期性。这种制度问题，关系到党和国家是否改变颜色，必须引起全党的高度重视。"①中国共产党的十三大报告也指出，加强党的制度建设，"对党的正确路线的巩固和发展，对于党的决策的民主化和科学化，对于充分发挥各级党组织和党员的积极性、创造性，十分重要"。

可见，党是否能防止变质腐化，党的作用是否能够很好发挥，党是否在社会上确定自己恰当的位置，首先需要的是党的制度是否完善。正是在这点上，中国共产党在成为执政党的初期，没有加以很好地规定和解决，给后来党的建设留下了一大漏洞。鉴于历史的经验教训，进行党的建设，解决党内消极腐败现象，不能搞政治运动，也不能只靠集中一段时间的整顿，必须将党的建设转入经常性的工作，经常地进行教育，经常地加强监督，经常地开展批评和自我批评，经常地整顿纪律，经常地清除腐败分子和妥善地处理不合格分子，通过党员的先锋模范作用把群众团结在党的周围，使党的基层组织成为坚强的战斗堡垒。中国共产党的十三大报告指出："党的领导机关有责任指导基层组织做好这些工作。这些经常性工作做好了，我们就有可能在新的历史条件下，在党的建设上走出一条不搞政治运动，而靠改革和制度建设的新路子。"这就是中国共产党建设的努力方向。

---

① 《党和国家领导制度的改革》，《邓小平文选》第二卷，人民出版社1994年版，第333页。

第五章

新民主主义社会的民族资产阶级

民族资产阶级是新民主主义社会中的一个特殊阶级。正确处理民族资产阶级问题是中国共产党在新民主主义时期极为重要的方面，联合民族资产阶级，不仅在政治上可以完全孤立三大敌人的残余，反对共同的敌人，更主要的是在经济上有益于恢复和发展国民经济，巩固新民主主义社会经济制度，把中国从落后的农业国家改变为现代化的工业国家。中共中央于 1950 年 4 月就正确处理同民族资产阶级关系问题提出忠告："必须再次提醒大家：城市管理的好和坏，关系我们人民政府的能否巩固；在城市，特别对近代企业如果管理不好，就会出大乱子，会使国家财产及社会经济遭致不可估计的损害。"[①]中国革命和建设的经验生动地表明，在民主革命时期是三大法宝之一的统一战线，在新民主主义社会中同样是一个重要法宝。

中国的民族资产阶级问题所以是一个不可忽视的特殊问题，因为中国的经济异常落后，商品经济极不发达，而新民主主义社会建立后的基本任务就是迅速发展生产力，这就提出了团结民族资产阶级、利用民族资本的财力和人力优势的问题。列宁曾讲过："应该利用资本主义作为小生产和社会主义之间的中间环节，作为提高生产力的手段、途径、方法和方式。"[②]然而社会主义革命的对象就是资产阶级，因而这就在中

① 《中共中央转发中南局关于调查、调整公私与劳资关系问题的指示》，1950 年 4 月。

② 《论粮食税》，《列宁选集》第四卷，人民出版社 1995 年版，第 525 页。

国共产党面前提出了一个在中国的新民主主义社会中如何对待民族资产阶级进而过渡到社会主义社会的问题，因此，对民族资产阶级采取什么政策的问题，是一个事关重大的问题。

第一节　民族资产阶级的特殊地位

马克思主义者认为，是否有利于生产力发展是衡量我们一切工作的根本标准。中国的资产阶级和无产阶级一样都是近现代工业的产物，同样，中国的资产阶级政党也和无产阶级政党一样都是近现代革命的结果，他们所代表的是当时大约占10%左右的现代性的工业经济部分。民族资产阶级经营工商业，有生产资料和资金，具有强烈的现代商品经济观念及现代科学管理技术，在一定时期一定条件下无疑会有利于经济的发展。毛泽东曾说：私营工商业不仅可以对国家供给产品，而且可以为国家积累资金，可以为国家训练干部。① 中国的民族资产阶级出现很晚，在旧中国又深受三大敌人的排挤和限制，特别是受官僚资本的吞并，始终未得到充分发展。人民革命推翻了三座大山，为民族资本主义的发展扫除了障碍。

从中国共产党和人民政府来看，建国后要解决两项主要任务，一个是要恢复和发展国民经济，一个是要继续肃清三大敌人的残余，进行民主改革、民主政治建设。1955年和1956年邓小平两次追述说："在全国革命胜利以后，党和人民政府又在不过三年时间里，完成了恢复国民经济的工作和一系列民主改革的任务。"②1956年时毛泽东也说建国"前三年的工作主要是恢复国民经济和进行前一革命阶段中没有完成的各

① 参见周恩来：《在中国人民政协全国委员会第四十九次扩大常务委员会会议上的总结发言》，中国人民解放军国防大学党史党建政工教研室编：《中共党史教学参考资料》第二十册，国防大学出版社1986年版，第148页。

② 见邓小平在中共七届六中全会上所作《关于召开党的第八次全国代表大会的决议草案的说明》，1955年10月4日；邓小平在中共八大上所作《关于修改党的章程的报告》。

项社会改革，主要是土地改革"。[①] 由此可见，我们当时进行的就是这两项任务，而要完成这两项任务，都必须正确处理与民族资产阶级的关系，特别是经济建设任务，因为从整体上看，由于中国共产党长期打仗，真正懂得经济的人很少，在这种情况下，利用私营经济的积极性，发挥民族资产阶级和其他社会民主阶层的作用，对于巩固中国共产党的领导地位、巩固新民主主义社会是只会有益而无害的，况且，在民主革命中，民族资产阶级就"余勇可嘉"，采取同我们合作反蒋或保守中立的立场。基于以上认识，建国之后，中国共产党强调指出：民族资产阶级过去是起过进步作用的，"在今后一个相当长的时期，团结民族资产阶级的政策是重要的和必要的"，"必须尽量利用私人资本主义的积极性"[②]。《共同纲领》中规定：政治上，民族资产阶级是人民民主统一战线政权当中的一个阶级；经济上，保护民族资产阶级的经济利益及其私有财产，公私兼顾，劳资两利，对包括私人资本主义经济在内的新民主主义社会的五种经济成分，实行一视同仁、不分厚薄、互相促进、共同发展的政策。

允许民族资本主义存在和发展，自然会遇到一个如何看待"剥削"的问题，为了尽快发展生产力，应该允许资本家取得合法利润，抑或称"剥削"。刘少奇认为，就这种意义上说"今天资本主义的剥削不但没有罪恶，而且有功劳。封建剥削除去以后，资本主义剥削是有进步性的。今天不是工厂开得太多，工人剥削太多，而是太少了"。确实，"今天工人痛苦不是资本主义发展才受痛苦，而是资本主义不发展才受痛苦"。只要对国家对人民有利，大家赞成，资本家可以"有本事多剥削……今天资本主义剥削是合法的，愈多愈好，股息应该提高"。[③] 虽说这些话讲得过于直率，但鉴于中国实际，这样直截了当地提出问题和解答问题，

---

① 《社会主义革命的目的是解放生产力》，《毛泽东文集》第七卷，人民出版社 1999 年版，第 1 页。

② 李维汉：《人民民主统一战线的新的形势与任务的报告》，中共中央文献研究室编：《建国以来重要文献选编》第一册，中央文献出版社 1992 年版，第 146～147 页。

③ 刘少奇：《在工商业家座谈会的讲话》，中国人民解放军国防大学党史党建政工教研室编：《中共党史教学参考资料》第十九册，国防大学出版社 1986 年版，第 68～69 页。

一方面释去了资产阶级心头的疑虑，更为重要的方面是，这种对待民族资产阶级的提法和政策，更符合无产阶级和劳动人民近期的要求和长远的利益，它对于繁荣经济、发展生产，建立和巩固新民主主义社会经济制度，其作用更是显而易见的。

1952年以前，中国共产党也一再强调中国的民族资产阶级既不同于帝国主义国家的垄断资产阶级，也不同于东欧各国的资产阶级。东欧的资产阶级具有很大的反动性，基本上是一个反动阶级，因而东欧共产党国家采取“没收资产阶级的企业，去掉资产阶级，走向社会主义”①的做法，而中国民族资产阶级却有其自己的特殊历史贡献和发展前途的。② 正是“由于国内的条件不同和历史环境不同，对待资产阶级的问题也不同”。③ 要把民族资产阶级当作自己的朋友，而不是敌人，当作联盟的成员，而不是打倒的对象。④

毋庸讳言，中国的民族资产阶级也有其软弱动摇的一面，唯利是图的一面。这也是中国民族资产阶级特有的性格。在建国前，它受帝国主义、封建主义和官僚资本主义的压迫，要反抗，这是革命性的一面；但同时它与帝国主义、封建主义和官僚资本主义有着千丝万缕的联系，又有软弱性、动摇性的一面。在建国后，它一方面具有不利于国计民生的消极作用(严格地说，应是不法资本家的违法行为和落后的需要淘汰的行业)，一方面又具有有利于国计民生的积极作用；既有拥护共产党和人民政府，接受国营经济领导，赞成《共同纲领》的一面，又有牟取暴利、剥削工人的一面。对待民族资产阶级的这种两重性，我们也要采取两方面对待的政策，在政治上，一方面要允许民族资产阶级有相当的发言

---

① 周恩来：《关于中国的民族资产阶级问题》，《周恩来统一战线文选》，人民出版社1984年版，第224页。

② 参见周恩来：《团结民族资产阶级，发展国民经济》，《周恩来统一战线文选》，人民出版社1984年版，第236页。

③ 周恩来：《在中国人民政协全国委员会第四十九次扩大常务委员会议上的总结发言》，中国人民解放军国防大学党史党建政工教研室编：《中共党史教学参考资料》第二十册，国防大学出版社1986年版，第146页。

④ 参见刘少奇：《在工商业家座谈会的讲话》，中国人民解放军国防大学党史党建政工教研室编：《中共党史教学参考资料》第十九册，国防大学出版社1986年版，第68页。

权，并有一定的代表参加政府工作，另一方面要缩小其在人民中发生消极作用的影响，尤其要揭露其右翼分子的反动性；在经济上，一方面要调整公私关系、劳资关系、城乡关系以及内外关系，另一方面要领导和督促私营工商业进行各种必要的改组，以保存和发展其积极作用，限制和消除其消极作用。这就是既团结又斗争的方针，"但以团结为主，斗争是为了团结"，要分清民族资产阶级的左中右，争取多数，孤立少数，尽可能多地从思想上改造可以改造的人。[①] 毛泽东当时明确地指出："民族资产阶级将来是要消灭的，但是现在要把他们团结在我们身边，不要把他们推开。我们一方面要同他们作斗争，另一方面要团结他们……现在我们需要采取这个策略。"[②]但需要强调的是"今天我们中心的问题，不是什么推翻资产阶级，而是如何同他们合作"。[③] 即使同资产阶级发生了矛盾，我们也把其当作人民内部矛盾来处理，用说服教育的方法、和平的方法加以解决。后来毛泽东作了总结："工人阶级和民族资产阶级之间存在着剥削和被剥削的矛盾，这本来是对抗性的矛盾。但是在我国的具体条件下，这两个阶级的对抗性的矛盾如果处理得当，可以转变为非对抗性的矛盾，可以用和平的方法解决这个矛盾。如果我们处理不当，不是对民族资产阶级采取团结、批评、教育的政策，或者民族资产阶级不接受我们的这个政策，那末工人阶级同民族资产阶级之间的矛盾就会变成敌我之间的矛盾。"[④]由于对民族资产阶级的正确认识和正确政策，才使我们在建立与巩固新民主主义社会时期错综复杂的形势下，紧紧抓住了民族资产阶级这个要害问题，给了民族资产阶级以特殊的待遇，取得了一个又一个的胜利。

---

① 参见周恩来：《发挥人民民主统一战线积极作用的几个问题》，《周恩来统一战线文选》，人民出版社 1984 年版，第 167 页。

② 《不要四面出击》，《毛泽东文集》第六卷，人民出版社 1999 年版，第 75 页。

③ 周恩来：《发挥人民民主统一战线积极作用的几个问题》，《周恩来统一战线文选》，人民出版社 1984 年版，第 169 页。

④ 《关于正确处理人民内部矛盾的问题》，《毛泽东文集》第七卷，人民出版社 1999 年版，第 206 页。

第二节　鼓励民族资本主义的发展

正如前述，由于国民党的腐败，以及长期战争的影响，建国初期的国民经济到了濒临崩溃的边缘。为了摆脱困难局面，振兴整个社会经济，加快新民主主义经济建设步伐，增强新民主主义社会的物质基础，中国共产党和人民政府在没收官僚资本、建立国营经济的同时，在1952年底以前，采取了利用限制私人资本主义经济的政策。

这一政策的出发点，正如前面提到过的，主要考虑到，中国的经济遗产十分可怜和相当落后。就全国范围来说，“还有百分之九十左右的经济生活停留在古代”。[①] 在一个相当长的时期内，我们也不可能改变这种局面。这种半殖民地和半封建社会的经济形态，是中国革命期间及在革命胜利以后一个相当的时期内（几十年，甚至一二百年）一切问题的出发点。只有利用属于现代工业经济部分的私人资本主义经济，调动资本家的积极性，才有利于加快经济建设的速度，改变经济落后状况。

应该承认，当时采取利用民族资本主义经济政策的另一个重要考虑，是由于国营经济还未占主导地位，国家还未实现工业国有化和农业集体化（当时所理解的社会主义目标），确实，资本主义工商业在整个国民经济中占有相当的比重。1949年，资本主义工业产值占全部工业产值的63.3%，雇佣职工164万人，占全国工业职工的53.7%；私营商业在全国商业批发额中占76.1%，零售总额中占85.1%。鉴于民族资产阶级在经济上的地位和当时国民经济面临的巨大困难，因此，中国共产党认为，“我们应该承认，今天国营经济力量还很小”，“还需要尽可能地利用城乡私人资本主义的积极性，以利于国民经济的向前发展”，并“帮

---

① 《在中国共产党第七届中央委员会第二次全体会议上的报告》，《毛泽东选集》第四卷，人民出版社1991年版，第1430页。

助国营经济满足人民多方面的需要……国内的自由竞争和自由贸易，不但是不可避免的，而且是经济上必要的”。当然中国资本主义的存在及发展要受到一定限制，但“为了无产阶级和劳动人民现在和将来的利益，决不可以对私人资本主义经济限制得太大太死，必须容许它们在人民共和国的经济政策和经济计划的轨道内有存在和发展的余地”。[①]《共同纲领》确定了同样的原则。李维汉也在 1950 年 3 月的中共中央统一战线工作会议上的报告中强调：“在目前，要特别注意同民族资产阶级搞好经济上的合作，以巩固政治上的合作。”[②]毛泽东提得更明确：“对民族资产阶级，我们要通过合理调整工商业，调整税收，改善同他们的关系，不要搞得太紧张了。”[③]

从实际来看，人民政府利用和扶助私人资本主义经济发展的主要措施是两次合理地调整工商业，理顺公私关系和劳资关系，促进私人资本主义和整个新民主主义社会经济的恢复和发展。

一、第一次调整民族资本主义工商业

1950 年 4 月刘少奇就讲：“中央人民政府即将根据共同纲领与毛泽东主席的指示，采取一些具体办法来调整工商业与公私关系，使我们国家的经济生活在目前的条件下加以组织与计划，以便克服公私企业之间以及各企业部门之间许多尚未进入正轨的状态和无政府状态。对于那些有可能维持，又于国计民生有益，但是发生困难的私人生产事业，人民政府应该给以帮助。”[④] 1950 年 6 月进行了第一次调整资本主义工商业的工作。本来建国初期民族资本主义工商业普遍呈现衰落状态，为了帮助私人资本家渡过难关，人民政府采取了扶植有益于国计民生的资本主义工商业的措施，帮助民族资本解决原料、市场、资金和销售

① 《中国共产党第七届中央委员会第二次全体会议决议》，中央档案馆编：《中共中央文件选集》第十四册，中共中央党校出版社 1987 年版，第 592～593 页。

② 李维汉：《人民民主统一战线的新的形势与任务的报告》，中共中央文献研究室编：《建国以来重要文献选编》第一册，中央文献出版社 1992 年版，第 147 页。

③ 《不要四面出击》，《毛泽东文集》第六卷，人民出版社 1999 年版，第 74 页。

④ 《刘少奇同志在北京市庆祝“五一”劳动节干部大会上的演说》，1950 年 4 月 29 日。

等方面的困难，促使了有益的资本主义工商业在较短时间内得到了不同程度的恢复。但另一方面，生长于旧中国畸形经济状态下的某些不法私人民族资本家，仍然大做投机生意，猎取非法利润，这就破坏了国民经济的正常恢复和运行。对此，人民政府采取了加强征税，紧缩通货，稳定物价，打击投机资本等措施，同时在全国范围内改组了整个旧社会遗留下来的不合理的经济结构，建立了新的经济秩序。这些对从半殖民地半封建社会过来的资本主义工商业来说是很难适应的，于是就暂时地大量地发生了商品滞销、生产萎缩、关店歇业、工人失业、劳资纠纷等现象，敌人乘此机会大肆造谣破坏，同时资本家的思想也动荡不安，以致怀疑共产党领导城市经济工作的能力，其心境真可谓“望国旗五星不定，扭秧歌进退两难”。中国共产党及时洞察了这些情况，于1950年6月召开的七届三中全会上指出：由于新民主主义“革命胜利引起了社会经济改组。这种改组是必要的，但暂时也给我们带来很重的负担。由于社会经济改组和战争带来的工商业的某些破坏，许多人对我们不满。现在我们跟民族资产阶级的关系搞得很紧张，他们惶惶不可终日，很不满”。“为了孤立和打击当前的敌人，就要把人民中间不满意我们的人变成拥护我们。”①团结民族资产阶级“有利于劳动人民”。为此，“我们要通过合理调整工商业，调整税收，改善同他们的关系，不要搞得太紧张了”。② 同时，合理调整工商业，也是获得国家财政经济状况的根本好转必须具备的三个条件之一。所谓调整工商业，“就是说，在半殖民地半封建的国民经济轨道拆毁了之后，应该按照新民主主义的轨道，即共同纲领所规定的人民经济轨道来安排工商业问题。其中最突出的是三个基本环节：(一) 调整公私关系；(二) 调整劳资关系；(三) 调整产销关系”。③

在调整公私关系方面采取的主要措施：第一，国家通过对私营工商业的加工订货、统购包销、经销代销等方式解决他们的生产经营问题；

---

① 《不要四面出击》，《毛泽东文集》第六卷，人民出版社1999年版，第74页。

② 同上，第74～75页。

③ 陈云：《中华人民共和国过去一年财政和经济工作的状况》，1950年10月1日《人民日报》。

第二，划分公私阵地，即公私经营范围；第三，通过明确工缴货价，调整批零、地区及季节差价，使私人工商业者获得一部分利润；第四，合理调整税收。

在调整劳资关系方面，确定了以下三项基本原则：第一是必须确认工人阶级的民主权利；第二是必须首先从有利于发展生产出发；第三是解决劳资关系问题，必须用协商的办法，只在协商不成时，才由政府仲裁。私营工厂本着毛泽东提出的“劳资两利”的原则建立了劳资协商会议的组织形式，对调整劳资关系起了有益的作用。

在调整产销关系方面，着眼于克服资本主义工业生产的无政府状态，采取经济的和行政的办法，把私人资本主义企业逐步纳入国家计划轨道。让公私企业代表见面，协商解决产销关系中的问题，依据社会需要拟定各行业的产销计划，又按照公私兼顾的原则对公私企业合理分配计划任务。对私营企业的计划任务，很多也是通过加工订货的方式实现的。对确有困难的工商户，国家甚至动员职工群众自动降低工资（主要在上海、天津等大城市），解决了资本家在生产、销售等方面的具体困难。

采取上述措施的一个重要指导思想，是认为当时国营经济领导地位已经基本确定，“这个时候，国家经济的一个方面的任务就是如何使私人经济能‘得其所’”。[①] 在国家有益于民族资本的政策下，民族资本家们很快渡过了难关。濒临倒闭的私人企业起死回生，萧条冷清的私人商业日益繁荣，人民的购买力也得到提高，城乡经济异常活跃，财政经济状况好转，物价稳定。1950 年下半年，私人资本主义工商业均得到了很大程度的恢复和发展，私营工商业户从歇业多、开业少，转变为开业多、歇业少。据上海、北京、无锡、张家口等 10 个大中城市的统计，1950 年第二季度私营工商业开业 5 903 家，歇业 1.275 万家，歇业超过开业 6 847 家。但到 1950 年下半年，开业 3.267 4 万家，歇业 7 451 家，开业超过歇业 2.522 3 万家。[②] 1951 年私人资本主义工商业又有进一

① 中国国际贸易促进委员会编：《三年来新中国经济的成就》，人民出版社出版 1954 年版，第 70 页。

② 参见汪海波：《新中国工业经济史》，经济管理出版社 1986 年版，第 84 页。

步发展，与1950年比较，1951年全国“私营工业的户数增加了11%，职工人数增加了11.4%，产量增长了39%。1951年全国私营商业户数增加11.9%，从业人员增加11.8%，商品销售额增加33.6%，资金增加10.6%。”[①]总之，1951年，几乎所有私营工商业都获得了不少赢利，资本家称1951年是他们的“黄金时代”。

应该指出，由于对资本主义工商业有计划地采取加工、订货、统购、包销等初级的国家资本主义形式，这在一定程度上限制了资本主义企业的利润额和生产的无政府状态，使国家掌握了更多的工业品，用于国民经济的各个方面，这样国营经济的实力也得到加强，所以说，调整工商业不仅对民族资本有利，同时对国营经济领导地位的巩固也大有益处。所以，周恩来在批评企图挤垮和不鼓励私营工商业的做法时，认为“要把私营经济由大化小……不符合我们的政策。大的企业，你一挤，会跑到香港，小的，你一挤，就变成了一大批失业军”。“这算什么繁荣经济呢?”这“不反给我们找下了麻烦？就是从税收观点出发，也是不应该挤垮的，挤垮了，税收也没有了。杀鸡取蛋总不是办法”，“所以挤是不对的。不论大的或小的企业，今天社会都需要它”。他以北京为例，说北京，“现在把小摊贩管理好了，他们积极经营，给居民生活带来了很多方便。如果把他们挤垮了，人民群众也会有意见。因此，对这种社会性的、关系到广大人民利益的问题，我们必须慎重”。公私兼顾、劳资两利等“政策是不能取消的，否则，就不能达到发展生产、繁荣经济的目的”。“我们必须注意发挥它(指资本主义经济——引者注)的积极作用。”[②]陈云也说，1950年“我们做了很多工作，只有两个重点，一是统一，二是调整”。6月以前是统一财政管理，物价稳定了，夺取了市场领导权，但东西卖不出去了，6月以后调整工商业，才使市场活跃起来，经济形势好转，“只此两事，天下大定”。[③]

---

① 商业部商业经济研究所编：《新中国商业史稿》，中国财政经济出版社1984年版，第14页。

② 周恩来：《发挥人民民主统一战线积极作用的几个问题》，《周恩来统一战线文选》，人民出版社1984年版，第168～170页。

③ 《一九五一年财政工作要点》，《陈云文选》(一九四九——一九五六年)，人民出版社1984年版，第138页。

二、第二次调整民族资本主义工商业

1952年又进行了第二次调整民族资本主义工商业的工作。私营资本主义工商业恢复元气之后，其唯利是图的本性又恶性发作，尤其是一些不法资本家施放“五毒”（行贿、偷税漏税、偷工减料、盗窃国家资产、盗窃国家经济情报），向国营经济进攻。中国共产党和人民政府发动“五反”（反行贿、反偷税漏税、反偷工减料、反盗窃国家资财、反盗窃国家经济情报）运动，予以回击。不法资本家的“五毒”行为有所收敛，同时，民族资本主义工商业受到冲击，产值和营业额急剧下降。资本家对中国共产党和人民政府的政策产生了疑惑，生产经营的积极性也再次低落了，同时由于国营工商业部门的一些人只看到私营工商业不利于国计民生的一面，看不到他们有利于国计民生的一面，特别是对团结愿意合作的工商业资本家的必要性认识不足，滋长了盲目冒进的“左”倾情绪，过量地发展国营工商业和扩大经营范围，更加削弱了私营工商业的力量，于是则出现了公私关系、劳资关系和产销关系的紧张局面，影响了城乡物资交流，增加了社会失业人员，给人民生活和生产带来了诸多不利。

根据上述情况，1952年6月24日陈云代表国务院财政经济委员会在中华全国工商业联合会筹备代表会议上发表讲话，针对“五反”中和“五反”后出现的私人资本主义工商业的呆滞现象，具体提出了调整公私关系、劳资关系和产销关系的措施。根据中央人民政府的指示和陈云的讲话，当时采取了一些具体的调整办法：

在公私关系方面，主要是恢复和扩大了对私营工业的加工订货，具体规定了加工订货的合理利润以及规格等。这些规定推动了加工订货的发展。同时，在银行贷款和税收等方面也采取了一系列调整措施。从1952年6月份起，中国人民银行决定对私营工商业的放款利率由2.45分至3分降到1.05分至1.95分，同时还扩大了对私营工商业的放款额。

在劳资关系方面，有两种情况：一种是在一部分私营企业中是正常的，主要是大的企业；一种是在另一部分私营企业中，是不正常的，特别是在一些小的作坊和商店等。有的资方对检举他有“五毒”行为的职工进行报复，故有些职工被休职、休薪而失业了。也有一部分职工，向资方提出了过高的要求，使资方的营业遇到了一定的困难。而这些行为都是违反劳资两利、发展生产的原则的，都必须进行调整。经过调整，制止了资方对职工的报复行为，也使职工明确了向资方提要求绝不能超过企业的支付能力，资方财产不应侵犯。同时还明确了企业的经营管理权和人事调配权属于资方，但资方必须遵守政府法令，在可能限度内适当改善职工待遇。劳资双方应订立合同，若双方发生争议，须经劳资协商会议解决。

在产销关系方面，大力开展了城乡物资交流活动，调整了一般商品的地区差价和批发零售差价，国营零售仍以稳定市场为度，使正当的私营商业能够正常地参加物资交流活动，从而沟通了产销关系，推动了城乡之间的商品交换。如上海市，到1952年11月底，参加了275个地区的物资交流会，购销额达到2.9亿元，其中私人经营的占46.5%。

中共中央于1952年11月15日发布了《关于调整商业的指示》，对国营商业的快速发展，批发零售差价的缩小，以及经常利用政治上的有利条件对付私营商业等盲目冒进的倾向进行了严厉批判，重申了中国共产党的民族资产阶级政策，并制定了三项措施：第一，调整公私经营范围。具体做法是适当地缩减国营商业的零售店和零售业务；在农村不仅把一部分土产让给私营商店经营，而且把粮食和主要经济作物也让出20%至30%给私营商业经营。第二，扩大批发零售差价，调整地区差价和季节差价。第三，加强市场管理，取消对私营商业的各种不必要限制。由于这次调整的目的，主要是阻止国营经济发展过快和保证私营商业的营业额不下降，所以，这次调整充分体现了公私平等的原则。此外，在1952年6月，还召开了中华全国商业联合会筹备会议，筹备成立工商业的全国性组织，1953年10月中华全国工商业联合会正式成立了，它的成立不仅使各类工商业者有了自己的组织，加强了自身的力量，而且还统一了领导。

毫无疑义，上述措施对民族资本主义工商业的发展起了促进的作用。从1949年到1952年，虽然民族资本主义经济的增长速度从相对数字来看低于国营经济的增长速度，但其绝对数字却有很大的增长。仅从民族资本主义工业厂家来看，就由12.3万户增长到14.96万户，增长了21.6%；职工人数也由164万人增加到205.66万人，增长了25.1%；总产值由68.28亿元增长到105.26亿元，增长了54.2%。

经过两次调整工商业，使许多已经濒临倒闭或不景气的私营工商业得到了拯救（荣毅仁的工厂即是一例），使资本家对共产党和人民政府的态度由过去的谨慎观望逐渐转变为信任靠拢，他们情绪振奋，生产积极性高涨，很快使私人资本主义经济振兴起来。私人资本主义的振兴，一方面促进了整个国民经济的恢复发展，协助国营经济较好地满足了人民群众许多方面的生活需要；另一方面极大地提高了共产党和人民政府在社会上的威望，以及《共同纲领》在人们心目中的地位。这是中国共产党的利用、鼓励民族资本主义工商业正确政策的结果，是新民主主义社会制度优越于半殖民地半封建社会制度的有力证明，它在中国民族资本主义发展史上留下了灿烂辉煌、成绩斐然的一页。

第三节　消除资本家的历史痼疾

一、“五反”运动

中国共产党在对民族资本主义工商业实行利用政策的同时，还实行了限制的政策，主要是限制其不利于国计民生部分。因此，同不法资本家的损人利己、损公肥私、投机取巧的行为展开了斗争。当时采取的一个最主要行动，就是开展了“五反”运动。刚刚建国时，不法投机商就曾趁国民经济还未走上正轨之机，进行了囤积居奇、哄抬物价、扰乱金融市场的活动。[①] 对此，

---

① 当然，“这次币值下跌、物价上涨的主要原因，是政府的财政赤字庞大，因而钞票发行过多”。《发行公债弥补财政赤字》，《陈云文选》（一九四九—一九五六年），人民出版社1984年版，第34页。

中国共产党和人民政府采取了统一全国财政收支、统一全国物资调度、统一全国现金管理等措施，使用经济和行政相结合的办法，对投机资本予以打击，扭转了当时经济管理上的混乱局面和困难局势，给投机资本家一定的教训。同时，人民政府对整个私人资本主义工商业第一次采取了合理调整的政策，民族资本家恢复了元气，有了相当的发展。可是这时，一些唯利是图的资本家又显露了他们的恶劣本性。他们利用国家在抗美援朝期间需要大量的物资的时机，由 1949 至 1950 年的商业投机方式转而大肆采用行贿、偷税漏税、偷工减料、盗窃国家资财、盗窃国家经济情报等“五毒”办法来牟取暴利，对此如果采取熟视无睹的态度，不仅会对国家经济发展和人民生活以严重的危害，新生的人民民主政权受到破坏，而且民族资本主义工商业自身的积极作用很难发挥，买卖公平、合理合法的新的生产经营道德也难树立起来，所以，党中央和人民政府在 1952 年上半年开展了一场“五反”运动。这一运动的声势、规模则是新中国成立以后未曾有过的。通过这场运动，有力地打击了不法资本家的“五毒”行为，巩固了新民主主义社会经济制度。

1. 把握时机，充分准备

1952 年初正式开始的“五反”运动，是在镇压反革命、土地改革和抗美援朝三大运动开展的基础之上进行的，也是随着“三反”运动的深入而展开的。

当时开展“五反”运动，除了上面所说的“五毒”造成危害的原因外，也是由于中国共产党和人民政府充分估计了国家经济实力的雄厚，能够承担“五反”运动造成的某些经济后果。可以想象，没有强大的经济力量，单靠行政手段，也很难如此猛烈地向掌握许多重要工商行业的资本家展开进攻。中国共产党和人民政府一方面在经济上准备承担由于“五反”运动造成的后果，另一方面又在具体做法上进行多方面的准备，尽量避免由于“五反”运动而造成大的混乱和损失。“五反”开始时，有些大城市，对于各类工商户的情况极不明了，对如何分别对待这些工商户的策略、观点又不明确，工会和政府工作队（或检查组）的组织和训练甚为潦草，便仓促发动“五反”运动，引起了一些混乱。对此，毛泽东于 1952 年 1 月指示道：第一，“对付资本家须有准备，准备不好，不要动手”。第二，就是各城市准备条件不一致时，也不要同时动手。第三，又须有步骤，先组织若干强干的检查小组，向最顽抗而有确据的资本家实行检查，不查则已，查必破案。如此下去，两批三批四批和更多的检查破案。第四，这样便取得了经验，训练了干部，教育了大批中小资本家及一部分大资本家，促使他们坦白，同时动员工人店员实行检查。[①] 2月，毛泽东在批转中南局关于“五反”斗争策略和部署的报告时，再次“请各省委就省城的‘五反’加以精密研究……务使‘五反’在全国范围内不出大的偏差”，省城以外的中等城市，也“请各省委、区党委令各地委精心研究，请示批准，有计划地去做，只许做好，不许做坏”。[②] 紧接着，毛泽东于3月又指示：第一，县、区、乡现在一律不进行“五反”，将来何时进行及如何进行，中央另有通知；第二，个别已在县城试点进行“五反”者务须严格控制，不得妨碍春耕和经济活动；第三，中等城市不要同时一律进行“五反”，而要分批进行，并须在严格控制下进行。

遵照党中央的指示，各地又认真检查了“五反”准备工作，在检查资本家前，一般进行了组织力量、训练干部、交代政策、宣布纪律、介绍经验等工作，对资本家普遍摸底排队，掌握可靠材料，做到心中有数，反复熟悉政策、策略，预计各种可能遇到的困难，提出克服办法。有的地区还提前进行了“假想敌”前的实战演习，这样既建设和训练了队伍，也使各级指挥员检阅了队伍，总结了准备工作。

2. 严格明确政策界限

如何处理同民族资产阶级的关系，如何对待一些资本家的“五毒”行为，这是一项政策性很强的工作，搞得不好，就会影响中国共产党同民族资产阶级的关系，影响国家经济建设。薄一波当时说：“如果党没有正确而坚强的政策，就一定要搞乱。”[③]因此，中国共产党在“五反”中十分重视掌握政策界限，既不丧失原则性，又有极大的灵活性。“五反”运动是工人阶级同资产阶级的斗争，但它决不同于人民大众对三大敌

---

① 参见《毛泽东同志关于向资本家作斗争的指示》，1952年1月。

② 《毛主席关于城市“五反”斗争的指示》，中国人民解放军国防大学党史党建政工教研室编：《中共党史教学参考资料》第十九册，国防大学出版社1986年版，第465页。

③ 《薄一波同志关于上海“五反”运动中几个政策问题的报告》，1952年4月20日。

人的斗争，总的还应把它当作人民内部矛盾的阶级斗争处理。也不是要处理每一位资本家，矛头主要针对违法的资本家。对工商户的处理规定了五项基本原则："过去从宽，今后从严（例如补税一般只补一九五一年的）；多数从宽，少数从严；坦白从宽，抗拒从严；工业从宽，商业从严；普通商业从宽，投机商业从严。"[①]对于违法工商户，"各机关不得自由派人检查，更不得随便捉资本家到机关来审讯"，"均不得采用肉刑逼供方法，严防自杀现象发生"。[②]"五反"所要达到的目的，主要是：第一，彻底查明私人工商业底细，以利团结和控制资产阶级，进行国家的计划经济。第二，划清工人阶级和资产阶级的界限，纯洁工会，清除不法资本家出同业工会和工商联合会，使资产阶级的政治团体遵循《共同纲领》办事。第三，消灭投机商业，清除"五毒"，使整个资产阶级服从国家法令，经营有益于国计民生的工商业，逐渐扩大国家资本主义范围，既要使私人资本主义有利可图，又要使私人资本主义无法获得暴利。第四，逐步在一切大中等的私营企业中建立工人店员监督生产经营制度，在工人店员中建立党的支部，加强党的工作等。总之，"五反"的目的不是像土地改革消灭地主阶级一样，消灭资产阶级，而仅仅是打退不法资本家的进攻，取缔有害于国计民生的违法工商业和投机行为。

当然，斗争的目的也是为了团结。1952 年 3 月毛泽东约黄炎培谈话时说："这次运动是为了团结，斗争是为了团结，这次运动的成功，应该是增进了团结。"[③]只要资产阶级遵守《共同纲领》和政府法令，服从国营经济的领导，奉公守法，积极经营有益于国计民生的经济事业，与其他各种经济成分实行分工合作，仍可对国家的建设事业起很大作用，自身的发展前途仍很远大。这里的一个关键问题，是要正确看待资产阶级的作用，正确地掌握资产阶级的两面性。无疑，某些资本家的"五毒"须予坚决打击，但同时要注意保护和鼓励资产阶级的生产积极性，必须

---

① 《关于"三反"、"五反"》，《毛泽东文集》第六卷，人民出版社 1999 年版，第 197～198 页。

② 同上，第 199 页。

③ 《黄炎培传达毛主席对于中国民主建国会方针的指示》，中国人民解放军国防大学党史党建政工教研室编：《中共党史教学参考资料》第十九册，国防大学出版社 1986 年版，第 541 页。

贯彻一面清除"五毒",一面团结其在国营经济领导之下进行有益于国计民生的生产事业的政策。而且对大的工厂更要照顾,因为他们技术设备比较先进,产品量也较大,工人比较多。在退财补税问题上,也要贯彻恢复和发展生产的观点,退补的数量和退补的时间都应以有利于生产为前提。因为"五反"的目的,并不是要反掉资产阶级有利于生产的方面。应该说,这也是人民政府一贯的政策。"五反"丝毫不意味着人民政府对资产阶级的政策改变了,新民主主义社会性质改变了,或者说人民民主专政已经变成三个阶级的联盟了。"这是完全不对的",团结资产阶级的政策始终未变,仍是四个阶级的联盟,完全允许资产阶级合法存在,经营合法的工商业,赚取合法利润。陈毅对"五反"的目的讲得恰如其分,他说:"'五反'斗争只是消灭资产阶级中间危害国计民生的那些坏事……经过'五反',消灭了'五毒',才能使资产阶级在共同纲领和人民政府法令的范围内循规蹈矩的办事,才能使资产阶级老老实实地在工人阶级和国营经济的领导下,经营有利于国计民生的事业,使国家经济建设事业健康地向繁荣的道路发展,这就是'五反'运动的根本目的。"[①]他还批评道,有些不法资本家,散布说"人民政府今天'五反',明天就来个'七反''八反',今天反对资产阶级,明天就要反对小资产阶级了"。这纯粹为了淆惑视听,扰乱思想。人民政府对"五反"内容和界限规定得很明确,既不要缩小,也不要扩大。[②]

总之,既要让资产阶级感受到中国共产党的政策和原则的威力,又要看到自己的前途,正像毛泽东早在1950年就对民族资本家的代表、民主人士的代表当面宣布的一样:"只要人们(主要指民族资产阶级——引者注)在革命战争中,在革命的土地制度改革中有了贡献,又在今后多年的经济建设和文化建设中有所贡献,等到将来实行私营工业国有化和农业社会化的时候(这种时候还在遥远的将来),人民是不会把他们忘记的,他们的前途是光明的……只要谁肯真正为人民效力,

---

① 陈毅:《为争取"五反"运动底完全的彻底的胜利而斗争》,中国人民解放军国防大学党史党建政工教研室编:《中共党史教学参考资料》第十九册,国防大学出版社1986年版,第479页。

② 参见同上,第480页。

在人民还有困难的时候内确实帮了忙，做了好事，并且是一贯地做下去，并不半途而废，那末，人民和人民的政府是没有理由不要他的，是没有理由不给他以生活的机会和效力的机会的。”[①]可见当时中国共产党和人民国家开展“五反”运动的目的是十分明确的，给资本家勾画的蓝图也是蔚为壮观的。

3. 建立“五反”统一战线

“五反”运动是工人阶级反对不法资本家的大规模斗争，因此，首先必须联合工人群众、店员，在工人阶级内部必须做到统一，才能保证斗争的胜利，同时，又要利用资产阶级内部的矛盾，进行分化，团结多数，孤立少数，最大限度地缩小打击面，形成工人阶级同绝大多数资产阶级的统一战线。毛泽东要求：“在全国一切城市，首先在大城市和中等城市中，依靠工人阶级，团结守法的资产阶级及其他市民，向着违法的资产阶级开展一个大规模的坚决的彻底的反对行贿、反对偷税漏税、反对盗骗国家财产、反对偷工减料和反对盗窃经济情报的斗争。”“在这个斗争中，各城市的党组织对于阶级和群众的力量必须作精密的部署，必须注意利用矛盾、实行分化、团结多数、孤立少数的策略，在斗争中迅速形成‘五反’的统一战线……只要形成了这个统一战线，那些罪大恶极的反动资本家就会陷于孤立，国家就能很有理由地和顺利地给他们以各种必要的惩处。”[②]

工人阶级内部的统一是容易做到的，主要是在“五反工作队”的领导下，通过政策教育提高群众的思想水平，通过办理福利事业使工人感受到“五反”后有实际收获。这样，不法资本家的“五毒”就会被揭露，就失去了广大的市场。后来，毛泽东指出：从“五反”运动中，“看出群众力量的伟大，有许多工厂商店不法行为的揭发，全靠工人店员，我们值得重视”。[③]

---

① 《做一个完全的革命派》，《建国以来毛泽东文稿》第一册，中央文献出版社 1987 年版，第 416～417 页。

② 《关于“三反”、“五反”》，《毛泽东文集》第六卷，人民出版社 1999 年版，第 192～193 页。

③ 《黄炎培传达毛主席对于中国民主建国会方针的指示》，中国人民解放军国防大学党史党建政工教研室编：《中共党史教学参考资料》第十九册，国防大学出版社 1986 年版，第 541 页。

在发动工人群众的同时，团结中、小职员，争取高级职员和资本家的家属也非常重要，形成对揭露资本家违法行为的强大攻势，他们是运动中必须团结争取利用的一股力量。不法资本家的违法行为，一般又均有亲信的高级职员参与，家属也多知晓，只要向他们讲明政策，不咎既往，他们会与违法资本家划清界限的。对资产阶级也要分化瓦解，团结绝大多数资产阶级，形成工人阶级同绝大多数资产阶级的统一战线。毛泽东说："资产阶级大中小之间矛盾很大，我们打击百分之一左右的最反动资本家，又是着重打击投机商人而不是着重打击工业资本家，可能争取绝大多数资本家拥护我们，而不是怨恨我们，真正怨恨我们的只是极少数（百分之几）。"①中国共产党的"团结、斗争"政策在运动中发挥了巨大作用，分化了资产阶级内部，出现了进步、中间、落后和反动几部分，既推动了运动的胜利开展，又团结了绝大多数资产阶级。

为了进一步分化资产阶级，本着区别对待、分别处理的原则，在处理私人工商户时，将其划分为五类，即"守法的，基本守法的，半守法半违法的，严重违法的和完全违法的"。② 各地在掌握分类标准时，将违法所得数目和违法情节作为同等重要的条件，并将两者结合起来，加以详定。同时，还照顾到其他几个重要因素，如资本家一贯的政治态度，在经济生活中的作用等，而加以全面考虑。在划分政治上同共产党合作的资产阶级代表人物及若干大户，特别是大工业户的类别时，这一条更为重要。

工商户以五类分的结果"就大城市说，前三类约占百分之九十五左右，后两类约占百分之五左右"。③

中国共产党还本着"斗争从严，处理从宽"，应当严者严之，应当宽者宽之的原则，在具体定案处理时，对于基本守法户只退违法所得的一部分；对半守法半违法户只退违法所得而不罚款；对于严重违法户，除令其退出全部违法所得外，并视其情节轻重分别处以罚金；即使对于完

① 《毛泽东同志关于向资本家作斗争的指示》，1952 年 1 月。

② 《关于"三反"、"五反"》，《毛泽东文集》第六卷，人民出版社 1999 年版，第 198 页。

③ 同上，第 198 页。

全违法户，也采取了分别对待的办法，受到刑事处分的，据华东等五个大区67个城市和西南全区统计，只占1.5‰。至于没收财产方面，除判处无期徒刑以上同时应予没收财产者外，东北区只有两户判处没收财产。其他各地均没有此类案件。由此可见，把打击面限制到极少数完全违法户，政策是极为宽大的。毛泽东于1952年3月讲到民主建国会方针时说："五毒俱全的，完全违法的，一定不要；守法的及基本守法的要争取，半守法半违法的也要争取。要教育改造他们。"①这里体现了团结一切可以团结的资本家的思想。

4. 善始善终，减少后患

中共中央指出："为了好好结束这场斗争，必须反对两种倾向：一种是虎头蛇尾，草率结束……一种是只顾眼前的经济利益，不肯将计算过高的资本家违法所得的数目，合理地降下来，认真核实、正确定案。"严厉批评了"要求多罚、多补、多搞公私合营、多行没收的错误想法"，认为这是"不顾实际经济情况，以致严重忽略了今天继续团结和改造资本家进行生产使工人不致失业的重要意义"，要求"'斗争从严，处理从宽，应当严者严之，应当宽者宽之'，务要做到实事求是，合情合理"。② 在计算各类工商户违法所得数目时，坚持了可计算可不计算的概不计算，在解决退财补税和少数罚款问题时，坚持了罚款只限于少数，可罚可不罚的一定不罚，非罚不可的，也使其在罚款后，能继续维持生产和经商；个别补、退后生产经营有困难的，或推迟退款补税时间，或国家酌情给以帮助。退财补税是"五反"运动中最后体现中国共产党对资产阶级的政策问题，因而要慎重处理。各地都采取了一些灵活的变通办法解决退财补税问题。像上海"五反"结束后，整个工商户须退补金额达10万亿元(旧人民币)(不包括罚款)，而上海私人资本总值包括动产与不动产在内约为50万亿元(旧人民币)，1951年的盈利是8万亿元(旧人民币)，除所得税及抗美援朝捐献5万亿元(旧人民币)，很明显，退补这样大的

① 《黄炎培传达毛主席对于中国民主建国会方针的指示》，中国人民解放军国防大学党史党建政工教研室编：《中共党史教学参考资料》第十九册，国防大学出版社1986年版，第541页。

② 《中共中央关于争取"五反"斗争胜利结束中的几个问题的指示》，1952年5月20日。

数目资本家是一下拿不出来的。中国共产党上海市委员会没有教条式地进行这项工作,而是根据资本家的实际偿还能力以及在政治上经济上都做到有利,大体按照二二六的比例解决退补问题,即现款偿付 20%左右,退而不出转为公股实行公私合营或公股私营 20%左右,其余 60%左右则记账分期偿还。这样做既可得到实际利益,又对维持生产有利,政治上站得稳,社会上同情,资本家无话可说。中央批准了这一做法,并让各地仿行。[①] 中央还针对"五反"中各地追算过远,折价过高,计算范围过广,以致过高地计算了资本家违法所得等错误做法,连续发了多次指示,要求各地重新计算定案,征求资方意见,把原估数目作适当降低。对资本家的"账外资财"不应强制归账,由资本家自己处理。中央还对退补方式等许多细节问题作出了有利于资本家恢复生产的原则规定,这些原则,"亦显示出'五反'斗争主要不是为了搞几个钱,而是为了改造社会。"[②]

中国共产党的宽大政策确实感动了一些资本家。有的资本家说"这是做梦也想不到的宽大","愁眉苦脸变成了喜眉笑脸","'五反'等于上了一次大学,进了一次医院,满身的疮毒治好了"。总之,"'五反'运动的结束处理工作,各地一般都做得很好,确实体现了中央宽大与严肃相结合的方针,达到了清除'五毒',加强国营经济领导的目的"。[③]

为了不使"五反"运动过多地影响城市生产和人民正常生活,从开始到实际结束"五反"运动仅用了四五个月的时间。10 月 17 日,廖鲁言向中共中央作了《关于结束"五反"问题的报告》,提出"为使小城市和大集镇的工商户安心经营,以促进城乡交流和经济生活的进一步活跃,而避免影响秋后旺季的市场活动,建议凡尚未进行'五反'的城镇,今后一般地不再搞'五反'运动"。[④]《报告》得到了中央的同意。这样 5 月以后

① 参见《薄一波同志关于上海"五反"运动中几个政策问题的报告》,1952 年 4 月 20 日。(中央批转)

② 《中共中央关于争取"五反"斗争胜利结束中的几个问题的指示》,1952 年 5 月 20 日。

③ 廖鲁言:《关于结束"五反"运动和处理遗留问题的报告》,中共中央文献研究室编:《建国以来重要文献选编》第三册,中央文献出版社 1992 年版,第 391 页。

④ 同上,第 392 页。

推迟进行“五反”的地区，后来实际就没有再进行。中央的这一决策当时相当明智果断的。

二、“五反”运动的历史教训

我们把反对“五毒”行为当成了“我们国家究竟是要走向社会主义还是要走向资本主义这样根本性质的问题”；[①]把“五反”运动搞成了反对整个资产阶级的严重的阶级斗争，其规模之宏大、程度之激烈是空前的。当时认为不取得“五反”斗争胜利，“就有亡党亡国亡头的危险”。[②]由于不适当地将反“五毒”行为的斗争升格，所以在取得收获的同时，也发生了扩大化的问题。主要表现是：

第一，打击面过宽。没有把个体经营者同民族资本家加以严格区分。不少守法户、基本守法户、半守法半违法户均是个体工商业者、服务行业的个体户。

第二，运用战争年代对待阶级敌人的阶级斗争运动的形式斗争资本家，这是不妥当的。对于经济问题，甚至经济犯罪，主要应当通过法律程序、经济手段加以解决，用加强管理、监督和引导的方法，使私营工商业按国家要求办事。即使集中一段时间开展打击经济违法活动，也要注意掌握活动的性质、规模、后果等。

第三，具体方式方法存在问题。一个是用逼供信的方法，随便扣留资本家进行审讯，隔离交待问题。有的连续几夜不让资本家回家，什么时间“交待”清楚什么时间放人，有的地方利用资本家整资本家，往往出现品质不好但敢整人的不法资本家整老实本分资本家的是非颠倒的怪现象。另一个是用专政手段逮捕了一些资本家。有的资本家被拘押了许多年之后，对其处分仍未解决，造成了许多遗留问题。“五反”后，资本家纷纷翻案，要求复查。到了1954年中央专门作了《关于处理五反

---

① 薄一波：《为巩固“三反”、“五反”运动的伟大胜利而斗争》，中国人民解放军国防大学党史党建政工教研室编：《中共党史教学参考资料》第十九册，国防大学出版社1986年版，第536页。

② 同上。

运动遗留问题的指示》，对各类遗留问题的处理办法又作了具体规定。

以上问题的出现，带来了某些副作用。主要表现在两方面，一方面资本家因在政治上和经济上受到打击，而对自己的前途丧失信心，消极观望，甚至故意躺倒，所以在"五反"运动期间和以后，出现了失业增多，成品积压，物价下跌，市场萧条，城乡交流不畅，公私关系和劳资关系都很紧张等情况；另一方面在部分工人、干部中蔓延了一种很值得注意的"左"的情绪。

为什么会产生扩大化呢？

第一，在运动初期由于中央在指导思想上过于急躁，所以，要求各地限期推开运动，并对"五毒"给以严厉打击，而没有具体的政策配套，这是一方面的原因。另一方面，具体主管部门存在"左"的指导问题。像统战部当时提出"火烧工商界、打劫民进会"的极左口号，引起混乱；中宣部在运动初期，发出的多是反对"五反"运动中右倾错误的指示（例如《关于西安"群众日报"发生右倾错误给西北局宣传部的指示》，1952年2月23日），而很少强调防"左"。这就出现了一个奇怪的现象，运动初期反右，运动后期反"左"，这种"左"右不定极不协调的政策自然会产生不良后果。

第二，用土地改革中对待地主的某些斗争形式对待资本家，用战争年代对待敌人的群众性轰轰烈烈的阶级斗争运动的方式来解决经济问题，必然存在一定的局限性，有许多无法避免的问题。邓小平在谈到西南"五反"前工商界的动态时说：无论大小城市的工商界，都存在等待"五反"过关的情绪，"五反"的提出和开展都会影响资本家们经营的积极性。"五反"对经济有所影响，必须迅速使之恢复正常状态。① 这里隐含着"五反"影响了资本家的生产经营积极性和影响了经济建设的意思。毋庸置疑，资产阶级的"五毒"必须清理，同时生产也必须发展，资产阶级也还必须团结。由于这两方面的原因，以及我们处于和平经济建设年代，所以我们应该尽量避免使用纯粹的行政手段强力推行一场

---

① 参见《邓小平同志关于"三反"、"五反"、土地改革和经济工作等问题的报告》，1952年3月15日。

大规模的阶级斗争运动，来达到我们的政治经济目的，而应该按照客观的经济规律法则办事，主要采用经济手段，辅之以行政措施，来解决经济建设中的问题，这样就不至于出现难以控制的局面和留下无法治愈的后遗症，影响正常的经济活动和人民的日常生活，而当时恰恰没有这样考虑问题和处理问题。私营经济的某些弊病一出现，就手忙脚乱，无以应对，最后还是借用阶级斗争运动的老方式对付私人资本主义经济这一新问题，其副作用众所周知。这是一条必须汲取的经验教训。

第三，在处理“三反”与“五反”的关系上有不当之处。我们往往把党内的贪污、浪费、官僚主义问题算到整个资产阶级身上，把党内有问题的大贪污犯统统说成是资产阶级的典型代表、资产阶级腐蚀的结果。更有甚者，许多地方只听贪污分子“揭发”资本家的一面之辞，未做认真的全面的客观的调查研究就去揪斗有关的资本家。例如，全国各地派人前去上海找“三反”材料，有许多地方自己传讯上海的资本家，并扣留在机关内或旅馆内斗争。被传讯的资本家达 1 000 户，还有 250 名资本家被逮捕。其结果，不但问题仍未搞清，而且引起 222 名资本家自杀。对此，薄一波严肃指出：“‘三反’所提供的材料只能给‘五反’作参考，而不能作为依据……否则机关老虎可以乱咬资本家，而资本家亦可以乱咬干部。”①

第四，把形势估计得过于严重，把资产阶级的消极作用和“五毒”行为也看得过于严重，以致以为整个资产阶级向共产党和人民民主专政发起了猖狂进攻，所以将施“毒”者的范围扩大化。资产阶级的“五毒”行为是由资产阶级唯利是图的本性使然，只要资产阶级存在，只要有商品经济，这些问题就不可避免，这是题中应有之义，但他们并不一定要达到什么政治企图，而且严重施“毒”者也只是极少数不法资本家，他们才是主要斗争对象，但他们代表不了整个资产阶级；投机倒把、偷税漏税、盗窃国家经济情报等不法行为外国的资本家也屡见不鲜，甚至极少数的国营企业也有这类行为；此外，这类行为与中国没有“文明经商”的传统也不无关系。因此，不能简单地将不法资本家进行的某些违法活

① 《中共中央批转薄一波同志关于上海“五反”运动中几个政策问题的报告》，1952 年 4 月 24 日。

动看成是整个资产阶级向工人阶级的猖狂的政治经济进攻，而应把主要的斗争对象限于投机不法资本家。更何况民族资产阶级与工人阶级同属于人民范畴的，是四个阶级联盟中的两个成员，严格说来，他们两者之间当时并不存在根本利害冲突，尤其在工人阶级掌权的情况下，更不存在像工人阶级同官僚资产阶级那样你死我活的阶级斗争，他们两者在一些问题上有矛盾、有斗争是十分正常的，不足为怪的，但绝不能夸大这种矛盾和这种斗争的性质，不然贻害无穷。对此问题本文后面有专门详细分析，在此就不多述了。

正是由于"五反"运动带来了许多副作用，中共中央才及时果断地停止了这场运动，并发出许多补充指示，重新规定了许多政策界限，要求各地复查对资本家的定案，"五反"后又采取了调整工商业的措施，这才挽回了一些政治的与经济的损失。

当然，我们指出"五反"运动中出现的一些问题，并不意味着从根本上否定这场运动，无疑这场运动揭露了许多资本家的"五毒"行为，狠狠打击了不法工商业者的猖狂进攻，不法资本家的行为因此有所敛迹，特别是在私营企业里成立了增产节约委员会、建立了工人对生产的监督，资本家的"三权"(人事调配权、经营管理权、利润分配权)有所削弱，这就增加了对资本家制约的环节，使其难以再施"五毒"。这场运动治理了社会环境，扭转了社会风气，起到了移风易俗的社会改革的效果，从而增加了广大人民群众和广大干部抗腐蚀的免疫力和警惕性，加强了工人阶级和国营经济的领导地位，巩固了新民主主义社会制度。

第六章

新民主主义社会的政治、经济、文化

第一节　新民主主义社会的政治

——共参国政、长期合作的党派关系

中国新民主主义革命的胜利，是无产阶级联合各民主阶级长期共同奋斗的结果，代表无产阶级以外的各民主阶级利益的民主党派，与无产阶级的政治代表中国共产党有着不同程度的联系和合作共事的关系。由于旧中国经济、政治关系错综复杂，民族资产阶级先天不足、十分软弱，主要产生于抗日战争后期和全国解放战争初期的各民主党派，都不是单一的资产阶级政党，而是几个阶级或阶层的政治联盟，随着革命走向全国性胜利，它们先后由联共转为拥共，并为创建中华人民共和国贡献了力量。这段共同奋斗的历史，奠定了建国后共产党领导下多党合作政治格局的基础。

对待民主党派的政策，实际是正确对待无产阶级以外的各民主阶级问题的自然延伸。毛泽东和中共主要领导人反复强调，既然中国的各民主阶级参加了无产阶级领导的新民主主义革命，使得中国的各民主党派都和中国共产党有着长期合作、共同奋斗的光荣历史，那么，就不能设想进入了和平建设时期，共产党反而就不能同其他民主党派、党外人士继续合作奋斗了。如果认为，只要有一个共产党，问题就都可以解决了，这是一个简单化的想法，这样做必然使执政党的目耳闭塞起来，多一个监督，做起事来总要小心一点，谨慎一点，事情自然办得好一点。毛泽东不是把各民主党派当作暂时存在的一个社会现象，而是认

为它们存在于新民主主义社会直至社会主义社会的整个历史过程之中。他还把各民主党派的存在提到了政治体制的高度来认识，亦即常常讲到的共产党领导的多党合作制是中国新民主主义社会政治制度的一个优点和特点。正因为如此，中国共产党的七届二中全会的决议要求："我党同党外民主人士长期合作的政策，必须在全党思想上和工作上确定下来，我们必须把党外大多数民主人士看成和自己的干部一样，同他们诚恳地坦白地商量和解决那些必须商量和解决的问题，给他们工作做，使他们在工作岗位上有职有权，使他们在工作上做出成绩来。"[①] 1949 年 4 月周恩来也指出："中国新民主主义政治是四个阶级合作的……过去因为环境不同，我们不在一起，今天既然到了统一的环境，就可以大家一起来干。非共产党人也照样能工作，甚至做得更好。"[②]

1950 年 3 月李维汉在中共中央统一战线工作会议上作的《关于人民民主统一战线的新的形势与任务》的报告中，充分论述了如何处理与民主党派统一战线工作的问题。他说，第一，统一战线工作是中国共产党的总路线和总政策的重要一部分，它与共产党的其他各种工作紧密相连。第二，在政权机关中，统一战线的主要内容是建立党与非党人士合作的正确关系。第三，为此，要解决两个中心思想，一是与党外人士沟通政策观点，二是使他们有职有权。第四，在实际政策方面，党外人士与我们不可避免地会发生原则分歧或有不同意见，处理的办法是积极协商，耐心倾听，然后加以认真分析，正确地接收过来。不妥当的，加以解释，错误的加以批驳，既不怀成见，也不因人废言。第五，党外人士既然担当了一定的职务，即享有与其职务相当的权利，履行与其职务相当的责任，这不仅要在工作中同党外人士商量一切应该同他们商量的问题，取得大多数人的协议，然后付诸执行，而且要在共产党员和党外人士之间进行必要而适当的分工，并主动地帮助党外人士做出成绩来。第六，如果发现党外人士有缺点错误，应从团结的愿望出发，给以诚恳

① 《中国共产党第七届中央委员会第二次会议上报告》，《毛泽东选集》第四卷，人民出版社 1991 年版，第 1437 页。

② 《关于和平谈判问题的报告》，《周恩来选集》上卷，人民出版社 1980 年版，第 325 页。

的适当的批评，并帮助他们改正，只有这样，才能既搞好团结，又搞好工作。第七，一切政策的通过和执行，必须经过行政部门，党组织不应该代替行政机构直接处理行政事务，否则，党外人士势必无事可做，都是违背工人阶级和党的立场的，必须予以改正。

周恩来在政府工作中也特别强调和非党人士沟通政策思想，做到“一份职务，一份权利，一份责任，三者不可分离”。要求共产党员首先尊重非党人士的职权，在他们的职权范围内，使他们有可能与闻一切应该与闻的事情，同他们商量一切应该商量的事情，向他们报告和请示一切应该报告和请示的事情；同时，还要积极地帮助他们能够履行责任，做出成绩。

总之，处于国家政治、经济领导地位的中国共产党，真诚地希望和切实重视与各民主党派的合作，因为这一合作对于新中国的建立和巩固有极重要的意义；中国共产党也是严肃负责地解决实际工作中有关民主党派的一系列问题的，因为这些问题有碍于民主党在国家机关和社会生活中的作用的发挥。

这一切表明，中国共产党以外的中国各民主党派，从一开始就不是作为在野的反对党存在，而是作为参加共和国奠基并参与执政的政党和政治派别在国家政权中占有重要地位。这样一种崭新的政治格局，不仅反映了四个阶级联合专政的新民主主义国家政权的特色，而且充分体现了共产党与各民主党派参政、议政的特点。从第一届中国人民政治协商会议的组成上看，除共产党外，有民主党派、无党派民主人士和各种团体共 45 个单位 600 多人。在选出的政治协商会议第一届全国委员会的 6 位正副主席中，有 4 名是民主党派人士和无党派人士。由政治协商会议产生的中央人民政府的 6 位副主席中，有 3 名是民主党派及无党派民主人士。在 56 名政府委员中，有 25 名是民主党派及无党派民主人士。在人民革命军事委员会 5 位副主席中，有一名是民主党派。在政务院的 4 位副总理中，民主党派及无党派人士占 2 名。在政务院 21 名委员中，民主党派及无党派民主人士有 10 名，在政务院下属 30 个机构的 93 个负责人中，民主党派和无党派民主人士有 42 名。在地方人民代表会议及其选出的地方人民政府中，民主党派也都占有一定的比例。这样“既保证了无产阶级对国家政治生活的坚强领导，又体现了统一战线的广泛性”。

除了在政权机关拥有相当比例的代表，各民主党派还通过政治协商会议的形式，参与国家大政方针的协商决定并监督其实施。中央人民政府有关法律、法令及重大方针，虽然都是首先由中国共产党创议，但均须经过人民政治协商会议全国委员会或其常委会讨论审议，提出补充修改意见，然后提交中央人民政府或政务院进行必要的修改并讨论通过，再正式颁布实施，这样就在决策程序上发挥了各民主党派参政、议政的积极作用。

同时，各民主党派还通过他们的成员代表，对国家行政事务的日常管理进行了直接地参与和监督，并广泛参加了国家和社会的各项重大政治活动。中央人民政府也注重在各方面支持担负政府机构负责人的民主党派成员的工作。陈云主持的中央财经委员会，一向坚持要各部部长汇报工作，并不因民主党派人士担任部长就有所不同，如水利部就要傅作义作报告，轻工业部就要黄炎培作报告。当时政务院会议每周一次，有关文件均交民主人士审议，一些指示、法令也让他们参与修改。毛泽东在与民主党派合作共事方面身体力行，每周总要安排几次与民主人士的谈话，周恩来特别指出：“这对于研究中国社会，吸取党外人士的好意见，改进工作，都是有益的。我们应该养成同党外人士经常接触的习惯。”①在建国初期的三大运动之中，中国共产党的这一良好传统和作风得到了充分的体现。

在土地改革运动中，共产党和人民政府充分认识到，只有建立起全社会各界人民的反对封建主义的统一战线，才能减少阻力，促进这一深刻的社会民主改革的顺利进行。可是，各民主党派虽然赞同孙中山提出的“耕者有其田”的口号，但由于历史的原因，他们之中有些人就是从地主之中演化来的，有些人既是工商业者又兼地主，或是地主兼工商业者，还有少数是从地主阶级分化出来的开明士绅和爱国主义将领，这些人同地主阶级都有着不同程度的联系，有的关系还相当密切。许多人

---

① 《在中共中央统战部举行的茶话会上的讲话》，《周恩来统一战线文选》，人民出版社 1984 年版，第 204 页。

对土地改革怀有不同程度的疑虑，甚至持很大保留或抵触态度。解决这些人的思想问题，是建立反封建统一战线的重要条件。

在1950年6月为土地问题专门召开的中国人民政治协商会议第一届全国委员会的第二次全体会议上，一些民主人士发表了对土地改革的不同意见表露出他们害怕群众斗争的情绪，幻想“和平土改”。有的甚至说“地主养活人民”，“地主和佃农相依为命，谁也离不开谁”，“地主的好处不能一笔抹杀”，“土改偏差很大”，“斗争过火”，等等。中共中央领导人在会议过程中对这些错误言论和思想进行了耐心说服教育工作，特别约请各民主党派、无党派民主人士和一些从地主阶级中分化出来的爱国民主分子代表的爱国人物，征求意见，座谈协商，统一思想。在分组会和大会上，展开批评和自我批评，用事实说话，晓之以理，在《共同纲领》的基础上达到认识的一致。中国共产党的一些与会同志，对上述错误言论进行了辩驳。爱国主义将领傅作义和程潜也用自己的耳闻目睹证明基层干部的艰苦朴素、公而忘私的作风。通过以上工作，民主人士基本上分清了是非，统一了认识，会议通过了土地改革法草案。中国国民党革命委员会主席李济深、中国民主同盟主席张澜等民主党派的领导人纷纷在会上发言，宣布拥护土地改革法草案，号召其成员为完成土地改革而奋斗到底。中国国民党革命委员会成员刘文辉、卢汉等一些爱国起义将领也在会上郑重表明了拥护土地改革的态度，愿意放弃本阶级的利益来服从全国人民的利益，不仅做到军事上的起义，而且更要做到阶级上的起义。毛泽东在会议闭幕式上讲话，肯定了民主人士对土地改革法草案的态度，认为不管从哪方面说，各阶层人士都应赞助土地改革，并把土地改革当作考验每个中国人(实际主要指民主人士)的一个“关”。他说：“战争和土改是在新民主主义的历史时期内考验全中国一切人们、一切党派的两个‘关’。”“战争一关，已经基本上过去了，这一关我们大家都过得很好，全国人民是满意的。现在是要过土改一关，希望我们大家都和过战争关一样都过得很好。”[①]这次会议

① 《做一个完全的革命派》，《建国以来毛泽东文稿》第一册，中央文献出版社1987年版，第415～416页。

解决了民主党派上层人物的思想认识问题,通过他们去做本党派成员的工作,反封建统一战线很快就建立起来。

为了把反封建的统一战线工作真正落到实处,中共中央早在1950年1月就根据党外人士的意见公布了各地进行土地改革的时间表;土地改革法颁布以后,各民主党派要求派人参加土改工作,中共中央、中央人民政府专门就此向各地方党委和政府发出指示,指出各民主党派派人参加土改一般是希望对土改有所尽力,并使他们的党员在实际斗争中得到考验和教育故应给以热诚的欢迎和积极的帮助。对他们的意见要虚心的听取,凡正确的均应采纳,不正确或错误的,则给以解释。

为了让民主人士能直接看到和听到各级领导(上至大行政区下至乡)几个方面(上至雇农下至地主)的情况和意见,了解土改的真实情况,毛主席特别强调要让民主党派和民主人士前去参观视察土地改革运动,他在1950年1月召开的第二次全国统战工作会议上同各中央局、大城市党委统战部的同志谈话时说,民主人士到各地区去视察,各地不要以此为累赘。让他们去听听农民的诉苦,看看民主的欢喜,我们有些什么缺点和错误,也可以让他们看看,这是一件有益的事情。在中国共产党和人民政府的支持协助下,各民主党派及其在各地的组织抽掉了大批人员参加或视察土地改革运动,他们一方面帮助农民进行翻身斗争,另一方面通过斗争提高了自己的政治觉悟。到1952年春季,仅北京和天津就有各界民主人士七千多人参加和参观各地土地改革工作。各界人士组成的土改工作团、参观团受到各地中共组织的重视,他们对土地改革工作也起到了促进作用。

针对一些地区在土地改革中发生的过分伤害高级民主人士的家属和亲友,有损同民主人士的统一战线的现象,中共中央和人民政府特作出规定,对于民主人士(特别是高级民主人士)和爱国军官,在土地改革中必须有意地予以特殊照顾或宽大处理,绝不可以不加区别地把他们与一般反动地主和反动军官一样看待,对于上述这些人的家属,除在政治上予以适当照顾外,在经济上应留给必要的生活资料,不得把他们"扫地出门",他们在城市中的财产,一般应以保留,不得没收等。这些规定无疑是有助于争取民主人士,巩固统一战线的。

在镇压反革命运动中，同样注重实行民主性、公开性原则，不搞关门主义，不是公安机关单独办案，而是吸收各界民主人士参与运动。由于当时的情况相当复杂，镇压反革命的工作稍有不慎就会牵一发而动全身，引起各界民主人士的误解。因此，毛泽东要求："判处死刑一般须经过群众，并使民主人士与闻。"[①]邓小平则严肃指出："吸收党外人士参与镇压反革命工作，经验证明这样做有利无害，不这样做是错误的。"[②]北京市大胆试验了这种做法，结果证明效果很好，对此，毛泽东指出："由北京的经验看来，民主人士和资产阶级是可以取得他们拥护的，只要我们的工作做得好。"[③]其实，这样做对于稳定和团结民族资产阶级及中上层民主人士、知识界人士，对于巩固统一战线和扩大镇压反革命的宣传，都有很好的作用，这样一来，不仅使民主人士亲眼目睹反革命分子的残暴，亲身经受群众斗争的教育和锻炼，而且对于克服在镇压反革命中的草率粗糙的作风，不按法律程序办事的做法，避免工作中的失误，也有不可忽视的检查监督作用，所以，在以后的镇压反革命运动中，一般都坚持采取吸收民主人士参与其事的正确方法。此外，中共中央还规定了在镇压反革命中要对高级民主人士家属给予照顾和宽大处理，以及对涉及民主党派、民主人士爱国分子问题慎重处理的政策。这种做法符合中国共产党的区别对待的原则，争取了民主人士，有利于统一战线的团结，减少了不必要的社会波动，保障了其他工作的顺利进行。

抗美援朝运动也注重发挥了民主党派的作用。抗美援朝之初，各民主党派和民主人士表现了爱国热忱，但有一部分人有崇美、恐美和亲美思想。中共中央十分慎重对待这些问题，在决定抗美援朝的问题上，同各民主党派和无党派民主人士的代表多次进行协商座谈，征求他们的意见，打消他们的疑虑，使他们最后都同意出兵援朝。这样，在取得

① 《中共中央政治局扩大会议决议要点》，《建国以来毛泽东文稿》第二册，中央文献出版社1988年版，第127页。

② 《邓小平同志六月十一日在中央局委员会上的报告要点》，经中央批准。

③ 《关于同意上海市委镇反计划给饶漱石的电报》，《建国以来毛泽东文稿》第二册，中央文献出版社1988年版，第192页。

意见一致的基础上，于1950年11月4日共同发表了《各民主党派联合宣言》，指出“帝国主义的侵略野心是无止境的”，而“中国全体人民团结一致，保卫家乡，保卫祖国，保卫和平的坚强意志，是无论如何也不能摧毁的”。宣告“祖国各民主党派誓以全力拥护全国人民的正义要求，拥护全国人民在自愿基础上为着抗美援朝保家卫国的神圣任务而奋斗”。以后，各民主党派、民主人士和爱国的工商业人士积极地参加到抗美援朝运动中来。1950年11月30日，天津市工商界举行声讨美军示威游行。毛泽东听到这一消息后立即复电给予赞扬，号召“全国工人、农民、知识分子及工商业家，凡属爱国者，一致团结起来，反对美帝国主义的侵略”。“希望全中国一切爱国的工商业家，和人民大众一道，结成一条比过去更加牢固的反对帝国主义侵略的统一战线”，取得反帝斗争的胜利。许多爱国的工商界人士和民主人士纷纷捐款捐物捐飞机，从1951年6月开始掀起全国性捐献武器的热潮。仅一年时间，捐献额即达55 650亿元（旧人民币），可买战斗机3 710架，涌现了大量动人的事迹和人物。

实践证明，共参国政、长期合作的党派关系的存在和发展，非但没有削弱中国共产党的领导和人民民主政权，相反，大大加强了工人阶级及其政党的领导地位，使民主党派人士情绪高昂，才尽其用，努力为新民主主义社会的政治经济文化建设贡献力量，从而显示了中国共产党领导的多党合作制度的优越性。

第二节　新民主主义社会的经济

——“分工合作、各得其所”的经济格局

迅速恢复和发展国民经济，是巩固新民主主义社会制度的基础条件。这里重要的是按照《共同纲领》，从经济范围、原料供给、销售市场、劳动条件、技术设备、财政政策、金融政策等几个方面，对社会经济结构中的各种经济成分进行有效的调节，使之在国营经济的领导下“分工合

作，各得其所”，共同促进整个国民经济向前发展。

建国伊始，旧中国的社会经济被逐步引上新民主主义经济的轨道，其中最首要的是在经济结构中树立社会主义性质的国营经济的领导地位。随着全国的解放，老解放区为数不多、规模不大的供应企业成为地方国营企业的来源之一；被没收的2 800多家官僚资本企业通过内部的民主改革，也改变为国营企业。抗美援朝战争爆发以后，鉴于美国政府宣布管制中国在美国管辖区内的公私财产，中国政府被迫采取相应措施，对美国在华资产实行管制，并根据局势的发展通过征用、代管、征购等方式，将美国和其他一些外国在华投资企业逐步收归人民政府所有，转变为国营企业。这样，国营经济的力量迅速壮大，很快就集中了国民经济中近代化的大工业、大部分近代交通运输事业和银行金融业，在国家的支持下，掌握了社会生产力最先进最强大的部分，基本控制了有关国家经济命脉和足以操纵国计民生的重要经济部门，成为整个国民经济中的领导成分和领导力量。

对旧的官僚资本企业进行民主改革和生产改革，打碎了旧企业内部的资本主义剥削关系和残存的封建压迫关系，确立了劳动者在国家和企业中的主人翁地位，初步实行了企业的民主管理和按劳分配原则。新型生产关系的建立，调动了工人群众的积极性，促进了全民所有制工业生产的迅速恢复和发展。据统计，从1949年到1952年，全民所有制工业的产值由36.8亿元增长到142.6亿元，其增长速度比其他经济成分要高得多。到1952年，全民所有制企业在全部工业总产值中的比重也有了显著的上升，由1949年的26.2%上升到41.5%。①

随着全民所有制工业生产的不断发展，国家财政收入也逐步转变为建立在国营企业提供的税利基础上。1952年全民所有制企业所交款额占国家财政总收入的比重，由1950年的33.4%上升到58.1%。

与此同时，国营商业也有了较大的发展。国家首先建立健全了中央贸易部及其所属15个专业总公司，形成了全国性的商业企业管理系统，并由它们统一管辖国内贸易和对外贸易。国营对外贸易从接管海

① 参见国家统计局编：《中国统计年鉴（1984年）》，中国统计出版社1984年版，第194页。

关后最初占进出口总值的 66.5%，到 1952 年进一步增为 93%左右。在对内贸易方面，国营商店由 1950 年底的 8 000 个增加到 1952 年底的 3.2 万个。这样，从上到下形成了包括商业行政部门、企业管理机构和经营机构的一套国营商业系统，为做好商业工作，加强市场的宏观调控，在组织上奠定了基础。到 1952 年，国营商业已控制了很大一部分社会产品的流通过程，基本上掌控了市场价格，并通过加工进货、价格政策等手段来调节资本主义经济和个体经济的生产，使其为繁荣国家经济和提高人民生活服务。

总之，经过三年国民经济恢复时期，国营经济在工业和商业两方面都获得迅速发展，它在国民经济中的领导地位日益巩固。

由于中国的资本主义经济微弱，现代化的大生产缺乏，所以，细小分散的个体经济在整个国民经济中一直占有很大比重。1949 年，它在工农业总产值中约占四分之三。就农业来看，国营农场和富农经济的比重极小，人民生活必需品和农副土特产品，绝大部分是个体农民所生产。就工业来看，个体手工业的从业人员约 700 万人，其产值为 32.2 亿元，占工业总产值的 23%。还有一些从事装卸搬运的个体劳动者，也占有一定的比例。在商业方面，个体经营的小商小贩从业人员约有 650 万人，他们在活跃经济、填补国营经济的空白，方便人民群众生活方面，具有不可代替的作用。经过国民经济恢复时期，个体经济的面貌发生了一些变化。

首先，个体经济一方面有了很大的发展，另一方面在工业总产值中的比重有所下降。在国营经济扶持下，个体经济发展较快，1952 年与 1949 年相比，农业总产值增加了 48.4%；手工业总产值则增长了一倍多，接近新中国成立前最高年产值。尽管如此，由于国营经济的增长速度更快，所以，1952 年个体手工业在工业总产值中的比重下降为 20.6%，整个个体经济在工农业总产值中的比重下降到三分之二左右。

其次，个体经济接受了国营经济的领导。由于国营经济控制了金融和重要商品市场，土地改革后的个体农民和手工业者逐步摆脱了投机商人和高利贷的剥削，而向国营经济靠拢。当时，国营经济与个人经济的关系，主要是通过国家收购其产品、供应其原料，并以价格对其生产经营活动加以调节。在这一商业关系中，供销合作社和信用合作社是个体经济与国营经济结合的重要形式。供销合作社是个体农民与个体手工业者在流通领域内自愿联合起来的集体组织，当时发展很快。1950 年到 1952 年，它的社员由 2568 万人增加到 1382 万人，股金由 0.27亿元增加到 2.24 亿元；建立了 12 万个固定零售店，4 万个货摊和零售店；其零售额，由原来的 8.1 亿元增为 50 亿元，增长 5 倍多；在零售总额中的比重，也由 6.7%上升为 23.8%，为活跃城乡经济作出了贡献。信用合作社是个体农民自愿把分散的基金适当地集中起来，以解决生产和生活困难的集体金融组织，从 1950 年到 1952 年也获得一定的发展，在国家银行支持下，这些集体金融组织帮助农民解决资金困难，限制高利贷剥削，引导农民按国家需要发展生产，成为搞好国家财政金融工作的得力助手。

另外，许多个体农民为了脱贫致富，开展了生产互助。土地改革以后，农民的个体生产积极性大大调动起来，渴望尽早发家致富。但大部分个体农民的经济条件还十分脆弱，还配不起一套生产工具，生产资金尤为短缺。特别是遇到天灾人祸，有的农户就要破产。因此许多贫困的农民有几家联合进行生产互助的要求，在一些老解放区农村中已经出现大批临时的季节性互助组和比较固定的常年互助组。这种初级的生产互助合作形式，并不改变农民的生产资料个体所有制，主要在人力、畜力方面的调剂，或以大农具和耕畜为中心，进行人力与农具、耕畜换工，其特点是土地私有、分散经营、调剂劳动、等价交换，大体适合当时农村的生产力水平和一部分农民组织起来克服生产困难的要求，因而在一些地区有了较大的发展，但在全国范围内发展却极不平衡。初级互助合作与农村中广大的个体经营相互并进，共同促进了农业生产的恢复和生产。

随着土地革命的完成，农村经济得到恢复和发展，原来的贫农大部分经济状况上升到了中农水平，而富农经济则在土地改革中受到了限制，有一部分下降到中农的经济地位。这一升一降都向中间集中，致使土地革命已经完成的农村中开始出现中农化趋势，原来意义上的贫雇农逐渐减少。一部分经济上升较快的农民，过去因缺乏生产工具和耕畜而成立互助组的要求已经减弱，出现要求退出互助组，依靠有所提高的个体经济能力劳动致富的倾向。这种形式的变化，提出了如何把互助合作运动推向前进的问题。1951 年 4 月，中共山西省委在一个报告中认为互助组涣散的原因是农民的自发的资本主义倾向，提出要在互助组内增加公共积累，采取按劳力、按土地两个标准分红，并逐渐增加按劳分配的比重，不断增加社会主义因素，逐步动摇削弱直至否定私有制。中共中央华北局批评山西省委的看法和党在新民主主义时期的政策及《共同纲领》的精神是不相符的，提出目前面临的主要问题，是如何充实互助组的生产内容，以满足农民进一步发展生产的要求，而不是逐步动摇私有制。

刘少奇极为重视山西省委的报告所提出的问题。5 月 7 日，他在中国共产党第一次宣传工作中，针对山西省委的意见指出，“我们中国党内有很大的一部分同志存有农业社会主义思想。这种思想要纠正，因为仅仅依靠农村的条件不能搞社会主义，农业社会化要靠工业”；“单用着一种十家八家组织的农业合作社、互助组的办法，使我们中国的农业直接走到社会主义化是不可能的，那是一种空想的农业社会主义，是实现不了的”；“现在的那种农业合作社，个别的可以组织，而且要在完全自愿的基础上”，农民自己搞了，“也是有一些好处的，不要反对。但是以为目前组织合作社就可以改造中国农业，使个体的小农经济，走上社会主义农业去，那是幻想”。① 7 月 3 日刘少奇将山西省委的报告在党内转发，并在批语中尖锐批评了党内一些同志对土地改革以后农村经济发展中出现的自发势力和阶级分化所表示的害怕，提出试图通过把互助组提高到农业生产合作社，去“战胜农民的自发因素”，去逐步动摇、削弱直至否定私有基础，这是“一种错误的、危险的、空想的农业社会主义思想”。②

刘少奇的意见，主要基于中共七届二中全会决议关于合作社是以

---

① 中华人民共和国国家农业委员会办公厅编：《农业集体化重要文件汇编（1949—1957）》上册，中共中央党校出版社 1981 年版，第 31～32 页。

② 同上，第 33 页。

私有制为基础的精神，主张应该从充实生产经营内容入手巩固和提高互助组，反对单纯着眼于分配方式，不顾条件地提高按劳分配的比例的平均主义思想以及过早动摇私有基础，强行试办、推广农业生产合作社的倾向。这些意见和毛泽东关于农业社会化的步骤必须与工业的发展相适应的观点是相互一致的。但由于对土地改革后农村形势的变化认识不同，刘少奇的主张在党内引起了意见分歧，特别是受到毛泽东的批评。1951 年 9 月，中央召开了全国第一次互助合作会议，通过了根据毛泽东的意见起草的《中共中央关于农业生产互助合作的决议（草案）》。决议草案肯定了以土地入股、集体经营、按劳力和土地分红的初级农业生产合作社，是从互助组到更高级的社会主义集体农庄之间的过渡形式，认为初级社解决了互助组所不能克服的集体劳动和分散经营的矛盾，通过统一经营可以逐步克服小农经济的弱点；由此提出了根据生产发展的需要与可能的条件而稳步前进的方针以推动农业生产互助合作的发展。

这个决议草案一方面把发展农业生产合作提上了日程，另一方面比较客观地分析了农民在土地改革基础上所发扬起来的生产积极性，即个体经济的积极性和劳动互助的积极性，认为这两方面的积极性都是迅速恢复和发展国民经济和促进国家工业化的基本因素之一，指出农民对个体经济的积极性是不可避免的，在发展互助合作运动当中，要表示关心和适当地照顾在目前还占很大数量的个体农民，才有可能使他们在将来逐步加入互助合作组织。这个决议以草案的形式下发各级党委实行之后，各地的互助合作运动迅速地发展起来。到 1952 年底，全国有 40%左右的农户参加了互助合作组织，其中互助组有 803 万个，初级农业生产合作社3 600个。

建国初期，私人资本主义经济在整个国民经济中占有相当的比重。1949 年，“全国有资本主义工业 12 万 3 千余家，职工 164 万余人，占全国工业职工总数的 54.6%，生产总值占全部工业总产值的 63.2%”。“私营商业，1950 年共有 402 万户，占全国商业总用户数的 98.4%，商品销售额占全国商业机构批发额的 76.1%，零售额的 85%”。[①] 这些数

① 孙健：《中华人民共和国经济史稿》，吉林人民出版社 1980 年版，第 88 页。

字表明，私人资本主义经济在新民主主义社会经济中占有相当重要的地位，的确是一种不可忽略的力量。

建国头三年，私人资本主义经济经历了两次较大范围的工商业调整，这主要是人民政府根据经济形势的变化，按照《共同纲领》的要求，鼓励和扶持有益于国计民生的私营工商业，使它能“得其所”，充分发挥繁荣经济的作用。

1950 年初，投机资本的猖獗活动被打下去以后市场物价趋于平稳，持币抢购的虚假购买力消失，囤积居奇的投机商不得不大量抛售货物，造成商品滞销；在社会经济改组中，一些过去依赖帝国主义供给的原料、半成品失去了来源；一些行业中工厂企业在竞争中盲目生产，造成某些商品生产过剩，供过于求。多方面因素带来的市场形势的变化，使私营工商业的生产经营发生了严重的困难，商品滞销，资金周转不灵，引起工厂关门，商店歇业，失业工人剧增。从 1 月到 4 月，全国 14 个城市有 2 009 家工厂关门，在 16 个城市中有 9 300 多家商店歇业，仅 3 月至 4 月，全国新增失业人数约 100 万人。这一严重情况由上海、天津等大城市迅速波及中小城市，造成经济生活新的紊乱。

私营工商业者不了解这种困难局面是旧中国不合理的经济结构弱点在新形势下的大暴露，是新旧经济结构交替中不可避免的阵痛，因此思想上动荡不安，以致怀疑共产党领导城市经济工作的能力。为了扭转这一局面，中共七届三中全会提出了调整城市工商业的任务，把它作为争取国家财政经济状况基本好转的必要条件之一。毛泽东在谈到缓和同民族资产阶级的紧张关系时指出，在处理私人资本主义经济的关系问题上，要“有所不同，一视同仁”。所谓“有所不同”，即国营经济是社会主义性质的，居于领导地位，与私人资本主义和其他经济成分都不同，要加以区别；但是在其他问题上要按《共同纲领》办事，公私一样看待，有公无私是不对的。实际上，缓和了同资产阶级的关系，也就缓和了同相当一部分失业工人的紧张关系，即私营工厂正常开工可以解决就业问题。

从 6 月份起，在各城市开始了调整工商业工作，其实质，就是“半殖民地半封建的国民经济轨道拆毁了之后，应该按照新民主主义的轨道来安排工商业的问题”。其中最关键的三个环节，即调整公私关系；调整劳资关系；调整产销关系。

在调整公私关系方面，采取的主要措施是：第一，国家通过对私营工商业的加工订货、统购包销、经销代销等方式解决他们的生产经营问题；第二，划分公私阵地，即公私经营范围；第三，通过明确公缴货价，调整批零、地区及季节差价，使私营工商业者获得一部分利润；第四，合理调整税收。

在调整劳资关系方面，确定了以下三项基本原则：第一是必须确认工人阶级的民主权利；第二是必须首先从有利于发展生产出发；第三是解决劳资关系的问题，必须用协商的办法解决，协商不成，由政府仲裁。私人工厂本着毛泽东提出的“劳资两利”原则建立了劳资协商会议的组织形式，对调整劳资关系起了有益的作用。

在调整产销关系方面，着眼于克服资本主义工商业生产的无政府状态，采取经营的和行政的办法，把私人资本主义企业逐步纳入国家计划轨道，让公私企业代表见面，协商解决产销关系中的问题，依据社会需要拟定各行业的产销计划，又按照公私兼顾的原则对公私企业合理分配计划任务。对私营企业的计划任务，很多也是通过加工订货的方式实现的。对确有困难的工商户，国家甚至动员职工群众自动减低工资（主要在上海、天津等大城市），解决了资本家在生产、销售等方面的困难。

采取上述措施的一个重要指导思想，是认为当时国营经济的领导地位已经基本确定，“这个时候，国家经济的一个方面的任务就是如何使私人经济能‘得其所’”[①]在国家有益于民族资本的政策下，民族资本家们很快渡过了难关。濒临倒闭的私人企业起死回生，萧条冷清的私人商业日益繁荣，人民购买力也得到提高，城乡经济交流趋于活跃，财政经济状况基本好转，物价保持稳定。1950 年下半年，私人资本主义工商业均得到了很大的恢复和发展，“据上海、北京、无锡、张家口等十个

① 中国国际贸易促进委员会编：《三年来新中国经济的成就》，人民出版社 1954 年版，第 70 页。

大中城市的统计，1950 年第二季度私营工商业开业 5 903 家，歇业 1.275万家，歇业超过开业 7 451 家。但到 1950 年下半年，开业 3.267 4 万家，歇业 7 451 家，开业超过歇业 2.522 3 万家。”①1951 年私人资本主义工商业又有进一步发展，与 1950 年比较，“私营工业的户数增加了 11%，职工人数增加了 11.4%，产量增长了 39%。1951 年全国私营商业户数增加 11.9%，从业人员增加 11.8%，商品销售额增加 33.6%，资金增加 10.6%。”②总之，1951 年几乎所有私营工商业都获得了不少赢利，资本家称 1951 年是他们的“黄金时代”。

应该指出，由于对资本主义工商业采取了加工、订货、统购、包销等国家资本主义形式，就在一定程度上限制了资本主义企业的利润额和生产的无政府状态，使国家掌握了更多的工业品用于国民经济的各个方面，这样国营经济的实力也得到加强。这就是说，调整工商业不仅对民族资本有利，同时对国营经济领导地位的巩固也大有益处。所以，周恩来批评企图挤垮和不扶持私营工商业的做法。陈云也说，1950 年“我们做了很多工作，只有两个重点，一是统一，二是调整。”6 月以前是统一财经管理，物价稳定了，夺取了市场领导权，但东西卖不出去了；6 月以后调整工商业，才使市场活跃起来，经济形势好转，“只此两事，天下大定”。③

私人资本主义工商业恢复元气以后，其唯利是图的本性又重新发作，尤其是一些不法资本家施放“五毒”(行贿、偷税漏税、偷工减料、盗窃国家资产、盗窃国家经济情报)，向国营经济发起反限制的斗争，大大超出了《共同纲领》所允许的范围，中国共产党和人民政府发动“五反”(反行贿、反偷税漏税、反偷工减料、反盗窃国家的资产、反盗窃国家经济情报)予以回击，以使整个资产阶级服从国家法令，经营有益于国计民生的工商业；在国家划定的范围内，发展私人工业，使资本家既有利

① 汪海波：《新中国工业经济史》，经济管理出版社 1986 年版，第 84 页。

② 商业部商业经济研究所编：《新中国商业史稿(1949—1982)》，中国财政经济出版社 1984 年版，第 14 页。

③ 《一九五一年财政工作要点》，《陈云文选》(一九四九——一九五六年)，人民出版社 1984 年版，第 138 页。

可图，又无法牟取非法暴利。经过“五反”斗争，不法资本家的“五毒”行为有所收敛。但由于对经济领域的斗争采取了不适当的群众运动方式，特别是把少数资本家的不法行为夸大为整个民族资产阶级对工人阶级的“猖狂进攻”，从而导致民族资本主义工商业受到很大冲击，产值和营业额急剧下降。资本家对中国共产党和人民政府的政策产生了疑惑，生产经营的积极性也再次低落了。同时，由于一些国营工商业部门只看到私营工商业不利于国计民生的一面，看不到他们有利于国计民生的一面，特别是对长期愿意团结合作的工商业资本家的必要性认识不足，滋长了盲目冒进的“左”倾情绪，过量地发展国营工商业和扩大经营范围，进一步削弱了私营工商业的力量，于是又出现了公私关系、劳资关系和产销关系的紧张局面，影响了城乡物资交流，增加了社会失业人员，给社会生产和人民生活带来了诸多不利。

中央人民政府对资本主义工商业进行的第二次调整工作就是针对这些情况开展的。

经过两次调整工商业，使许多已经濒临倒闭或不景气的私营工商业得到了拯救，使资本家对中国共产党和人民政府的态度由过去的疑虑观望逐渐变为信任靠拢，很快使私营工商业振兴起来。这一方面促进了整个国民经济的恢复发展，协助国营经济较好地满足了人民群众许多方面的生活需要；另一方面大大提高了共产党和人民政府在社会上的威望，以及《共同纲领》在人们心中的地位和威信。这是正确实行鼓励、扶持私营工商业的新民主主义经济政策的结果，是新民主主义经济结构和格局适应生产力发展需要的有力证据，它在新中国经济史上留下了成绩斐然的一页。

总之，随着对旧中国社会经济结构的重大改组，多种经济成分在国营经济领导下分工合作，各得其所的崭新经济形态在全国范围确立，到1952年，中国形成了典型的新民主主义社会经济形态。这种经济形态适应中国落后的生产力水平，使国民经济得到迅速地恢复和发展，到1952年底，农业生产和工业主要产品的产量均达到或超过了历史水平，原来十分薄弱的工业基础有所加强，城乡市场和物资交流十分活跃，人民的物质文化生活水平也有一定的提高。这一切，使新民主主义社会获得了一个初步巩固的经济基础。

第三节　新民主主义社会的文化

——导向新轨道的思想文化

新民主主义社会制度的巩固，需要有相应的思想文化基础。这就要求在思想文化领域将旧中国的文化教育事业以及精神生活、观念形态，逐步引上新民主主义的轨道，新中国成立以后，中央人民政府特别成立了文化教育委员会，专门协调思想文化新旧转换方面的工作。

旧中国的文化教育事业处在帝国主义、地主阶级和官僚资产阶级的控制下，其文化教育内容渗透着大量封建、买办和法西斯主义的毒素，必须加以彻底清除。另一方面，旧的文化教育事业中又含有一些可供利用的科学文化知识、公共事务的管理制度和经验以及反动势力扼杀不掉的民族民主因素，这些因素在新民主主义的政治条件下加以发挥和利用就使批判旧文化、建立新文化具有了现实的可能。根据《共同纲领》的规定，发展民族的科学的大众的文化教育，是从改革旧的学校教育制度和旧有社会文化事业入手的。

首先，为了清除长期以来的帝国主义文化侵略的影响及其在华势力对文化教育事业的控制，人民政府结合抗美援朝运动，对接受外国津贴及外国人投资经营的文化、教育、救济机构及宗教团体，进行了整顿和清理。对于其中半数以上接受美国津贴的机构和组织，采取了逐步接办的方式，使之同美帝国主义完全脱离关系，变成中国人民自己的事业；对于接受其他国家津贴的则进行登记，允许其在服从人民政府的法律和严格管理的条件下继续存在。在接办一些教会学校的过程中，注意限于解决教育的主权问题，而继续保障和尊重教职员工及学生的宗教信仰自由和宗教课的设置。

在文化艺术事业方面，着重清除有反世界和平、反人民民主，违反中华民族利益等内容或者有宣传淫猥色情、封建迷信、凶杀恐怖等内容的报纸、书刊、影片、戏剧等。同时，大力提倡和发展人民的文学、艺术和喜剧电影事业，在“推陈出新”的方针下，奖励启发人民的政治觉悟、鼓励人民劳动热情的优秀文学艺术作品和其他思想文化成果。

在学校教育方面，废除反动的训导制度及国民党“党义”等反动课程，调整或改变不适当的课程设置、教学内容和教学方法，开设“新民主主义论”等政治课程；改变反动统治下劳动人民没有受教育机会的状况，解决教育为工农大众开门的问题，兴办工农教育并在全国城乡大规模推广识字扫盲运动，逐步改变文化上愚昧落后的面貌。高等教育的发展方向，要求在内容、制度、方法等各方面，密切配合国家的经济、政治、国防和文化的建设，首先是适应经济建设的需要。

在新闻出版方面，建设了全国统一的新华通讯社以及统一发布重要新闻的制度；在各地普遍建立广播收音网，要求报纸和宣传工作要适应全国逐步转入以生产建设为中心任务的情况，以首要篇幅报道人民生产劳动的消息，并在报纸刊物上公开展开对于各项工作中的一切错误和缺点的批评和自我批评，以防止执政党党员和人民政府工作人员中的骄傲情绪和官僚主义作风。出版事业则要求以为人民大众的利益服务作为工作的基本方针，并本着统筹兼顾、分工合作的原则，调整公私出版社之间的关系，逐步消除书籍、杂志出版和发行工作的无组织、无政府状态。

在科学研究工作方面，成立中国科学院，把在反动统治下报国无门、陷于工作和生活困境的科学工作者组织起来，调整和充实各类研究机构，规定学术研究与实际需要密切配合的方针，使科学研究真正服务于国家建设。在医疗、卫生、体育等方面，也根据需要和可能做了大量的工作。

经过上述的调整和改革，新中国的文化教育、新闻出版、科研卫生等项事业初步剔除了帝国主义、封建买办阶级文化统治遗留的毒素和影响，开始走向民族的、科学的、大众的新民主主义文化建设的轨道。

对旧有文化教育事业的改革，使在这些部门工作的知识分子经历了一场前所未有的精神改造。从旧社会走过来的知识分子大约有200多万人，由于长期遭受外国侵略，欺凌和压迫，大多是爱国的，并随着革命不断走向胜利，由民族思想、爱国思想发展到争取民族解放和为社会服务的思想。新中国成立以后，广大知识分子摆脱了帝国主义和国民党反动派的控制，大多采取了拥护共产党、拥护人民政府的立场。但是，由于社会历史的原因，其中的情况也很复杂，主要是有不少知识分子受欧美资产阶级民主自由的思想影响，崇拜资本主义国家的政治制度和经济制度；在一部分人中，亲美、恐美、崇美还比较严重，不少人缺乏正确的阶级和阶级斗争观念，同封建主义划不清界限，个人主义、自由主义和宗派主义意识比较浓厚，存在着理论脱离实际的倾向，为谁服务的问题也有待解决。

新中国的成立，为知识分子逐步克服旧社会带来的各种不良的思想影响创造了有利条件。如同毛泽东在《论人民民主专政》一文中所指出："有了人民的国家，人民才有可能在全国范围内和全体规模上，用民主的方法，教育自己和改造自己，使自己脱离内外反动派的影响（这个影响现在还是很大的，并将在长时期内存在着，不能很快地消灭），改造自己从旧社会带来的坏习惯和坏思想。"[①]在这方面采取自愿的方式进行自我教育和自我改造，而不是强迫的方式。为了使知识分子队伍的思想状况，适应新民主主义社会各方面建设的实际需要，中共中央提出了争取、团结和教育与改造知识分子的方针，通过组织学习马克思列宁主义毛泽东思想，参加抗美援朝，土地改革，镇压反革命等实际斗争，帮助知识分子不断提高思想认识和政治觉悟，让他们为社会为国家贡献自己的知识才能。

知识分子的思想改造，首先是从北京、天津各高等学校教师的学习运动开始的。1953 年 9 月下旬，周恩来在京津各校教师的学习会上作了《关于知识分子的改造问题》的报告，他结合自己的革命经历和思想改造的切身体验，着重阐述了知识分子进行思想改造的必要性，强调思想改造是应着重解决立场问题和态度问题，要通过学习和改造，找到为绝大多数人民的最高利益着想的人民立场上来，并努力争取进一步站到工人阶级立场。他提出知识分子的多数"在旧社会生活过较长时间，

① 《论人民民主专政》，《毛泽东选集》第四卷，人民出版社 1991 年版，第 1476 页。

会带来很多旧的东西，要求一下子把旧的影响肃清，这是不可能的。只有在不断的斗争中，才能求得进步”。“我们的知识分子，大部分是从地主阶级或资产阶级家庭出身的，不能要求他们一下子就站到工人阶级立场上来”，但是知识分子历来有爱国的思想，民族的思想，“这是一个好的起点”，“可以从这个立场上前进”。对国际国内形势的态度问题，“我们历来主张靠自己的觉悟”，不能勉强，应该允许对新生事物有一个怀疑和观察的过程，“怀疑并不等于对立”，“观察的态度是积极的”。总之思想改造不能“一下子要求很高、很快，这是急躁的，不合乎实际的。应该由浅入深，循序渐进”。[①] 接着，全国各地的大、中、小学的教师相继开展了思想改造的学习运动。

10月23日，毛泽东在全国政协一届三次会议上，强调了知识分子思想改造的重要性，他指出，在文化教育战线和各种知识分子中以批评和自我批评的方法广泛开展自我教育和自我改造运动，是值得庆贺的新气象，思想改造首先是各种知识分子的思想改造，是我国在各方面彻底实现民主改革和逐步实行工业化的重要条件之一。11月下旬，北京市文艺界整风学习动员大会，要求文艺工作者进行文艺方向问题的学习和讨论，以推进思想改造和改进工作。随后全国文艺界以及科技界都开展了思想改造运动，并迅速推及整个知识界。

这次知识分子的思想改造运动，从目的、政策和批评、自我批评的方法上说，是必要的、正确的。通过思想改造，在大多数知识分子中清除了帝国主义、封建、买办思想的影响，缩小了资产阶级思想的阵地，初步树立了为人民服务的思想，明确了工人阶级思想的领导地位。在运动过程中，鉴于从旧社会原封接收的文化教育部门干部队伍不纯的问题尚未解决，所以在知识分子思想改造的后期又转入了组织清理阶段，在弄清知识分子的政治历史问题上取得了一些成效，并在一定程度上纯洁了知识分子队伍。但是，由于采用运动的方式来解决思想性质的问题，尽管有“民主与说服”、“批评与自我批评”、“由浅入深、循序渐进”等政策要求，却难以避免简单粗暴、武断生硬的弊病。党内一些干部对

---

① 《关于知识分子的改造问题》，《周恩来选集》下卷，人民出版社1984年版，第60～70页。

知识分子的面貌正在发现显著变化的状况缺乏正确的估计，对知识分子的偏见并未消除，以致许多地区和部门发生了把思想问题简单化的偏差，采取所谓“脱裤子”、“割尾巴”等错误做法，使思想的自我改造带来很大程度的强制性，伤害了相当一部分知识分子的感情。另外，把思想改造和组织清理作为一个过程的两个阶段结合进行，也使思想问题和政治问题常常混淆，以致造成对一些知识分子的组织处理上不应有的偏差。

特别是在知识分子思想改造进行之中，毛泽东发起了对电影《武训传》的批判。随之而起的猛烈的政治批判和对武训其人查三代、乱上纲的做法，给电影界和文化教育界造成强烈的冲击，思想领域的政治批判夹杂着过火的做法，又与知识分子思想改造中的简单粗暴偏差互为补充，增加了知识分子思想改造中的政治压力和精神负荷，使思想改造不能按照预先规定的目的、政策和方法正常发展，也给电影和艺术的创作以及教育改革带来了消极的影响。特别是这些偏差都在某种程度上违背了新民主主义社会需要几万万人民的个性解放和个性发展的初衷，从而使思想文化建设走上新民主主义轨道发生了一些波折。

知识分子思想改造中出现的偏差，说明了建立新民主主义文化的艰巨性和复杂性。在政治上同民族资产阶级联盟、经济上存在多种经济成分的条件下，思想文化作为这种政治、经济状况在观念形态上的反映，交织着许多矛盾，有其多样化的内在要求。因此，思想文化的新旧转换必须谨慎，既要有马克思主义的科学领导，又要有明确的阶级性划分，更需要做长期的准备，不能用粗暴的方法去强制转变。对此，毛泽东曾有清醒的认识，他在七届三中全会的报告中明确指出，“改造知识分子，不要过于性急。企图用粗暴的方法进行改革（指文化教育改革——引者注）的思想是不对的”；“观念形态的东西，不是用大炮打得进去的”，要缓进，要用“十年到十五年的时间来做这个工作”。他还指出，全国 28 所教会学校不要在里头教“猴子变人”。[①]

---

① 中共中央党校党史教研室资料组编写：《中国共产党历次重要会议集》下册，上海人民出版社 1983 年版，第 8 页。

周恩来动员知识分子思想改造的报告同样体现了这样一种重要的认识。刘少奇则进一步提出，在思想战线上，党内党外要区别对待。1951年5月，刘少奇在中国共产党第一次全国宣传工作会议上的报告中指出："在党内，只承认一种思想是合法的就是无产阶级思想，马列主义。在党外，非无产阶级，非马列主义的思想，还是合法的。但是要批评，指出他的错误。"他还就思想战线上的阶段性要求作了说明："用马列主义的思想原则，在全国范围内和全体规模上教育人民，是我们党的一项最基本的政治任务。"然而，用马列主义的观点教育人民，"首先就要肃清帝国主义的思想和封建主义的思想。对于资产阶级、小资产阶级、农民阶级的思想体系，即非马列主义、非无产阶级的思想哲学，要批评但不能肃清"。因为新民主主义社会阶段还允许资产阶级、小资产阶级和农民经济的存在，并使他们得到发展，这就必须承认他们思想的存在与合法；这些思想在现阶段也有它好的一面，但它们的思想体系是不正确的，"所以，我们要肃清帝国主义思想、封建主义思想，批评一切非无产阶级的思想，这样才能确立马列主义——工人阶级思想的领导权"，"才能保证工人阶级在政治上、经济上取得胜利，保证马列主义在中国的胜利"。① 他还指出，在人民中间还有许多旧观念，特别是封建观念，要从思想上、理论上批驳它，而我们在这方面的工作包括报纸、刊物都做得很少。

这些论述的出发点，在于注重旧的观念形态赖以存在的经济基础，承认新民主主义社会中非无产阶级思想、非马列主义思想存在的客观性、合法性及其合理性的一面，主张慎重对待观念形态的转变问题。正是基于这一认识，中国共产党和人民政府着重从正面提倡用科学的历史观点，研究和解决历史、经济、政治、文化及各种国际国内事务，使思想界能够通过实践和比较，自觉自愿地为历史唯物主义的立场、观点和方法所吸引，从而逐步接受马克思主义的正确指导。这样，实际上也就缩小了资产阶级唯心主义思想发生作用与影响的范围。对于资产阶级本身，也要通过鼓励其成员在经济、政治及社会活动的实践中，逐渐认

① 《党在宣传战线上的任务》，《刘少奇选集》下卷，人民出版社1985年版，第82～83页。

识社会发展的规律，将其思想行为方式纳入《共同纲领》所允许的范围之内，并不在《共同纲领》规定的限度之外提出别的过高要求。

1952 年 1 月至 3 月，中共中央宣传部主办的理论刊物《学习》杂志，在 1、2、3 期连续发表了带有严重错误的批判资产阶级思想的理论文章。这些文章的共同倾向是对民族资产阶级在新民主主义革命和建设中的一定地位和作用，不加分析，一笔抹杀，实质上否定了民族资产阶级在新民主主义阶段还存在两面性，主张“敲响资本主义的丧钟”，严重违反了党的路线和政策。经毛泽东修改由中共中央批转的中央宣传部关于《学习》杂志错误的检讨报告，指出这一错误的思想根源在于，把在文教部门和国家机关工作人员中，用马列主义的思想体系进行教育，以消除资产阶级的思想影响，以及用《共同纲领》去改造资产阶级的不合于《共同纲领》的“五毒”思想，“这两件事混同为一件事，即把后者混同于前者……不允许资产阶级有自己的任何思想，这些都是不合现实的，不合马克思主义观点的，而且是幼稚可笑的”。[①] 在这里，中共中央和毛泽东注重把马克思主义的政治教育和理论宣传，同新民主主义社会阶段的路线、政策紧密结合，而与将来实行的社会主义转变严格加以区别。即使批判资产阶级思想，也仅限于资产阶级那些不合于《共同纲领》即新民主主义行动纲领的思想，一切把对资产阶级思想的批判，同消灭私人资本主义和资产阶级直接联系起来的倾向和做法，都是错误的，必须加以纠正。

为了进一步澄清思想理论战线上的混乱认识，1952 年 3 月经毛泽东修改的中央统战部的一个文件强调指出：在新民主主义时期，即允许资产阶级和小资产阶级存在的时期，如果要求他们合乎工人阶级的立场和思想，其结果不是造成混乱，就会逼出伪装，这是对统一战线不利的，也是不合逻辑的。毛泽东同意文件的提法，还进而表达了这里的意见：在允许资产阶级和小资产阶级存在的时期内，不允许资产阶级和小

---

① 《中央批转中央宣传部陆定一同志关于〈学习〉杂志错误的检讨报告》，中国人民解放军国防大学党史党建政工教研室编：《中共党史教学参考资料》第十九册，国防大学出版社 1986 年版，第 483 页。

资产阶级有自己的立场和思想，这种想法是脱离马克思主义的，是一种幼稚可笑的思想。在三反和五反中，我党已有些党员产生了这种错误的思想，应予纠正。

总之，这一时期思想文化的演变，呈现了比较复杂的情况。一方面，在马克思列宁主义的科学指导下，党从主导思想上是比较注重新民主主义社会条件下观念形态转变的渐进性和阶段性的，注意把握各类社会成员中不同的心理承受力和实际觉悟程度，注意通过实践发展增强马克思主义和工人阶级思想的说服力和吸引力，使整个社会的观念形态适应经济结构的转轨，逐步走上了新民主主义的轨道，社会风尚和道德水平显著提高，精神面貌发生了巨大的变化，这是主要的一方面。但是，在新旧转换的具体实践过程中，也出现了采取运动方式、简单粗暴地对待思想问题的偏差。虽然这些偏差还只限于文艺、教育等某些方面，但对知识界影响力很大，在它背后潜伏着1955年思想文化领域发生严重失误的根由。

综上所述，新民主主义社会秩序的确立，使年轻的人民共和国无论在政治上、经济上、思想文化上乃至国际事务中，都呈现出蓬勃的活力。经济恢复，政治清明，社会稳定，人民团结，是充满理想和希望的开国时期的真实写照。百余年来任凭外国欺凌、宰割的“病夫”中国，短短三年就焕然一新，然而，中国的积弱和贫困显然不可能在这三年之中根本改观，但经济上近代工业基础的扩大，政治上民主制度的完善，文化上彻底反封建的艰巨使命，都给整个国家带来崭新面貌，使新民主主义社会制度进一步得到巩固，假以必要的时日，获得足够的物质基础，就一定能稳步地向着更高的社会阶段前进。

第七章

新民主主义社会阶段的中断

第一节　新民主主义社会中断的起源

一、对社会主要矛盾判断的转变

在中国共产党与人民政府的领导下，通过全国人民的共同奋斗，到1952年底，新民主主义社会秩序基本建立与巩固起来。就在这时，作为党和国家最高领导人的毛泽东开始改变对新民主主义的看法，批判了确立新民主主义社会秩序的主张，确定了向社会主义社会全面过渡的总路线和总任务。这一总任务提出后，新民主主义社会开始逐渐陷入其内在的巩固要求与外在的全面过渡的矛盾交织中，它的正常发展开始出现某种滑轨，影响直至中断了新民主主义社会发展的历史进程。就认识根源来讲，它首先源于对新民主主义社会主要矛盾的认识偏差。

如前所述，在中华人民共和国成立前夕召开的七届二中全会，对于建国以后一个相当长时期内的任务，已经作了原则的规定，其基本精神蕴含着必须集中主要力量，在新民主主义的条件下，建立国家工业化的初步基础，谨慎、逐步地将小农经济引向社会化、商品化轨道，在具备一切条件之后，再由新民主主义社会转变到社会主义社会的丰富内涵。

尽管新民主主义社会建立初期各项任务头绪繁多，但最首要的是恢复和发展国民经济，逐步摆脱贫穷落后，使中国跟上世界历史发展的潮流，走上强国富民的道路。这一点在七届二中全会的决议中是明确的。事实上，二中全会是把生产建设确认为革命胜利以后的中心任务的。在党的工作重心从乡村转移到城市以后，应“即开始着手我们的建设事业……恢复和发展城市中的生产事业”；“从我们接管城市的第一天起，我们的眼睛就要向着这个城市的生产事业的恢复和发展”；其他一切工作，“都是围绕着生产建设这一中心工作并为这个中心工作服务的”。①

然而，就在明确提出生产建设这个中心任务的同时，七届二中全会决议又提出：“中国革命在全国胜利以后，并且解决了土地问题以后，中国还存在着两种基本的矛盾。第一种是国内的，即工人阶级与资产阶级的矛盾。第二种是国外的，即中国与帝国主义国家的矛盾。”②这里提出国内、国外的两种基本矛盾，主要是为了论证在革命胜利以后，人民民主专政的国家政权“不是可以削弱，而是必须强化”的问题。事实上，二中全会决议并没有从这个基本矛盾的判断出发，据以制定党的中心任务，而是特别指出，在已经推翻国民党的统治、建立了人民的统治并且根本上解决了土地问题的北方老解放区，“党在这里的中心任务，是动员一切力量恢复和发展生产事业，这是一切工作的重点所在”。③

七届二中全会决议对建国以后的国内基本矛盾的判断，有一个明显的缺陷，就是对于无产阶级与资产阶级的矛盾作为社会基本矛盾，没有作必要的时空上的限定，因而容易引起一建国这对矛盾就会上升为社会主要矛盾的误解。事实上这种误解几乎立即就在实际工作中表现出来，新解放区的城市中限制、排挤乃至打击私营工商业，用对付地主的办法对付资本家的现象也多有发生。对此，刘少奇在受中共中央委托到天津向各方面人士阐释七届二中全会路线、方针、政策以后，又在1949年7月所作的一个党内报告中，专门对主要矛盾问题上发生的种种误解作了明确的论述。他指出：“有人说，‘在推翻国民党政权以后，中国无产阶级与资产阶级的矛盾，便立即成为主要矛盾；工人与资本家的斗争，便立即成为主要斗争’，这种说法，我们认为是不正确的。因为

---

① 《在中国共产党第七届中央委员会第二次全体会议上的报告》，《毛泽东选集》第四卷，人民出版社1991年版，第1428页。

② 同上，第1433页。

③ 同上，第1429页。

一个政权如果以主要的火力去反对资产阶级，那便成了或开始变成了无产阶级专政了。这将把目前尚能与我们合作的民族资产阶级赶到帝国主义那边去。这在目前的中国实行起来，将是一种危险的冒险主义政策。”他在报告中还指出，人民民主专政内部各阶级之间的矛盾，与它同三大敌人残余的外部矛盾比较，“在一个相当长的时间内，将仍然处于次要的服从的地位”。[①] 这些论述是对七届二中全会决议关于国内基本矛盾提法的重要补正。

理论认识上虽有一些曲折，但建立巩固新民主主义社会秩序的实践却是明确无误的，这就是在总体上紧紧抓住生产建设这个中心任务开展各项工作，在解决国内各种复杂矛盾之中，并没把无产阶级即工人阶级同资产阶级的矛盾，当作主要矛盾来对待和处理。与七届二中全会以生产建设为中心任务的精神相一致，七届三中全会也规定了争取国家财政经济状况好转的中心任务。在这期间虽然进行了肃清三大敌人残余的各项运动，并且斗争仍很激烈，但总的来说都严格把握了阶级斗争的时限、规模、趋向，要求各项斗争都要有利于生产建设这一中心任务的完成，较好地处理了革命与生产、政治与经济之间的关系。实际上，进行这些阶级斗争的目的，也都是为了赢得一个进行生产建设的良好社会环境和经济秩序，是围绕并服务于恢复和发展国民经济这一中心任务的。因此，这些阶级斗争不仅没有妨碍生产建设的进行，而且对生产建设都起了重要的促进作用。

新中国成立后一段时期，毛泽东没有专就主要矛盾问题作过论述，从他在七届三中全会上的报告来看，实际上是认为中国人民与三大敌人残余的矛盾仍是国内的主要矛盾。但是，在新民主主义社会的条件下，这对矛盾的双方的情况已经发生了根本性的变化。由于全国政权的建立，旧中国社会主要矛盾中占据矛盾主要方面的三大敌人，已经退居矛盾的次要方面，而以工人阶级为领导的中国人民，则已经转居矛盾的主要方面，显然有足够的力量和充分的条件迅速解决同三大敌人残

---

① 转引自中共中央文献研究室编：《文献和研究（1984 年汇编本）》，人民出版社 1986 年版，第 88 页。

余之间的矛盾。这样一个遗留下来的矛盾，不可能也不应该作为整个新民主主义社会阶段的主要矛盾。同样，在业已建立的新民主主义社会内部，各阶级之间，包括工人阶级与资产阶级之间的矛盾，毛泽东认为完全可以在新民主主义的共同要求的基础上得到有效的调节，这两个阶级的不同的利益和不同的要求，不会也不应该使之发展到超过共同要求之上，各社会阶级都可以在这种调节下，共同完成新民主主义国家的政治、经济和文化的各项建设。因此，无论是旧社会遗留下来的阶级矛盾，还是新民主主义社会内部的阶级矛盾，都不应该也不可能占据新民主主义社会阶段的主要矛盾的地位。

在新民主主义社会建立初期，由于国际国内形势复杂，各种矛盾和中心任务呈现着相互交叉的复杂局面。从中心任务的角度看，一方面，由于大陆的解放，大规模武装斗争的基本结束，经济建设的任务提到了中心位置；另一方面，还有繁重的社会改革任务。这就决定了在新民主主义革命胜利以后，除了解决恢复和发展生产的任务以外，还要迅速地解决民主革命遗留的各种社会问题（诚然，解决遗留任务也是为了生产的恢复和发展，是服务于发展生产力的）。从主要矛盾的角度看，一方面解决社会主要矛盾的关键环节是发展社会生产力；另一方面，在这一过程中还有各种阶级矛盾需要妥善解决。这就提出了社会主要矛盾与国内阶级矛盾的关系。各类阶级矛盾的主次位置及解决的方式等问题。这样一种互为交错的局面，不能不增加对社会基本矛盾或是主要矛盾作出中期判断的难度和复杂性。

如果说，在解决同三大敌人残余的矛盾之后，工人阶级同资产阶级的矛盾应该也可以在新民主主义的共同要求下获得调节的话，那么，在整个新民主主义社会阶段总有一个更高层次的社会基本矛盾或是主要矛盾。这一点在七届二中全会以及以后都没有明确的表述，但可以从二中全会以来的中心任务上来推断。因为一般地说，中心任务与主要矛盾是密不可分的，一个时期的主要矛盾，也就是这个时期工人阶级政党和全国人民所必须解决的主要问题或中心任务。概括地说，两者的内在联系是：主要矛盾归根结底决定中心任务；中心任务则服从于主要矛盾的最终解决。

在这个问题上，刘少奇 1950 年写的《国家工业化和人民生活水平的提高》一文值得重视，此文虽然没有直接论述主要矛盾问题，但是却比较准确地反映了这一时期中国共产党考虑问题的基点。刘少奇说："中国劳动人民的生活水平和世界许多先进国家比较起来，还是很低的。他们还很穷困，他们迫切地需要提高生活水平，过富裕的和有文化的生活。这是全国最大多数人民最大的要求和希望，也是中国共产党和人民政府力求实现的最基本的任务。"[①]而要改变人民生活的贫困状况，就必须"利用已经建立并巩固起来的人民民主专政作为主要的工具，并利用其他各种条件，配合各方面的努力，来发展一切有益于人民的生产及其他经济事业"[②]这里蕴含着十分丰富的思想内涵，它表明，中国共产党人在新民主主义社会刚刚建立的时候，已经注意到了中国人民迫切要求摆脱贫困，提高物质文化生活水平，同他们所承继的社会生产力十分落后之间的矛盾，并把解决这一矛盾看作是党和国家最基本的任务，因此始终强调生产建设是一切工作的重心所在。把这一论述同建国头三年的具体实践联系起来看，人民迫切要求改变贫困面貌的愿望同落后的生产力之间的矛盾，实际上一开始就具有贯穿整个新民主主义社会阶段的主要矛盾的性质。

逻辑的推断不等于全部事实。好在历史不会改变，人们可以据实作出自己的判断。在建立和巩固新民主主义社会秩序的进程中，毛泽东、刘少奇等领导人曾经付出极大的努力，坚决纠正了把同资产阶级的矛盾当作主要矛盾的错误倾向。

随着革命胜利后，中国共产党工作重心由乡村转入城市，由打仗转入生产，一大批长期在农村环境下成长起来的党的干部，主要是农民出身的干部转入城市，走上各级领导岗位。他们有着丰富的革命经历和武装斗争的经验，同时也受到特定环境下农民习气和封闭意识的影响，不能很快适应环境和形势的巨大转变，对城市的社会关系、经济关系的

① 《国家的工业化和人民生活水平的提高》，《建国以来刘少奇文稿》第二册，中央文献出版社 2005 年版，第 1 页。

② 同上，第 3 页。

复杂性缺乏必要的了解，对城市工作的艰巨性思想准备不足，特别是对民族资产阶级的历史地位和作用缺乏正确认识，因此在实际工作中常常不能切实贯彻党对私人资本主义和民族资本主义的方针政策，不敢与资本家接触，不给资本家的生产经营以应有的照顾，甚至打击资本主义工商业，采取所谓"富人穷人路线"、"压制富人偏袒穷人"、"宁可得罪资方，也不得罪劳方"等"左"的做法，造成资产阶级恐慌消极，私营工商业限于半瘫痪状态，许多资本家准备停工歇业或者逃跑。对此，中共中央及其主要领导人进行了严厉的批评，并予以纠正。

1949 年 4、5 月间，刘少奇赴天津视察工作，先后向干部、党员、工人、群众和工商界人士共作了 17 次讲话，中心内容是阐述党对待资本家的政策。他严厉批评了在资本家问题上的"有冤报冤、有仇报仇"的"左"倾冒险主义情绪，以及把资产阶级当成敌人，将斗争矛头对准资产阶级等错误做法。5 月 20 日，一名叫邹大鹏的党员干部向刘少奇及党中央写了一封信，反映东北在处理民族资产阶级问题上与中央的政策不一致，搞得过"左"，使干部无所适从。5 月 31 日，刘少奇为中共中央起草了《关于对民族资本家政策问题致东北局电》，经毛泽东修改后发往全国。该电列举了对待民族资本家的种种"左"的偏向错误，指出"这是一种实际上立即取消资产阶级的倾向，实际工作中的'左'倾冒险主义的错误路线，和党的方针政策是在根本上相违反的"。这样，就把如何对待资产阶级的问题提高到了一个路线高度，即谁提出来消灭资产阶级，不重视资产阶级的积极作用，谁就是犯了路线错误。电报还批评了"在党内思想上只强调私人资本主义的投机性和捣乱性"的偏向。毛泽东在这里加了一段话"具有这种性质的是无益于国计民生的私人资本，例如投机商业等。不是一切私人资本都具有投机性捣乱性"，批评只"强调限制资本主义，而不强调一切有益于国计民生的私人资本主义生产在目前及今后一个长时期内的进步性、建设性与必需性，不强调利用私人资本主义的积极性来发展生产，只强调和资本家斗争，而不强调联合愿意会和我们合作的资本家"。这段话中有关时间的说法，原件刘少奇写的是"目前时期内"，毛泽东特别加上"在目前及今后一个长时期内"。刘少奇另外还加写了这样一段："我们在批评与反批评对小资产阶级和资产阶级的路线的时候，又必须坚决地、严厉地反对任何急性的‘左’倾冒险主义的倾向，即过早地或过多地在国民经济中采取社会主义步骤，这是一种极危险的‘左’的倾向，我们必须严格地加以防止。”①

1949 年 5 月 20 日，朱德在《关于组织劳资双方发展生产的问题复邓子恢同志电》中，批评了各地在工商业政策上出现的“左”的表现。

1950 年 3 月，中共中央召开统一战线工作会议，李维汉在会议上作的报告中提出：“认为可以不要团结民族资产阶级或提前消灭私人资本主义的想法，显然是错误的，应该加以批判和纠正。”②该报告后经中央批准，向全党印发。

1950 年 4 月 12 日，毛泽东在上述统战会议工商组讨论会的一份发言记录稿上作了多处重要批语。主要的有：第一，在“今天斗争的对象主要是资产阶级”处，毛泽东批：“今天的斗争对象主要是帝国主义封建主义及国民党反动派的残余，而不是民族资产阶级。对于民族资产阶级是有斗争的，但必须团结它，是采用既团结又斗争的政策以达团结它共同发展国民经济之目的。”第二，在谈到对私营工商业的限制和排挤处，毛泽东批：“应限制和排挤的是那些不利于国计民生的工商业，即投机工商业、奢侈品和迷信品工商业，而不是正当的、有利于国计民生的工商业，对这些工商业应加以扶助使之发展。”第三，在私营工商业“要求划分阵地，要河水不犯井水我们不允许”处，毛泽东批：“应当划分阵地，即划分经营范围。讲得很幼稚。”第四，在“国营经济是无限制地发展”处，毛泽东批：“这是长远的事，在目前阶段不可能无限制地发展，必须同时利用私人资本。”第五，在“我们的政策，是要‘与民争利’。但他们所谓的‘民’是资产阶级。我们要争于人民有利的东西。我们说，我们就是‘只许州官放火，不许百姓点灯’。但这里的‘州官’是人民，我们放火可以，你们点灯就违反群众利益”处，毛泽东

① 《中共中央关于对民族资本家政策问题致东北局电》，中国人民解放军国防大学党史党建政工教研室编：《中共党史教学参考资料》第十九册，国防大学出版社 1986 年版，第70 页。

② 李维汉：《人民民主统一战线的新的形势与任务的报告》，中共中央文献研究室编：《建国以来重要文献选编》第一册，中央文献出版社 1992 年版，第 147 页。

批："完全错误的说法。"[①]毛泽东作了这么多认真细致的批语，足见他对夺取政权不久，脚跟尚未站稳，三大敌人尚未消灭，私人资本主义的积极作用还远未利用和发挥时，党内就出现"左"倾冒险情绪的重视和忧虑。他提醒全党，要认清斗争对象，不要错把资产阶级当靶子，资产阶级在经济上是万万不可缺少的。这也是后来形成七届三中全会战略策略思想的背景。

1950年6月毛泽东在党的七届三中全会上作的报告和讲话中，批评了"有些人认为可以提早消灭资本主义实行社会主义，这种思想是错误的，是不适合我们国家情况的。"提出了不要四面出击的策略思想。[②]

1950年6月20日，毛泽东在华北局关于调整工商业和改善公私关系的政策问题报告上作了一份批示。华北局这个报告主要介绍了华北工商业的情况，特别讲了工商业不景气的原因，列举了近十条对资本主义工商业主观指导上与工作上的错误，批驳了各种"左"倾错误思想，诸如"今天的问题是谁战胜谁的问题"。因而对私人资本主义"能排挤就排挤，能代替便代替"等，指出国营贸易财大气粗，过火垄断，看不起朋友的弊病，制定了具体纠正的对策。毛泽东充分肯定了这一报告，同意华北局的做法。[③]

1951年5月7日，刘少奇在中国共产党第一次宣传工作会议上批评有的同志从实际上来提社会主义和社会主义改造问题，提出"现在有人就讲社会主义，我说，这是讲早了，至少是早讲了十多年"。"现在不能提这个问题"。5月13日，刘少奇又在全国政协学习座谈会上强调："如果现在就采取社会主义步骤……伤害私人工商业家和个体小生产者的生产积极性，这是破坏作用，这是反动的，就是'左'的错误，因为它破坏生产积极性，妨碍生产力的提高"，"所以现在过早地采取社会主义步骤，过早

① 《在全国统战会议工商组讨论会的一份发言记录稿上的批语》，《建国以来毛泽东文稿》第一册，中央文献出版社1987年版，第292～294页。

② 参见《为争取国家财政经济状况的基本好转而斗争》，《毛泽东文集》第六卷，人民出版社1999年版，第71页。

③ 参见《华北局关于调整工商业和改善公私关系的政策问题向毛主席并党中央的报告》，中国人民解放军国防大学党史党建政工教研室编：《中共党史教学参考资料》第十九册，国防大学出版社1986年版，第133～136页。

的国有化、集体化，是违背大多数人民的利益的，是违背进步的”。[①]

即使在“三反”“五反”运动期间，同资产阶级限制与反限制斗争十分尖锐的情况下，对于《学习》杂志发表论述反对资产阶级思想的错误文章一事，中共中央和毛泽东都明确批评了因反对资产阶级“五毒”思想就把斗争转向消失私人资本主义的危险倾向。中央在各种场合反复强调，“五反”运动丝毫不意味着“人民政府对资产阶级的政策改变了，或者说人民民主专政已经成为三个阶级的联盟了。这是完全不对的，完全不是这样一回事。团结资产阶级的政策并未改变，中国人民民主专政仍然是中国工人阶级、农民阶级、城市小资产阶级、资产阶级及其他爱国民主分子在工人阶级和共产党领导之下的人民民主统一战线的政权”。仍然允许资产阶级合法存在，经营有益于国民经济的工商业，赚取合法利润，等等。[②]

当时，党内的冒进倾向也影响到一些进步的资产阶级代表人物，如黄炎培就提出用工人阶级的思想改造资本家，使其接受社会主义的主张。1952 年 9 月，毛泽东特为此事致信黄炎培，强调指出：要求资本家接受社会主义，对于少数进步分子说来是可能的，但是“当做一个阶级，则不宜这样要求，至少在第一个五年计划时期不宜如此宣传”。对资产阶级，“在现阶段，我们只应当责成他们接受工人阶级的领导，亦即接受共同纲领，而不宜过此限度”。“超过这个限度，而要求资产阶级接受工人阶级的思想，或者说不允许资产阶级剥削赚钱的事情，只许他们和工人阶级一样想‘没有劳动就没有生活’的事情，只想社会主义，不想资本主义，那是不可能的，也是不应该的。”“此次所说社会主义的思想，都表示这一点，现在却是言之过早，在少数人想想是可以的，见之实行则是不可以的。”[③]

---

① 刘少奇在全国政协学习座谈会上所作《关于学习马列主义，改造主观世界问题》的报告，1951 年 5 月 13 日。

② 参见陈毅：《为争取“五反”运动完全的彻底的胜利而斗争》，中国人民解放军国防大学党史党建政工教研室编：《中共党史教学参考资料》第十九册，国防大学出版社 1986 年版，第 479 页。

③ 《对黄炎培一篇讲话稿的复信、批语和修改》，《建国以来毛泽东文稿》第三册，中央文献出版社 1989 年版，第 533～534 页。

由上可见，1949年到1952年，中共中央及其主要领导多次在不同场合，对不同对象，针对实际生活中已经出现的急于实行社会主义消灭资本主义，轻视资本主义工商业积极作用的"左"的思想，进行了认真严肃的批评。这对于克服把同资产阶级的矛盾当作主要矛盾的"左"倾情绪、观点、做法，亦即防止在新的条件下超越阶段的错误倾向的发生，无疑起了遏制作用。

然而，历史的发展是复杂的。特别是中国共产党人所开创的新民主主义社会这个伟大的历史实践，更具有其独特、深刻的复杂性。对于中国民族资产阶级问题的处理，关系到中国革命的进退成败。中国共产党经历了两次革命从胜利走向失败的惨痛教训，才摸索出一整套对待民族资产阶级的方针政策。这套方针政策在建立巩固新民主主义社会秩序的进程中，又得到了充实和发展。可是，建立全国政权这一重大的历史性变化，使得对民族资产阶级问题的处理日益趋向复杂化。工人阶级与资产阶级的矛盾的存在与发展，从共和国成立时起，就一直影响和困扰着新民主主义社会政治、经济、文化诸方面政策的贯彻实行；这种作为人民民主专政内部的阶级矛盾，究竟能不能得到有效调和，在理论上还缺乏充分的阐述，因而也就不能不在实践当中发生各种各样的问题。

在马克思主义经典作家那里，无产阶级与资产阶级的矛盾从根本上说是不能调和的，这是在分析资本主义社会经济关系和阶级斗争状况的基础上得出的结论。中国未经历独立的资本主义发展阶段而进入了新民主主义社会，工人阶级作为整个社会的领导阶级，首先要完成的乃是由一般有近代资产阶级完成的民主改革和经济建设任务。正当年轻的民族资产阶级在这个特定历史条件下，就具有了特殊的进步意义。这一点，中国共产党的主要领导人基本取得了一致认识，但是，在理论上，仍然很难不受马克思主义经典作家的一般论述和苏联在斯大林领导下的社会主义理论与实践的影响。

早在1936—1937年间，毛泽东在阅读苏联《辩证法唯物论教程》（中译本第三版）一书中提到列宁、斯大林关于过渡时期主要矛盾的论述时，曾经写过这样一段批语："苏联过渡时期的主要矛盾是社会主义与资本主义的矛盾，这个矛盾不断发生的基础是富农的存在。其他一切矛盾，都受到这个主要矛盾所规定。只有由于工业化及农业社会化，才能将此主要矛盾解决，但有用内部力量解决此矛盾之可能。”[①]可见，那时毛泽东就受到马克思主义过渡时期理论和苏联实践的影响。显而易见，他在1949年中共七届二中全会上提出无产阶级和资产阶级矛盾是革命胜利以后的社会基本矛盾，并不是偶然的。对这个矛盾没有作任何时空的限定，在当时也不是出于某种疏忽。只是到了建国之初，他看到继续完成新民主主义革命的遗留任务十分紧迫、十分繁重，才又回到了现实的考虑，并未把七届二中全会关于主要矛盾的提法付诸实践或公开宣传，而且在七届三中全会上从战略和策略的角度对现实生活中的“四面出击”倾向进行了批评和纠正。

然而，随着1952年“五反”运动的开展，理论与实践上的矛盾愈来愈难以排解。相对少数的资本家施放“五毒”，进行反限制斗争，一开始就被定性为整个资产阶级对无产阶级的“猖狂进攻”，在认定“阶级进攻”的前提下，无论怎样重申资产阶级是“四个朋友”之一，都难以为现实生活所接受。作为中央主管部门的统战部就曾提出“火烧工商界，打劫民进会”的极左口号，引起思想混乱；中央宣传部在运动初期所发的大多是反右倾错误的指示，很少强调要防“左”。结果，各地普遍发生采用土地改革中对待地主阶级的斗争方式对待资本家的严重情况，对资本家采取逼供信，动用专政手段错捕错判的现象一度盛行，打击面过宽；在资本家退赔阶段，主张多罚、多补、多搞公私合营等思想和做法也很普遍。这些偏差虽然在中央的现实考虑下得到了不同程度的纠正，但是在许多干部、工人中，企图趁机挤垮私营工商业，消灭资产阶级的“左”倾情绪始终没有得到根本扭转。中央宣传部主办的学习《杂志》当时所表现出来的“左”倾情绪，实非偶然。

毋庸置疑，资本家中的少数人的“五毒”行为，必须清除，但同时生产也必须发展，资产阶级还必须团结。因此，在利用私人资本的积极性进行经济建设的年代，应尽量避免用纯粹的行政手段强力地推行大规

① 《毛泽东哲学批注集》，中央文献出版社1988年版，第69页。

模的阶级斗争运动，以达到新民主主义的政治、经济目的。事实上，不法资本家的“五毒”行为，是由其“唯利是图”的本性使然。只要允许资产阶级存在，只要有商品经济发展，这些情况就是不可避免的，这并不表示资本家一定要达到什么政治上的企图。同时，少数资本家的不法行为，也代表不了总体上拥护遵守《共同纲领》的整个的民族资产阶级，把少数不法资本家的违法活动看作是整个资产阶级向无产阶级的猖狂进攻，是不妥当的。

其实，早在建国之初，人民政府就积累了主要采取经济手段，辅以行政措施有效地打击投机资本家的经验，运用这些经验，依靠日益加强的国营经济的力量，强化经济调节和法律监控机制，是完全可以有效地控制在经济领域的违法活动的。但是，由于运动一开始就对整个资产阶级的动向作了过分严重的估计，并对在商品经济条件下，应该采用经济和法律手段解决经济违法问题缺乏清醒的认识和足够的思想准备，一旦私营经济的某些弊病暴露出来，就归结为严重的阶级对抗，就动摇了对资产阶级的既定政策，就采用最得心应手的阶级斗争、群众运动的老方式，去对待利用和限制私人资本主义经济这一新问题。结果严重打击了资产阶级发展新民主主义经济的积极性。“五反”运动期间及其后，经济领域停工歇业现象和失业工人增加，成品积压，物价失稳，市场萧条，城乡交流不畅，公私关系和劳资关系均成紧张的严重情况，迫使人民政府不得不进行第二次工商业调整。

“五反”在斗争方式上的失当，被“五反”运动的胜利遮蔽起来，而在这种斗争方式下，同经济违法活动的斗争，具有鲜明的“你死我活”的阶级斗争的表征。诚如一些领导人在总结“五反”运动的报告中指出，它关系到“我们国家究竟要走向社会主义还是要走向资本主义这样根本性质的问题”，[①]认为不进行这样的斗争，“就有亡党亡国亡头的危险”。[②] 既然斗争性质如此严重，就不能不引起人们对在新民主主义的

---

① 薄一波：《为巩固“三反”、“五反”运动的伟大胜利而斗争》，中国人民解放军国防大学党史党建政工教研室编：《中共党史教学参考资料》第十九册，国防大学出版社 1986 年版，第 536 页。

② 同上。

共同要求下调和工人阶级与资产阶级之间的矛盾的必要性和可能性的怀疑；在实践中一下子激化起来的与一贯的政策要求相冲突的矛盾，就不能不引起理论上的重新思考。

正是在这种情况下，1952 年 6 月 6 日，毛泽东修改了中共中央统战部起草的《关于民主党派工作的决定》中关于民族资产阶级是中间阶级的提法，并专门写了批语，明确指出："在打倒地主阶级和官僚资产阶级以后，中国内部的主要矛盾即是工人阶级与民族资产阶级的矛盾，故不应再将民族资产阶级称为中间阶级。"①

在七届二中全会以后的三年当中，花费了许多精力来纠正把同资产阶级的矛盾当作主要矛盾的偏向的毛泽东，突然确认当前的主要矛盾就是工人阶级与资产阶级的矛盾，这显然是一个重大的政策性转变的开端，它意味着中国民族资产阶级从此成为革命的对象，也反映了毛泽东已经开始考虑在"五反"基础上，推进社会主义革命的意向。尽管这一意向与毛泽东在此前关于社会主义"言之过早"的看法形成鲜明的对照，但是根据不久以后现实生活的发展来看，可以确认关于如何将革命向社会主义阶段推进的问题，当时已经在这个伟大的战略家的心中开始酝酿了。

二、"总路线是照耀我们各项工作的灯塔"

随着对社会主义主要矛盾认识的转变，整个国家的中心任务也必然要发生转变。建国初设想经过相当长一个时期(十五年、二十年或者在很远的将来)，即新民主主义的建设阶段以后，再视情况考虑转入社会主义社会的问题，当然也就不能适应这种认识上的变化。为此，必须提出新的构想，规定新的总任务，使之服务于新确认的主要矛盾的解决。这一套新的构想，集中地体现为中国共产党在过渡时期的总路线。

中共中央及其主要领导人是在 1952 年秋开始酝酿和讨论过渡时期总路线问题的。

---

① 《现阶段国内的主要矛盾》，《毛泽东文集》第六卷，人民出版社 1999 年版，第 231 页。

1952年8月中旬和9月下旬，周恩来率领中国政府代表团访问苏联。中、苏两国政府就苏联帮助我国今后五年的经济建设广泛交换了意见。9月24日，周恩来回京报告访苏情况之后，毛泽东便在一次中共中央书记处会议上讲：十年到十五年基本上完成社会主义，不是十年以后才过渡到社会主义。这是一种新的“从现在逐步过渡到社会主义去”的思想，与过去的设想有着明显的不同。当时的公安部长罗瑞卿在听了这个讲话之后，曾于国庆节前后向中央政治局委员和公安系统的有关负责人作了传达。后来中央要求，不要把这一新设想扩大范围向下传达。罗瑞卿与11月31日写信给毛泽东，就他已向部分同志传达一事作了检讨。毛泽东看到这封信后，即于同日写信给周恩来、朱德、陈云、邓小平等，信中说，我过去没有如同在11月12日中央一次会议上那样明确地说明此种意见的性质（尚不是决议）、传达的范围和对什么人不要传达，故有些同志在相当范围内传达了，此事不应由他们负责，而应由我负责。可见，毛泽东在9月和11月召开的中共中央会议上，都讲到了开始向社会主义转变的问题，并强调了“从现在过渡到社会主义去”这个新提法在今后指导思想上的重大意义和重要性质。由此中共中央主要领导人开始考虑向社会主义过渡的方式、步骤和途径问题。

同年10月25日，周恩来在全国工商联筹备委员会第二次常委会上，同部分资本家代表人物谈话时，讲到了将来用什么方法进入社会主义的问题。他说，对这个问题，总的来说，就是和平转变的道路，即“要经过一个相当长的时间，而且要转变得很自然，‘水到渠成’”。他还指出：“中国工业化，是十年、二十年的问题。欲速则不达，必须稳步前进。”①

同年10月2日，刘少奇率领中共中央代表团前往苏联出席苏共第十九次代表大会，临行前，毛泽东委托刘少奇就如何向社会主义过渡等问题，征求斯大林的意见。在和苏共领导人进行初步会谈后，10月20

---

① 《团结民族资产阶级，发展国民经济》，《周恩来统一战线文选》，人民出版社1984年版，第238页。

日，刘少奇给斯大林写了一封长信，就中共中央领导人最近讨论的中国怎样从现在过渡到社会主义的问题，作了详细的说明，信中说，“我们估计：再过五年，即我们执行了第一个五年经济计划之后，在工业中的国营经济的比重将会有更大的增加，私人资本主义经济的比重则会缩小到20%以下”，“在十年以后，中国工业将有90%以上是公有制的，私人工业不到20%，而这些私人工业又大体都要依赖国家供给原料、收购和推销它们的成品及银行贷款等，并纳入国家计划之内，而不能独立经营。到那时，我们就可以将这一部分私人工业不费力地收归国家经营”；在国有化的方式上，可能采取“劝告资本家把工厂献给国家，国家保留资本家消费的财产，分配能工作的资本家以工作，保障他们的生活，有特殊情形者，国家还可付给资本家一部分代价”。“我们估计，到那时，中国的资本家可能多数同意在上述条件下把他们的工厂交给国家”，“而不进行激烈的反抗”。“至于将来所要采取的具体方式以及国有化的时机，当然还要看将来的情形来决定”。对于农村中的个体经济，“准备在今后十年至十五年内将中国多数农民组织到农业生产合作社和集体农场内，在基本上实现中国农业经济集体化”。另外，准备帮助小手工业者组织合作社。

刘少奇的这封信，反映了中共中央主要领导人所设想的怎样逐步过渡到社会主义去的大体方法，其中对于如何改变资本主义私有制，还只提出待时机成熟将资本家的工厂收归国有这一种方法。斯大林收到刘少奇的信后，会见了中共代表团，对中国向社会主义过渡的设想和办法作了答复。他说，我觉得你们的设想是对的；当我们掌握政权以后，过渡到社会主义去是应该采取逐步的办法；你们对中国资产阶级所采取的态度是正确的。[①] 在这以后，中共中央和毛泽东继续对如何向社会主义过渡问题进行深一步的思考。

1953年2月，毛泽东在中央书记处会议上谈到他向孝感地委等一些地方的负责人讲过从现在逐步过渡到社会主义去的问题的情况。他说：我给他们用扳指头的办法解释，比如过桥，走一步算过渡了一年，两

---

① 参见乔东光：《党在过渡时期总路线的由来》，1988年第5期《党的文献》。

步两年，三步三年，四步四年，五步五年，六步六年……十年到十五年走完了。我让他们传到县委书记、县长。在十年到十五年或者还多一些的时间内，基本上完成国家工业化及对农业、手工业、资本主义工商业的社会主义改造。

1953 年 4 月 17 日、20 日，毛泽东在听取邓子恢关于农村工作的报告时，在自己的记录稿后面也写道：在十年至十五年或者更多的时间内，基本上完成国家工业化和社会主义改造（农业、手工业、资本主义工商业）。这些谈话和笔录都没有谈到改变资本主义私有制的具体途径。

最先将新民主主义经济结构中的国家资本主义形式，同改变资本主义私有制直接联系起来的，是李维汉写给中央的一个调查报告。

1953 年春，李维汉率领中央统战部调查组奔赴武汉、南京、上海等地调查，写了一份《资本主义工业中的公私关系问题》的调查报告。这一报告充分肯定三年来国家通过加工订货、统购包销、公私合营等方式将私营工业引上国家资本主义轨道的经验，明确提出了国家资本主义不仅是帮助资本家进行生产的手段，而且是变革生产关系的根本途径，是把资本主义私有制改造成为社会主义公有制的最好形式。建议经过国家资本主义特别是公私合营这一主要环节，实现资本主义私有制的变革。它实际上具体地提出了通过国家资本主义从低级形式到高级形式的发展，逐步完成对资本主义私有制改造任务的方案。这在如何向社会主义转变的问题上，称得上是一个重大突破，解决了资本主义私有制向社会主义公有制转变的具体途径问题，因而成为中央作出全面向社会主义社会过渡的最高决策的催化剂。

毛泽东非常重视这一报告，亲自打电话给李维汉，告知这一报告将提交中央政治局会议讨论。6 月 14 日，周恩来在审阅报告时，作了几处重要修改，将标题和正文中多次使用的“利用、限制、改组”改为“利用、限制、改造”。6 月 15 日中共中央政治局召开扩大会议，专门讨论李维汉的报告。毛泽东在会上作了重要讲话，比较完整地提出了中国共产党在过渡时期的总路线，亦即：“党的任务是在十年至十五年或者更多一些时间内，基本上完成国家工业化和社会主义改造。”“总路线是照耀一切工作的灯塔。”①

在这次具有重要历史意义的会议上，毛泽东严肃地批判了“离开总路线”的三个提法：“（一）确立新民主主义的社会秩序；（二）由新民主主义走向社会主义；（三）确保私有财产。”②毛泽东认为这些提法是有害的。过渡时期每天都在变动，每天都在发生社会主义因素。因此新民主主义社会秩序是无法“确立”的。比如私营工商业，正在改造，“今年下半年要‘立一种秩序，明年就不‘确’了”。进而强调“过渡时期充满着矛盾和斗争。我们现在的革命斗争，甚至比过去的武装革命斗争还要深刻，这是要把资本主义制度和一切剥削制度彻底埋葬的一场革命”，批评确立新民主主义社会秩序的提法是不符合实际斗争情况的，是阻碍社会主义事业的发展的。毛泽东认为“由新民主主义走向社会主义”，这种提法不明确、不妥当，“走向而已，年年走向”，何时是头？实际是强调要限期达到社会主义。毛泽东认为“确保私有财产”，是“因中农怕‘冒尖’，怕‘共产’，就有人提出这一口号去安定他们。其实，这是不对的”。毛泽东认为这三种错误观点的认识根源在于“有人在民主革命成功以后，仍然停留在原来的地方。他们没有懂得革命性质的转变，还在继续搞他们的‘新民主主义’，不去搞社会主义改造。这就要犯右倾的错误”。

毛泽东在会上还说：鉴于资本主义的数量是不可忽视的，它有 380 万职工，数量很多，又少不了它，而我们又有办法把它改造为社会主义，所以目前一脚踢开资本主义是不行的，也没有这个资格。对资本主义工商业一是要把资产阶级看成是一个敌对阶级，不这样，要犯错误；二是要看到这个阶级是可以改造的。不要忘记我们有政权，因而我们有本领有能力来改造他们。对资产阶级可以用文明的方法去改造。当然对私营工商业的改造不尽相同，对工业是加工订货、合营，加强工会和教育工作；对商业进行教育是可以的，但目的是挤掉。阶级是可以改造

① 《在政治局会议上的讲话提纲》，《建国以来毛泽东文稿》第四册，中央文献出版社 1990 年版，第 251 页。

② 同上。

的。敌对阶级是可以用文明方法加以改造的。

从上述毛泽东的谈话中，不难看出与他过去的提法有下述一些变化：

第一，在我国，革命的性质已经转变，继续搞“新民主主义”就是犯右倾错误；民族资产阶级不再属于过去讲的是人民、是朋友，而是敌对阶级。不这样看，也要犯错误。

第二，在过渡时期同民族资产阶级的斗争，比过去的武装革命斗争还要尖锐，意义还要重大，它是最后埋葬剥削制度的一场革命。因此过去新民主主义性质的口号、提法和政策不再适合这个斗争情况，妨碍了社会主义改造。

第三，过渡时期每天都在变动，社会主义因素每天都在发生，私营工商业在不断变化，农业互助合作，也年年在变，正因为一切都在流动，一切都在变化，中国正在步入社会主义社会。

第四，社会主义改造已是主要任务，不能再讲新民主主义社会秩序的稳定和巩固了；同样，也不再讲需要经过十几年的新民主主义建设之后，才具备向社会主义转变的条件了。

第五，对资本主义工商业实行社会主义改造的实质，是根除私有制，扩充公有制，不能再讲在新民主主义条件下多种经济成分分工合作，各得其所，共同促进市场繁荣与国民经济发展了。

第六，我们已经掌握政权，有强大力量，对付资本家用文明的方式足矣，想挤掉随时可以挤掉。

由此可以看出，毛泽东的思想在一定程度上已经从过去首先建立新民主主义社会，完成新民主主义的各项建设任务，转变到立即全面实行社会主义改造，限期达到社会主义社会。而刘少奇等其他中央领导人的思想，还保持在现阶段要“为巩固新民主主义制度而斗争”[①]的认识上，这个自七届二中全会以来中央领导人所取得的一致认识，被无端地

---

① 这一标准提法见诸1951年3月28日召开的第一次全国组织工作会议的一个文件，即《整顿党的基层组织的决议》，该文件讲“中国共产党的最终目的，是要在中国实现共产主义制度。它现在为巩固新民主主义制度而斗争”。毛泽东批判的“确立新民主主义社会秩序”，其实不是刘少奇的原话，但却是针对这种提法而来的。

改换为"确立新民主主义社会秩序"的说法而受到突如其来的指责和批判，把原来为巩固新民主主义制度所作的巨大努力，说成是不懂得"革命性质的转变"，是"不去搞社会主义改造"，是"犯右倾的错误"。

1953 年 6 月 29 日，中共中央政治局再次召开扩大会议，讨论李维汉受党中央委托起草的《关于利用、限制和改造资本主义工商业的若干问题》的文件。经过这两次中央政治局扩大会议的讨论，对资本主义工商业进行社会主义改造的方针，从指导思想上确定下来。从此，中国共产党把资本主义私有制的变革，即解决社会主义道路与资本主义道路的矛盾，即解决工人阶级与资产阶级矛盾，作为过渡时期总任务之一提上了重要议事日程。

向社会主义全面过渡作为中国共产党现时期的总路线、总任务提出以后，毛泽东又对这条总路线的内容作了更完整的表述，这就是："从中华人民共和国成立，到社会主义改造基本完成，这是一个过渡时期。党在这个过渡时期的总路线和总任务，是要在一个相当长的时期内，逐步实现国家的社会主义工业化，并逐步实现国家对农业、手工业和对资本主义工商业的社会主义改造。这条总路线是照耀我们各项工作的灯塔，各项工作离开它，就要犯右倾或'左'倾的错误。"①同最初的表述相比，最突出的一点是明确提出过渡时期的上限和下限，意在说明社会主义改造非自今日始，而是早从共和国成立之日起就已开始实行，并已开始了向社会主义过渡的进程。这样，就改变了经过一个完整的新民主主义建设阶段再实行向社会主义转变的一贯思想；建国头三年全国各阶层人民为建立和巩固新民主主义制度而斗争的客观历史进程，也被改换为一建国就直接向社会主义过渡的不符合历史真实的内容。

总之，正是从这时开始，人们认同了一个公式：新民主主义社会阶段即过渡时期，两者完全同一，以至前者完全可以为后者所涵盖，没有独立存在的价值。由此，新民主主义社会作为为实现社会主义奠定经

① 《为动员一切力量把我国建设成为一个伟大的社会主义国家而斗争——关于党在过渡时期总路线的学习和宣传提纲》，中共中央党校党史教研室选编：《中共党史参考资料》（八），人民出版社 1980 年版，第 44 页。

济物质基础的特定历史阶段。无形中被否认或抹杀了。

三、对离开“总路线”的“右倾”思想的批判

应该说，由于国民经济的恢复，三大敌人残余的彻底消灭，原来处于次要地位的工人阶级与资产阶级的矛盾，在新民主主义社会内部的诸多阶级矛盾中，开始上升到主要的地位。这在理论上是讲得通的。随着时间的推移，中国革命任务发生变化，中国共产党在理论上产生新的认识，也属于正常现象，问题在于一旦作出这种新的确认，就不顾客观现实地夸大中国具体条件下工人阶级同民族资产阶级斗争的严重性，就否定过去卓有成效的实践，把本来被实践证明是正确的许多理论与政策也抛弃了，而不允许有任何政策的延续性和逐渐调整、转换政策的必要过程。应该说，过渡时期总路线的提出，确实找到了一条逐步改造资本主义私有制的道路，对以和平方式消灭资产阶级，早日实现社会主义，以及使全国人民明确方向、增强信心，都起了一定的作用。但是，这条总路线一开始就是通过全党全民的大辩论强力推行的，在推行总路线的过程中，多次开展了对所谓“离开总路线”的右倾观点和对党内资产阶级思想的过分批判和斗争。这就不能不导致总路线所说的“逐步过渡”演变为“全面过渡”、“急促过渡”。

第一次严重斗争是在 1953 年夏季召开的全国财经工作会议上。这次会议集中地批判了税收、商业、银行等部门领导的“资产阶级思想”和“某些错误”。其中被认为最为主要的错误是“修正税制”，主管财经工作的薄一波，为此受到了严厉的批判，被涉及的还有刘少奇、周恩来、邓小平等人，他们都在会上作了不同程度的检讨。所谓“修正税制”，就是在 1952 年底，由薄一被主持制订的一个《关于税制若干修正及实行日期的通告》，并经政务院批准颁发执行。《人民日报》还在 1952 年 12 月 31 日为此专门发表了《努力推行修正了的税制》的社论。本来《通告》是符合《共同纲领》和中共中央自 1952 年 6 月以来调整公私关系的精神的，而且它并无特殊照顾私营商业企业，歧视国营企业和合作社的条款，只是取消了过去对国营企业和合作社在加工、调拨、代购、代销或

包销课税等方面的优惠条件，应该说这是基本符合毛泽东在七届三中全会上所强调的“有所不同，一视同仁”的精神的。即使在实践中发生了一些问题，也是税收负担是否合理的业务性的问题，并非原则性错误，是可以通过适当调整合理解决的，况且此事发生在过渡时期总路线正式提出之前，不可能预计到后来根本路线的变化。但是在批判当中，这件事却被上纲为“资本主义倾向”，“有利于资本主义，不利于社会主义和半社会主义，违背了七届二中全会的决议”，“是离开了党的总路线的问题”。为了表示对这类违背总路线问题的严重警告，并在全党全面推行总路线的精神，最后，毛泽东亲自在会议上作了主旨讲话，内容主要是：

第一，党内存在着一种资本主义倾向，“这是资产阶级思想在党内的反映”，“这种资产阶级思想，不仅财经工作中有，而且政治、文教和其他工作中也有，中央同志中和地方同志中都有”。“薄一波的错误，并不是孤立的”。这样就将资产阶级思想发生作用的范围，无限制地扩展到全党上下及一系列工作部门。

第二，“过渡时期，是向社会主义发展，还是向资本主义发展？按照党的总路线，是要过渡到社会主义。这是要经过相当长期的斗争的”。而照“新税制发展下去，势必离开马克思列宁主义，离开党在过渡时期的总路线，向资本主义发展”。要向干部“讲清楚社会主义道路和资本主义道路的问题”。这样，就把社会主义道路和资本主义道路的斗争，作为推行总路线当中的一个严重的现实问题提了出来。这无异于说，按照过去“公私兼顾、劳资两利”、“有所不同、一视同仁”的做法发展下去，“势必”会“向资本主义发展”。显然，这是以往理论的“悖论”。

第三，薄一波的错误不是小资产阶级个人主义，“主要应当批判他有利于资本主义，不利于社会主义的资产阶级思想”。薄一波是“有资产阶级思想的人的代表”，“资产阶级一定要腐蚀人”，薄一波就是“被资产阶级精神的糖衣炮弹打中的一个靶子”。“为了保证社会主义事业的成功，必须在全党，首先在中央、大区和省市这三级党政军民领导机关中，反对右倾机会主义的错误倾向，即反对党内的资产阶级思想。”这样，既给薄一波和“新税制”的错误定了性，又提出了反对党内资产阶级思想是斗争的重点。

第四，工人阶级和农民阶级也有这些矛盾，但“这都是非对抗性的矛盾。工人阶级和资产阶级的矛盾，是对抗性的矛盾”。这就改变了过去的工人阶级和资产阶级的矛盾是人民内部矛盾的认识，将资产阶级推到了一个敌对的位置。按照毛泽东关于“敌我之间的矛盾是对抗性的矛盾”[①]的观点来推论，工人阶级和民族资产阶级的矛盾当然就是敌我之间的矛盾，而不成其为人民内部的矛盾了。

这次财经会议期间批判“离开总路线”的党内资产阶级思想，是十分严厉的。正是通过这样的批判，才使全党的认识统一到过渡时期总路线上来。毛泽东 1953 年 8 月在审阅周恩来《在 1953 年夏季全国财经工作会议上的结论》时，作了如下批语：“这条总路线的许多方针政策，在一九四九年三月的党的二中全会的决议里，就已提出，并已作了原则性的解决。可是许多同志，却不愿意遵照二中全会的规定去工作，喜欢在某些问题上另闹一套不符合于二中全会规定的东西，甚至公然违反二中全会的原则。”[②]但事实上，全面向社会主义过渡、系统地开展社会主义改造等问题，并没有在二中全会决议中提出和解决，毛泽东所批判的刘少奇、薄一波等人的许多做法，也不是“公然”违反二中全会的原则，而是严格按照二中全会决议的规定去做的。这样不顾事实的批判和指责，足以使为实现二中全会路线而奋斗的党内同志噤若寒蝉，唯一的办法就是迅速使自己的思想跟进到这次党内斗争所要求的认识高度上来。

这次财经会议后，各地相继开始了对资产阶级思想的检查。1953 年 10 月 8 日，中共中央转发了《华北局关于八月常委扩大会议的经过向毛主席、中央的报告》。这一报告主要检讨了华北局在领导工作方面所犯的错误，实际上就是对薄一波担任华北局书记期间的“错误”所作的批判。概括起来就是：

---

① 《关于正确处理人民内部矛盾的问题》，《毛泽东文集》第七卷，人民出版社 1999 年版，第 205 页。

② 《党在过渡时期的总路线》，《建国以来毛泽东文稿》第四册，中央文献出版社 1990 年版，第 301～302 页。

第一，华北局在土地改革后强调了“发展生产、劳动致富”，否认了互助合作是达到农业集体化的过渡形式。

第二，华北局在资产阶级问题上，1950 年 4 月提出了要“根据《共同纲领》第二十六条的解释，使各种社会经济成分在国营领导之下，分工合作，各得其所，以促进整个社会经济的发展。这就应该是一视同仁，不分厚薄”。认为这种解释是错误的。

第三，在主要矛盾问题上，薄一波代表华北局在 1952 年秋讲到“国内今后没有大的矛盾了，斗争不是阶级斗争了（与资产阶级叫作‘有团结有斗争’），今后唯一的矛盾就是先进与落后的矛盾”。认为这是违背七届二中全会决议的错误意见。

鉴于薄一波的“错误”，华北局党委扩大会议认为，今后工作重点是通过传达毛泽东关于党的总路线总任务的指示和全国财经会议的精神，坚决有力地、逐步深入地在党内反对资产阶级的思想。[①]

上面几点对薄一波的指责，历史地看几乎都是站不住脚的，即使对于主要矛盾问题，薄一波概括得虽然很不严谨，但还是大体符合当时中国社会实际的，因为到 1952 年秋，土地改革已经完成，最后一个敌对阶级地主阶级已经消灭，面对于民族资产阶级的矛盾属于新民主主义社会内部的矛盾的提法，中央并未作出改变，还是采用又团结又斗争的方针，不像同地主阶级的矛盾那样尖锐。当然，不能说同资产阶级的斗争“不是阶级斗争了”，但在中国的具体条件下，它确实不属于那种激烈对抗的阶级斗争。在当时人们的理论认识水平上，薄一波能够提出今天的矛盾是先进与落后的矛盾，还是一种积极探讨问题的态度，是难能可贵的。

1953 年 9 月和 10 月间召开的中国共产党的第二次全国组织工作会议，认为第一次组织工作会议提出的党员“现在为巩固新民主主义制度而斗争”的提法是不妥当的，应改提“从中华人民共和国成立以后，我们的国家就开始进入一个新的历史时期，即为逐步过渡到社会主义社

① 参见《中共中央转发华北局关于八月常委扩大会议的经过向毛主席、中央的报告》，1953 年 10 月 8 日。

会而斗争的时期”，中国共产党在这一历史时期的总任务就是实现过渡时期的总路线，党员“不仅要为取得新民主主义的胜利而奋斗，并且要为建设社会主义和共产主义社会而奋斗”。[①] 这样，就正式修改了巩固新民主主义制度的提法，提出了建设社会主义的任务。这也是事后否认新民主主义社会阶段的一个侧面。

推行总路线的思想斗争，不仅在共产党内部进行，而且还波及党外。1953 年 9 月，在全国政协常委扩大会议讨论过渡时期总路线期间，列席会议的无党派民主人士梁漱溟在发言中提出：建国的计划必须方方面面相配合。除了建设重工业和改造私营工商业两方面以外，轻工业、交通运输业等如何相应地发展，也应有计划；建国运动不能因工作重点转移到城市，而忽略了占中国人口大多数的农民，对于农民单靠强迫命令、包办代替或简单传达政令是不行的，必须在教育上多多下工夫，等等。这本来是对如何贯彻总路线的有益建议，不料却在随后召开的中央人民政府委员会扩大会议上，被毛泽东指责为反对中国共产党的总路线，是要求照顾农民，对农民施“小仁政”，而不是发展重工业的“大仁政”，是“分裂”和“破坏”工农联盟，由此酿成对梁漱溟的严重批判。中国共产党原为征求党外人士对总路线的意见，却演化为捍卫和推行总路线的激烈思想斗争，结果是在党内党外对总路线形成一片拥护、赞扬之声，听不到任何不同的声音，也得不到对实行总路线有益的建议和意见。这对于补充和完善总路线的内容，无疑是极为不利的。

1953 年 10 月和 11 月，毛泽东同中共中央农村工作部负责人邓子恢等进行了两次谈话，集中批评了党内一些同志所谓“言不及社会主义，不搞社会主义”的思想。他借用中国一句古语说：“群居终日，言不及义，好行小惠，难矣哉。‘言不及义’就是言不及社会主义，不搞社会主义。搞农贷，发救济粮，依率计征，依法减免，兴修小型水利，打井开渠，深耕密植，合理施肥，推广新式步犁、水车、喷雾器、农药，反对‘五

---

① 《中央关于修改第一次全国政治工作会议两项决议的通知》，中国人民解放军国防大学党史党建政工教研室编：《中共党史教学参考资料》第二十册，国防大学出版社 1986 年版，第 219 页。

多'等等,这些都是好事。但是不靠社会主义,只在小农经济基础上搞这一套,那就是对农民行小惠。"[①]他还把根据《共同纲领》保护农民的私有财产的做法,说成是"确保私有",是"资产阶级观念",是"惠及富农和富裕中农"。这实际上是批判了刘少奇、邓子恢等照顾小农经济的特点,不急于全面推广农业生产合作社的主张,说这是想从小农经济做文章,靠在个体经济基础上行小惠,而"不靠社会主义"。为此,他提出"要搞社会主义","社会主义和资本主义的矛盾,并且逐步解决这个矛盾,这就是主题,就是纲。提起了这个纲,克服'五多'以及各项帮助农民的政治工作、经济工作,一切都有统属了"。[②]

毛泽东在谈话中还说:"对于农村的阵地,社会主义如果不去占领,资本主义就必然会去占领。难道可以说既不走资本主义的道路,又不走社会主义道路吗?资本主义道路,也可增产,但时间要长,而且是痛苦的道路。我们不搞资本主义,这是定了的,如果又不搞社会主义,那就要两头落空。"[③]这就相当严重地提出了资本主义的现实危险性,并把它提到了一个政治高度,认为非此即彼,完全没有一点共存的余地。这种分析其实带有很大的片面性。当时中国共产党人对资本主义的认识,基本来自马克思主义的定义,即主要是在分析早期资本主义的基础上得出的结论,而对中国特定条件下的民族资本主义尚有其重要的历史作用这一点,虽然在建国初期有过正确的认识,但在总路线提出后一片变革资本主义私有制的举措中,已经变得模糊不清了,只讲它的消极一面,而不再讲中国的资本主义对改变落后生产力状况有利的一面,特别是把农民同私营工商业之间的商品经济联系,看作单纯是资本主义对农村阵地的占领,而看不到这种经济联系对于促进小农经济向商品经济转变以及补充国营经济的不足所具有的现实意义。

为了在全党、全国人民中全面贯彻实行总路线,1953 年 12 月中央宣传部制定了一个经毛泽东多次修改的学习和宣传总路线的提纲,这

---

① 《关于农业互助合作的两次谈话》,《毛泽东文集》第六卷,人民出版社 1999 年版,第 302 页。
② 同上。
③ 同上,第 299 页。

个提纲明确地阐述了总路线的实质和目的，亦即在经济上要达到变生产资料的私有制为公有制，使生产资料的社会主义公有制成为我国国家和社会的唯一的经济基础；在政治上，要解决工人阶级与资产阶级、社会主义道路与资本主义道路谁战胜谁的问题。由于过渡时期总路线的一个重要特征，是把原先估计十到十五年后准备实行的社会主义步骤推溯到自共和国成立之时即已开始实行，从而使专心致志为巩固新民主主义制度而斗争的广大党员、干部既感到新奇，又感到困惑，难以领悟其精神实质。为此，毛泽东在中宣部制定的总路线宣传学习提纲中，特意写了一段话，专门来解释这个问题。

他写道："我们说标志着革命性质的转变、标志着新民主主义革命阶段的基本结束和社会主义革命阶段的开始的东西是政权的转变，是国民党反革命政权的灭亡和中华人民共和国的成立，并不是说社会主义改造这样一个伟大的任务，在人民共和国成立以后就可以立即在全国一切方面着手施行了。不是的，那时，我们还须在广大的农村中解决封建主义与民主主义即地主和农民之间的矛盾。那时在农村中的主要矛盾是封建主义与民主主义的矛盾，而不是资本主义与社会主义之间的矛盾，因此需要有两年至三年时间在农村实行土地改革，那时我们一方面在农村实行民主主义的土地改革，另一方面在城市立即着手接收官僚资本主义企业使之变为社会主义企业，建立社会主义的国家银行，同时在全国范围内着手建立社会主义的国营商业和合作社商业，并已在过去几年中对私人资本主义企业开始实行了国家资本主义的措施。所有这些显示着我国过渡时期头几年中的错综复杂的形象。"①

这一大段十分生动的描述，在它所涉及的方面可以说是完全真实的，但这种描述却回避了资产阶级在接受和遵守《共同纲领》的基础上，通过私人资本主义经济和国营经济及其他经济成分分工合作，共同促进生产、繁荣经济的另一方面的事实。正因为把新民主主义社会的初

---

① 《为动员一切力量把我国建设成为一个伟大的社会主义国家而斗争——关于党在过渡时期总路线的学习和宣传提纲》，中共中央党校党史教研室选编：《中共党史参考资料》（八），人民出版社1980年版，第39页。

期发展仅仅说成是上述单一的面貌，割裂了建立巩固新民主主义社会制度的历史真实，从而模糊了干部和群众对实现社会主义转变的艰巨性、复杂性的认识，即过高估计在私有制基础上的互助组所带有的社会主义萌芽性质；过分夸大主要属于民主革命范畴的没收官僚资本的社会主义革命的性质；或者是把建国初期为着满足军需民用而采用的加工订货等形式，看作是早已有之的社会主义措施。既然早在建国之初已经在向社会主义过渡，那么实现社会主义就不会在"很远的将来"，这些都助长了企图一举消灭资本主义的急躁冒进情绪。

此外，总路线的公布，还引起各方面对目前国家、社会及政权性质的认识上的混乱，一些领导机关不断向中央要求立即把人民民主专政的提法直截了当地改为无产阶级专政，以把民族资产阶级作为专政对象排除在国家政权之外。这些由总路线自身缺陷引起的错误倾向，加上广大干部和基本群众对在中国条件下如何进行社会主义革命缺乏必要的思想准备，反过来不能不影响到总路线的贯彻执行，脱离正常的轨道。随着时间的推移，这种后果日益突显出来。

更值得注意的是，把民族资产阶级作为敌对阶级提出，尽管从社会主义革命的基本原理上说并不错，但在中国新民主主义社会尚未获得巩固基础的特定历史条件下，却不合时宜地激化了"五反"运动以来刚刚获得缓解的国内阶级矛盾。总路线公布以后，民族资产阶级的代表人物，特别是工商业资本家普遍幽怨顿生，或者手足无措，或者无可奈何，疑虑和失落感溢于言表，其主要反映有：

第一，有些资本家提出目前是新民主主义社会，"是实现《共同纲领》的阶段"，忽然提出实行总路线、进行社会主义革命，实在令人费解。

第二，关于阶级矛盾问题，上海的一些上层民主人士说："提纲中关于国内主要矛盾的提法，明确尖锐，资产阶级一听就要发抖。"本来就"有人害怕抗美援朝胜利后，国外的矛盾缓和了，变成次要的了，国内的矛盾恐将变成主要矛盾了"，很怕国内的阶级斗争日趋激烈，还认为"工人阶级与资产阶级的矛盾"的提法，恐怕会有损于资产阶级积极性的发挥。因此，他们再三强调"资产阶级是有可能自愿进入社会主义的"，"工人阶级与资产阶级的矛盾"是非对抗性的。还认为，既然在"提纲中把二中全会决议都摘引出来，说明共产党中央早在一九四九年初就确定了资产阶级在过渡时期的命运，资产阶级人士可能会因此猜测共产党中央的三中全会、四中全会是不是也给资产阶级确定了在社会主义社会中的命运”。

第三，资本主义私营工商业者，特别是商业资本家，普遍流露了悲观失望的情绪，深感已处于“穷途末路”的境地了。因此，他们说：“往前看，前途黯淡；往近看，业务清凉”。有的则说：现在干也白干，“到社会主义就没有咱们的啦！”担心在社会主义社会中会受歧视、降职、减薪、改造以及无法生活等。而有些民主人士还说：“消灭是指革命对象，那就是锋芒所指，也就是说要‘开刀’。”私营工商业者认为“自己‘性命难保’”。这的确在资本主义私营工商业者中引起了极大的思想混乱。

第四，有些资本家对社会主义改造表示欢迎，但他们当中的大部分是营业规模小的，或者因营业不振，不赚钱或嫌钱少而要“丢包袱”的。例如，在长春的资本家就说：“我们厂有 24 名工人，我受 23 人的气，赶快实行公私合营，我自己干活，就不当经理了。”

第五，在总路线公布前，资产阶级是知道他们终究要被消灭的，但由于毛泽东公开申明那是在很远的将来的事情，所以一般都比较稳定。总路线公布以后，这种稳定局面就被打破了。在总路线公布之前，公私之间虽有斗争，但焦点是获得多少利润的问题，主要是经济性质的斗争。总路线公布以后，斗争的焦点则逐渐转移到企业所有权的问题上来，亦即转移到资产阶级及其成员自身的存在问题上来，斗争愈加明显地带有政治斗争性质。这就再次挫折了资本家在“五反”后经工商业调整刚刚激起的生产积极性，私营工商业者普遍产生消极情绪，给生产带来不利的影响。①

从资本家对总路线的反应来看，不能仅仅归结于他们对改变资本

---

① 参见《中央公安部关于大力宣传总路线以来私营工商业资本家的反映及动态的报告》，1953 年 12 月 24 日，1954 年 1 月中央转发；《中共中央统战部批转上海市委统战部关于上海民主人士在学习总路线中若干反映的报告》，1954 年 2 月；《赖若愚同志在全国私营企业工会工作座谈会上的发言》，1954 年 12 月中央转发。

主义私有制的消极抵抗，而且还要看到他们为总路线感到自我震动的强烈程度。一个一向郑重的执政党，在不久前刚刚明确宣布消除不法资本家的“五毒”行为并非现在就要消灭资产阶级，转而又提出改变资本主义私有制，把民族资产阶级当作敌对阶级和革命对象的向社会主义全面过渡的总路线，这过于突然地放弃了过去太多的承诺，实际上是把在革命胜利后相当长一个时期发展有益于国计民生的私人资本主义的战略考虑，降低到权宜的策略手段的地位。这与建国初宣布的要在各种条件都已具备、全国人民考虑成熟并同意了以后再从容妥善地进入社会主义的允诺，形成鲜明的对照，造成当时只是为了安抚人心，实际并不打算照此去做的诸多疑虑，即所谓“此一时，彼一时”也。

出现上述种种疑虑，对于为新民主主义建设作出贡献的民族资产阶级来说，应该说是在情理之中的。尽管中共中央统战部对此作了许多解释工作，但大多收到的是一些表面上的效果，很难挽回中国共产党人在慎重解决资产阶级的问题上也已赢得的道义上的力量和普遍的信誉感，从而不利于谨慎、稳步地过渡到社会主义。由此可见，过早公布过渡时期总路线，应该说是有失慎重的。

综上所述，以对主要矛盾的判断为转折，中国共产党根据毛泽东的提议确定了党在过渡时期的总路线。这是一个系统地、全面地向社会主义转变的总路线。以此划分界限，新民主主义社会由建立和巩固阶段，进入了起伏不定、由稳到急的生产关系大变革阶段，这两个阶段的交替，给中国新民主主义社会的发展带来且深且远的复杂影响。总路线公布以后，刚刚获得政治上解放充满革命激情的人民群众憧憬着社会主义的美好蓝图；为节节胜利所鼓舞的广大党员和干部也为很快就能置身于梦寐以求的社会主义社会而摩拳擦掌；共产党和人民政府的各级领导机关更是被批判“离开总路线”的右倾观点的紧张政治氛围所驱动，在一切工作中全面迅速地布置贯彻总路线的精神，一个大规模推行总路线的局面，很快就在全国范围内形成了。

第二节　社会主义制度的急速确立

一、人民代表大会制度的确立

过渡时期总路线提出以后，需要国家在政治、经济方面有一套相应的体制来保证它的全面贯彻实施。在政权的民主建设方面，经过建立新民主主义制度时期三年的努力，到1952年底，全国县一级行政单位的人民代表会议已有三分之一以上代行县人民代表大会的职权；全国各省、市人民代表会议已有三分之二以上代行各该级人民代表大会的职权。这表明，直接过渡到人民代表大会制的条件已基本成熟。

通过制定和公布体现普遍、平等原则的《选举法》，全国开始在调查登记的3.23亿选民中普遍选举人民代表大会代表。同时，加紧进行中华人民共和国宪法的起草工作，到1954年3月，中华人民共和国宪法起草委员会讨论了中共中央宪法起草小组提交的宪法草案初稿，组织了各方面有代表性的社会人士8 000余人参加讨论，经修改后于6月形成宪法草案交付全国人民讨论，经再次修改后的宪法草案由中央人民政府委员会正式提交第一届全国人民代表大会。至此，召开全国人民代表大会的准备工作基本就绪。

1954年9月15日，中华人民共和国第一届全国人民代表大会第一次会议在北京开幕。毛泽东在开幕词中，第一次鲜明地提出了“为建设一个伟大的社会主义国家而奋斗”的号召。会议听取了刘少奇所作的《关于中华人民共和国宪法草案的报告》；通过了周恩来所作的《政府工作报告》；经过充分讨论，一致通过了《中华人民共和国宪法》；通过了有关国家机构的组织法；选举了最高国家机关的领导人，并决定了最高行政机关的领导人选。以这次会议的召开为标志，人民代表大会制作为国家的根本政治制度得到正式确立，这是国家政治体制建设的重要开端。

人民代表大会制的确立，首先明确了全国人民代表大会作为最高国家权力机关的地位和性质，取消了《共同纲领》关于“人民行使国家政权的机关是各级人民代表大会和各级人民政府”的过渡性规定；并确认全国人民代表大会是行使国家立法权的唯一机关，确认全国人民代表大会常务委员会为其常设机关。宪法明确规定了全国人民代表大会及其常务委员会的相互关系和分别行使的立法、监督、任免及有关决策的职权，这就结束了中国人民政治协商会议代行全国人民代表大会职权的过渡状态。

其次，明确了最高国家权力机关与最高国家行政机关的相互关系，确认新组建的国务院即为中央人民政府，是最高国家权力机关的执行机关，规定国务院对全国人民代表大会负责并报告工作，在全国人民代表大会闭会期间，则对全国人民代表大会常务委员会负责并报告工作。这样，就结束了建国五年来实际上以中央人民政府委员会为行使国家最高权力的机关、政务院对中央人民政府委员会负责并报告工作的过渡状态；改变了过去中央人民政府下辖政务院的两级政府体制。同时，还改变了地方各级人民政府非经选举而一律由上级乃至中央人民政府加委的过渡办法，确定国家行政机关，从国务院到地方各级人民政府，一律由全国人民代表大会和地方各级人民代表大会选举产生，接受人民代表大会的监督，并由它们决定罢免。

再次，明确了国家立法机关与司法机关的相互关系，确认最高人民法院和最高人民检察院均对全国人民代表大会负责并报告工作；在全国人民代表大会闭会期间，对全国人民代表大会常务委员会负责并报告工作。这就改变了过去各级人民法院和人民检察院的工作实际上隶属于中央到地方各级人民政府的过渡状态。

人民代表大会制的正式实行，把中国共产党领导全中国人民长期为之奋斗的人民民主原则建立在一个更为现实的基础之上。它揭开了国家政治民主化进程的序幕，为中国民主政治的发展，确定了一种适合中国特点的根本制度、基本组织形式和总的民主秩序，从而为充分发挥人民群众参与管理国家政治事务和社会经济文化事务的积极性和创造性，提供了一种切实可行的途径。

但是，人民代表大会制作为适合于人民群众行使国家权力的具有中国特色的新型政治制度，还仅仅处在它的初创阶段，它不能不受到中国长期封建专制主义统治下人民极度缺乏民主意识和民主传统的基本国情的制约。

首先，人民代表大会的选举制度还受到客观条件的限制。在为建立新民主主义国家而奋斗的进程中，中国共产党曾以"普遍、平等、直接、无记名投票"的宣传口号相号召，团结全国各阶层人民反对蒋介石的独裁政权，这在当时具有进步的历史意义。但是，把这个口号拿到新民主主义社会条件下立即实行，对于中国人民的实际情况则还不完全适应，这主要因为中国大多数人民群众，主要是劳动人民还处在不识字的状况，过去也没有参加民主选举的经验，他们对于选举的关心和积极性暂时还不够充分，如果在这种情况下普遍地按人口比例一律用无记名投票的办法来直接选举各级人民代表大会的代表，事实上会使相当多的选民失去行使自己的民主权利的机会，而并不能使这样选举产生的人民代表大会具有更多的代表人民的性质。根据这些实际情况，初步实行的人民代表大会制所采取的直接选举人民代表的范围，还局限于乡、镇、市辖区及不设区的市等基层政权单位，并且一般采取非秘密投票的方式；而在县以上单位，则实行间接选举的办法。这表明，国家基本民主制度的实行，只能与社会经济、政治、文化发展的实际状况相适应，普遍、平等、直接、无记名投票等原则，还需要具备一定的条件才能真正实现。

其次，初步实行的人民代表大会制，还带有以往过渡体制的某些特征。比如对地方各级人民代表大会就没有关于设立常设机关的规定，地方各级人民代表大会的选举工作以及人民代表大会会议的举行，规定由各级政府的人民委员会主持或召集；县级以上的人民委员会还有权停止下一级人民代表大会的不适当的决议的执行，关系还理不顺。在人民代表大会闭会期间，地方各级人民委员会既是地方各级人民代表大会的执行机关，同时又行使地方各级人大常设机关的职权。在这里，国家行政机关与国家权力机关的界限及相互关系不很分明，仍保留着过渡状态下的一些习惯做法。由于缺少必要的常设机构，地方各级人民代表大会闭会期间难以有效地监督本级人民委员会、人民法院和人民检察院的工作，无法就本地区有关政治、经济、文化、教育及其公共事业的重大事项进行经常的讨论并作出必要的决定，无法切实保证宪法、法律和行政法规在本行政区域内的遵守和执行。另一方面，地方行政机关则由于政务繁忙，难于行使人大常设机关的职权，而地方人大不设常设机构又在实际上形成行政机关自己监督自己的局面，结果造成地方各级人民政府脱离地方国家权力机关的经常监督的缺陷。

再次，基本原则的确定与现实的发展还存在一定的距离。由于原中央人民政府及地方各级人民政府曾在过去五年间代行过国家权力机关相当一部分的职权，作为人民代表大会前身的人民代表会议，曾被看作是联系群众，动员人民完成政府布置的任务的一种工作形式；人民代表会议代行人民代表大会的职权、选举人民政府的步骤实行得较晚，各地进行状况也很不平衡，不可能相应地取得足够的经验，因此，人民代表大会制作为一种基本的民主组织形式只是刚刚建立起来，它与其他国家机关和行政机关的相互关系还处在一般原则的确定上。人民代表大会作为国家权力机关的地位和作用要在国家的实际生活中真正得到体现，尚有待于一个转化和适应的过程，而遍布全国的地方各级国家权力机关缺乏常设机构，又不能不使这种转化过程出现复杂局面。这种局限表明，人民代表大会对国家权力机关职权的行使，不会单凭一些法律条文的规定就能顺利实现的。

一般地说，一个基本的民主形式和总的民主程序，需要通过一系列具体的民主形式和可操作的民主程序，保障它在国家生活的各个方面切实得到推行。特别是在中国地广人众、经济文化发展的水平十分落后，各地区间群众政治觉悟、文化程度的状况很不平衡的社会条件下，要切实保证人民行使当家做主的权力，更需要通过实践不断创造多样化的适应不同层次人民群众需要的民主形式和民主程序；需要通过实施民主程序的长期训练，增强全体人民的民主意识，提高他们对国家和社会事务管理的参与意识。同时，人民代表大会本身的组织结构、工作制度、议事规则、代表的界别及其参政议政的能力、素质等还有待于不断地改进、完善和提高；人民代表大会作为国家机关行为活动的直接监督主体，其监督标准、监督程序及监督实施细则等，也有待于一系列制度化、法律化的规定。

还应当指出，人民代表大会制作为工人阶级领导下的国家政权所实行的一种基本的民主制度，同工人阶级通过中国共产党来领导国家政权的基本原则之间的相互关系，还有待进一步明确。从中华人民共和国的性质来看，中国共产党是国家的领导核心，但它并不是国家的一个机构。共产党只是在实际行动上而不是在制度上代表工人阶级领导国家。党的组织既不能直接管理国家事务，也不能直接向国家机关发号施令。新中国成立以来，共产党与国家机关的相互关系的一般规定为："一、对政权机关工作的性质和方向应给予确定的指示；二、通过政权机关及其工作部门实施党的政策，并对它们的活动实施监督；三、挑选和提拔忠诚而有能力的干部（党与非党的）到政权机关去工作。"①但是，由于中国革命的胜利经历了长期的战争，在残酷的军事环境下形成了共产党的一元化领导原则，这一领导原则，在建国初期国内外复杂的阶级斗争形势下和社会民主改革的大规模群众运动中自然延续下来。特别是在地方各级人民政权的初创阶段，由党的各级领导机关直接布置各项工作任务和生产任务的一些传统做法，已为相当多的各级干部所习惯，并为缺乏民主训练的一般群众所接受。在过去五年中，人们比较熟悉各级党的领导机关为了及时地执行各项迫切任务，在高度发扬群众的革命热情和政治觉悟的基础上，主要依靠直接动员群众的方式进行工作；还不习惯于随着各方面条件的成熟，采取比较完备的民主形式来解决各项工作的重大问题。这就在切实实行人民代表大会制的问题上形成认识上的障碍；在实际生活中，则经常产生将人民代表大会的国家权力机关的地位，同共产党作为国家领导核心的地位对立起来的错误观念，致使人民代表大会不能充分发挥它便利于工人阶级实现对国家的领导，便利于集中人民群众意志和力量的最好组织形式的作用。

---

① 《论加强人民代表会议的工作》，《董必武政治法律文集》，法律出版社 1986 年版，第 191～192 页。

这是中国政治体制建设中最难以解决的问题之一。

总之，由于人民代表大会制实行初期各种主客观条件的限制，这一基本民主制度相对于资本主义国家民主制度的极大优越性还不可能立刻显示出来。它的健全和完善，有赖于国家的政治体制在不断提高人民文化程度的目标下进行长期的建设，有赖于树立全民民主意识的艰苦努力，在很大程度上还有赖于对世界各先进工业国家现代的、科学的民主形式及民主程序的吸取和借鉴。因此，政治民主化的前景还很遥远，还将经历一个漫长而曲折的过程。

第一届全国人民代表大会明确了国务院即中央人民政府的一级政府体制后，国务院作为最高国家行政机关，统一领导下属各部委及全国地方各级人民政府的工作，形成了严格统一的行政隶属关系和领导关系。这主要是为了适应第一个五年计划的组织实施，通过自上而下的行政系统，有效地行使人民政府管理经济事业的职能和执行国民经济计划的职能。

按照大规模有计划的经济建设的要求，国家行政管理系统从上到下都设立了一系列的经济管理部门，掌握着生产和流通领域的供、产、销、人、财、物等各个环节。作为国民经济主导力量的国营企业，也开始同国家行政机关发生行政隶属关系，亦即实行国家直接管理。凡属关系到整个国民经济的发展，带有全局性、关键性的国营企业，都由中央各有关政府部门直接领导和管理；其他所有的国营企业，甚至包括一些公私合营企业则分别归属于省、市、县各级行政主管部门。

根据苏联的工业化模式和管理体制，国家通过严格统一的行政管理系统，主要采取行政命令、行政手段及指令性计划，直接管理国营企业，除了企业行政机构的干部列入国家干部编制系列，要由政府主管部门任命、审批以外，企业的日常生产活动、财务收支、产品分配、技术改造、职工收入、劳动力调配等，也大都由政府主管部门决定。

为了集中配调全国的人力、物力、财力，确保“一五”计划的完成，整个国家行政管理系统强调自下而上的集中统一。特别是1954年撤销大行政区一级建制之后，原大区的许多机构都由中央有关主管部门直接接管，其行政管理权限的相当一部分向中央集中，以增强中央的控制能力。随后，中央一些部门又开始把更多的业务管理工作，如财政、金融、市场、工业、基本建设等管理权集中上来，使地方在行政管理上必要的相对独立性和自主权受到很大的削弱。

实际上，通过政府部门对国营企业、中央对地方的集权过程，我国正在形成的经济管理体制已经初步具有了高度集中统一的特征。这种体制，是与总路线提出的工业化发展战略相适应的。

第一届全国人民代表大会的一项重要内容，是正式通过并颁布实施中华人民共和国的第一部宪法。在宪法起草的过程当中，中国共产党提出了在过渡时期的总路线。这个总路线的基本精神作为宪法起草工作总的指导思想，像一条主线贯穿于整部宪法草案之中，形成了对于建国之初起着临时宪法作用的《共同纲领》的重大修订。

制定共和国宪法的基本依据，前后有一个变化过程。从1952年下半年起，中国共产党在酝酿中国怎样逐步过渡到社会主义去的问题的同时，曾考虑过目前时期中国是否有必要着手制订一部宪法的问题。1952年10月20日，刘少奇在写给斯大林的信中反映了中共中央当时的一种考虑。其基本出发点是：由于中国已经有了一个《共同纲领》，并且它在各阶层人民中均有很好的威信，因而在目前过渡时期以《共同纲领》作为国家的根本大法大体上可以过得去，即便在目前就制订宪法，其绝大部分特别是对资产阶级和小资产阶级的关系方面也还是要重复《共同纲领》的有关规定，基本上不会有什么改变，只不过是把条文的形式及《共同纲领》的名称略加改变而已。因此，倾向于在目前过渡时期暂时不制订宪法，而以《共同纲领》代替宪法，并可以通过全国人民政治协商会议或全国人民代表大会对《共同纲领》加以修改、补充，待到中国目前的阶级关系有了基本的改变以后，即中国在基本上进入社会主义以后，再来制订宪法，而那时基本上可以制订一部社会主义的宪法。

这样一种考虑，反映了在过渡时期总路线正式提出之前中共中央和中国国家领导层对制订国家根本大法问题的基本思路。概括地说，就是在中国的社会经济结构和阶级关系尚无基本改变的过渡阶段，可以不忙于确定国家根本大法的社会主义性质。到1953年1月，中央人民政府委员会在讨论通过关于召开全国人民代表大会及地方各级人民代表大会的决议的时候，这个问题被正式提了出来。会议根据国家体制建设的一般规律认为，既然全国人民代表大会召开的条件已经成熟，它作为国家唯一的立法机关应当把制订宪法的任务提上日程。由于当时确定国家今后的中心任务是：一方面继续争取抗美援朝的胜利，另一方面动员组织和教育人民来实现国家的各项建设计划，因此，最初宪法起草工作主要是围绕进一步加强人民政府与人民的联系，使人民民主专政的国家制度更加完备，以适应国家有计划经济建设的需要而进行。

1953 年 6 月中国共产党在过渡时期的总路线提出之后，正在紧张进行的宪法的起草工作，随即将原来的思路调整到"从中华人民共和国成立以后，我国已经走上了社会主义的道路"①这一总的历史判断上来。由此，提出了用法律保证国家逐步达到社会主义的紧迫性，认为完全有必要在新民主主义的《共同纲领》的基础上前进一步，用国家根本大法的形式将我国过渡时期的总任务肯定下来。另外，由于实现社会主义工业化和社会主义改造的总任务，必须在高度统一的领导之下动员全国人民的力量，发挥广大人民群众的积极性和创造性，这就需要在扩大国家民主制度规模的同时，建立高度统一的国家领导制度，为此，认为完全有必要制订一个比《共同纲领》更为完备的宪法。

总之，过渡时期总路线的提出，将制订宪法的基本依据从完善人民民主专政的国家制度、适应国家有计划经济建设的需要方面，更着重地转向保证国家逐步过渡到社会主义社会这个方面。这就为宪法起草工作确定了总的指导思想和基本立足点，从而也就规定了第一部宪法不能不在过渡时期就具有了相当的社会主义性质。

同过渡时期总路线提出之前的最初考虑部分地吻合，第一部宪法确实是以《共同纲领》为基础，继续保留了一些新民主主义社会的政治、法律规范；同过渡时期总路线的基本精神完全一致，第一部宪法对实行《共同纲领》以来形成的政治法律规范，又作了不少重要的修订。这两方面内容的综合，构成了一部过渡性的国家根本大法。

---

① 《关于中华人民共和国宪法草案的报告》，《刘少奇选集》下卷，人民出版社 1985 年版，第 144 页。

在《共同纲领》的基础上，宪法第一条对国家的性质规定为："中华人民共和国是工人阶级领导的、以工农联盟为基础的人民民主国家。"并在序言中指明"中华人民共和国的人民民主制度，也就是新民主主义制度"。在这种人民民主制度下，以中国共产党为领导的各民主阶级、各民主党派、各人民团体已经结成的广泛的人民民主统一战线，"将继续发挥它的作用"。这就是说，要在今后继续巩固人民已经取得的胜利成果，除了加强工人阶级对于国家的领导，巩固工农联盟基础以外，还需要保持较工农联盟更为广泛的联盟，即劳动人民同可以合作的非劳动人民之间的联盟。刘少奇在《关于中华人民共和国宪法草案的报告》中指出："以为既然要建设社会主义，这种联盟就不可能存在，也没有存在的必要，这种看法是错误的。"他还着重强调"在过渡时期，民族资产阶级在国民经济中还有重要的作用"，"在政治上也有一定的地位"。[①]毛泽东 1953 年 1 月在原中央人民政府委员会第二十次会议上也曾说过，实行人民代表大会制的政府，仍将是全国各民族、各民主阶级、各民主党派和各人民团体统一战线的政府。这里也包含着上述同样的含义。这些规定和说明，反映了宪法与《共同纲领》基本精神之间的延续性。

在《共同纲领》的基础上，宪法确认我国的社会经济结构在过渡时期还存在多种经济成分，就其生产资料所有制的形式来说，主要有国家所有制，即全民所有制；合作社所有制，即劳动群众集体所有制；个体劳动者所有制和资本家所有制。宪法规定国家依照法律保护农民的土地所有权和其他生产资料所有权；依照法律保护手工业者和其他非农业的个体劳动者的生产资料所有权；依照法律保护资本家的生产资料所有权和其他资本所有权。这些规定的内容，符合于我国新民主主义社会经济结构的现实状况及其发展的客观要求，体现了《共同纲领》所形成的政治法律规范的自然延续。

但是，第一部宪法并没有停留在上述这些法律规定上面，它在许多

---

① 《关于中华人民共和国宪法草案的报告》，《刘少奇选集》下卷，人民出版社 1985 年版，第 148 页。

方面着重反映了中华人民共和国成立以来特别是过渡时期总路线提出以后所引起的社会经济关系的变化，以及由此产生的力图通过国家法令保证实现过渡时期总任务的要求。

宪法在序言中概括了中国共产党在过渡时期的总路线的主要内容，确认“从中华人民共和国成立到社会主义社会建成，这是一个过渡时期。国家在过渡时期的总任务是逐步实现国家的社会主义工业化，逐步完成对农业、手工业和资本主义工商业的社会主义改造”。并确认人民民主制度即新民主主义制度，能够保证消灭剥削和贫困，在我国建成社会主义社会。这是宪法与《共同纲领》最主要的区别之处。《共同纲领》在当时所处的历史条件下，主要出于慎重的考虑，以极为郑重的态度，没有把新民主主义社会的社会主义前途明确规定出来。只是通过“纲领”规定的经济政策在实际上保证社会向这一前途发展；同时，等待全国人民通过实践自己去认识并选择这样一个前途。宪法则以根本大法的形式明确规定要保证实现社会主义的前途，其主要依据如序言所说：“我国人民在过去几年内已经胜利地进行了改革土地制度、抗美援朝、镇压反革命分子、恢复国民经济等大规模的斗争，这就为有计划地进行经济建设、逐步过渡到社会主义社会准备了必要的条件。”

为了实现国家在过渡时期的总任务，宪法第四条规定：“中华人民共和国依靠国家机关和社会力量，通过社会主义工业化和社会主义改造，保证逐步消灭剥削制度，建立社会主义社会。”这里一方面说明了国家的任务是逐步消灭剥削制度建立社会主义社会，这是最大的“国是”，无论什么人都不能反对；另一方面又说明了达到这个目的的方法和途径，这就是“依靠国家机关”自上而下的倡导，同时“组织社会力量”自下而上的支持，上下互相配合，通过社会主义工业化和社会主义改造来达到建立社会主义社会的目的。这就使依靠自上而下发动群众运动来进行经济变革，具有相应的法律依据。

根据过渡时期总路线的实质就是改变生产关系、解决所有制问题的精神，宪法在列举过渡时期生产资料所有制的四种主要形式之后，又规定了必须对它们采取区别对待的做法。这就是说，国家所有制即全民所有制要不断发展和扩大；合作社所有制当中一部分是半社会主义性质的仍须继续提高和改变，另一部分是完全社会主义的则要不断发展；而对个体劳动者所有制和资本家所有制则都要进行改造，即通过劳动群众部分集体所有制组织个体农民、个体手工业者和其他个体劳动者，过渡到劳动群众集体所有制；通过鼓励和引导资本主义工商业转变为各种不同形式的国家资本主义经济，逐步以全民所有制代替资本家所有制。在这里，《共同纲领》关于各种经济成分在国营经济领导下"分工合作，各得其所"的规定，被认为已不适用而被取消。同样，"有所不同，一视同仁"的政策也失去了依据。

上述这一系列新的法律规定表明，宪法对于资本家所有制和个体劳动者所有制的承认并不是绝对的、长久的；对于生产资料的资本私有权和个体私有权的保护也不是无条件、无限制的。所谓有条件，就是必须"依照法律"，在法律规定的范围内来保护，保护什么，保护多少，如何保护，都要依据法律。实际上，宪法的许多条文已经规定国家不仅有权力而且有责任采取积极的方式和手段限制私有权，直到消灭私有制。而不论这种权力的行使在现阶段是否符合生产力发展的内在需要与否，实际上都具有法律的效力。随着社会主义改造的深入开展，生产资料的资本私有权和个体私有权注定将从目前所处的合法地位逐渐变为不合法，终将被取消。在这里，体现了国家法律的强制力量。所有这些规定构成了对《共同纲领》所形成的政治法律规范的重大修正。

应该指出，宪法在有关条文中正确地反映了在过渡时期我国经济结构中既有社会主义又有资本主义这两种所有制之间客观存在的矛盾。也试图通过一方面允许资本家所有制存在，利用资本主义工商业有利于国计民生的作用，另一方面限制资本主义工商业不利于国计民生的作用，采取一些过渡办法，准备条件，以便逐步解决这种矛盾。但是，宪法条文的理论依据主要是"社会主义和资本主义两种相反的生产关系在一个国家里面不可能互不干扰地平行发展"，由此产生绝对化理解，即孤立地强调两种所有制关系的不可调和性，却忽略了社会主义经济和私人资本主义经济在过去五年间实行的利用、限制政策的调节下，曾经历了共同发展的客观事实，因而，就单纯依靠改变所有制这一个途径，没有考虑随着形势发展采取多方面的调节手段和增强各种调节功能，以便在允许资本家所有制存在的过渡时期，最大限度地利用资本主义工商业有利于国计民生的作用。这就不能不在两种所有制之间矛盾的自然发展过程中，更大程度地引入了国家法律的强制力量。

另外，由于当时认识上的局限，宪法对于将逐步代替资本家所有制的全民所有制的理解还很不完备。本来，在宪法草案的初稿中，曾经认为"国家所有的却不一定由国家经营"，因而规定还可以"委托合作社经营，或者租给他人经营"。[①] 这项规定源于列宁在新经济政策时期，主张把某些国有的资源和企业租给本国资本家经营（租借制），或租给外国资本家经营（租让制）的做法的启示，应当说在所有权与经营权相分离方面具有重大的理论意义。另外，在我国过渡时期事实上还具有调节社会主义和资本主义两种所有制关系，以利于逐步解决两者之间的矛盾的实践意义。然而，后来在宪法草案的修改中，把它作为一般的经营方式问题取消了，各种强化所有制变革的措施手段的制定与实施，使关于这一问题的探讨从此中断。这也表明，从这一角度来发掘解决两种所有制矛盾的调节手段，在当时的历史环境下还不具备理论和实践上的必要条件。

通过第一部宪法的上述条文，可以进一步考察这部宪法的基本精神及其动态特征。1954 年宪法，一方面总结了中国人民长期以来反对帝国主义、反对封建主义、反对官僚资本主义的英勇斗争的历史经验；另一方面又总结了中华人民共和国成立以来牢固地建立工人阶级领导的、以工农联盟为基础的人民民主国家的新鲜经验，特别是近几年来社会民主改革、经济建设、文化建设和政府工作的经验。所有这些经验的总结归结为一个根本的结论，即中国的出路和前途只能由目前的新民主主义社会过渡到社会主义社会。

根据这个历史性结论，宪法将中国共产党在过渡时期的总路线的基本内容写进序言当中，作为整个国家在过渡时期的总任务确定下来，将有系统地进行社会主义改造、逐步过渡到社会主义社会作为正在发生的事实肯定下来；并将过渡到社会主义社会的具体步骤和过渡形式

---

① 张友渔：《宪政论丛》下册，群众出版社 1986 年版，第 39 页。

明确列举出来。这些都突出表明了第一部宪法所归属的社会主义类型。

第一部宪法所具有的社会主义性质，还可以从以下几个方面得到证明，这就是：

从革命的性质上看，中国的新民主主义革命从来被认为是属于世界无产阶级革命的一部分。中华人民共和国成立以后建立的新民主主义国家制度是对新民主主义革命胜利成果的巩固；过渡时期总路线的提出又使中国无可置辩地进入了社会主义革命的阶段。

从国家制度上看，中华人民共和国的国体是工人阶级领导的、以工农联盟为基础的人民民主国家。政体是实行民主集中制的人民代表大会制。这些都可以归属为社会主义国家制度的范畴。

从国家机关的组织结构、组织形式和活动方式上看，也与苏联、东欧各社会主义国家相类似，比如全国人民代表大会的常务委员会实际上相当于苏联的最高苏维埃主席团；人大常委会委员长主席实际上行使苏联最高苏维埃主席团主席的一部分权力。国家主席没有超越全国人民代表大会及其常务委员会之上的任何特殊权力，国家主席权力的行使要根据全国人民代表大会或它的常务委员会的决定来执行，这些都区别于西方资本主义国家的个人总统制。

此外，第一部宪法还体现了巩固人民民主专政的精神。宪法的有关条文明确规定了维护人民民主制度，保证全体公民的安全和合法的权益，镇压一切叛国的和反革命的活动，惩办一切卖国贼和反革命分子的内容；并规定了依照法律一定时期内剥夺地主和官僚资本家的政治权利，同时给他们以生活出路，使他们在劳动中改造成为自食其力的公民等。普选的人民代表大会的召开和宪法的公布实施，必然使人民民主专政更为巩固。概括地说，在巩固人民民主专政的同时，逐步过渡到社会主义社会，这就是第一部宪法的基本精神。

应该指出，第一部宪法体现了两个最基本的原则：一个是人民民主原则，它主要反映在对人民代表大会制的组织、结构、职权和程序的各项法律规定上，反映在对公民的基本权利和义务的规定上，这些规定从根本上说将保证我国国家制度向着政治民主化方向发展，因而是符合全国各族人民的利益和社会发展的客观要求的。一个是社会主义原则,它主要反映在肯定新民主主义社会发展的社会主义前途,突出中华人民共和国正处在向社会主义过渡时期的转变特性,强调社会经济结构要从复杂的多种所有制走向单一的社会主义所有制,表明过渡到社会主义社会的具体步骤和过渡形式等方面。由于改变所有制结构,是过渡时期总路线的实质;解决社会主义同资本主义的矛盾是统领一切的纲,因此,尽管基本民主制度已经建立,但在各个方面实行人民民主原则并不是这一时期的主题,而在政治、经济、文化及社会领域最突出、最不容置疑的,恰恰是社会主义原则。这既使这部宪法在符合实际的特性以外,还带有一些纲领性,也就是说,它既在基本上反映了已经获得的革命成果,又肯定了一些现在还没有完全实现,但已开始在做并相信不久的将来就会实现的东西。由此可见,《共同纲领》与第一部宪法之间存在着某种可逆关系,即《共同纲领》本身是一个纲领,但是它在特定的历史阶段起了临时宪法的作用;而第一部宪法作为过渡时期国家的根本大法,却又是一部带有纲领性的宪法。宪法中体现其纲领性的一些法律规定,在实际生活中产生的动态效应,是复杂的,并不总是协调的,从而构成了第一部宪法相对于现实发展所具有的同步性与超前性的双重特征。

所谓同步性,是指第一部宪法虽然肯定了社会主义原则,但仍然承认多种经济成分并存的社会经济格局,承认各民主阶级(其中包括资产阶级)联盟结为广泛的人民民主统一战线的政治格局,在法律上保护资本所有权和个体劳动者的私有权。从这个意义上说,宪法是与过渡时期的社会性质相同步的。所谓超前性,是指宪法尽管确认目前国家制度的新民主主义性质,却又明确规定了实行社会主义革命的任务、步骤和途径,强调国家政权对社会主义改造的物质保障作用。从这个意义上说,宪法使人民应当为之奋斗但并未实现的长远目标,在国家实际生活中具有相当的法律强制力。相对于过渡时期的社会性质而言,它又是超前的。

总之,1954 年宪法作为我国过渡时期的一部宪法,既要反映现实生活中的真实情况,又要反映现实生活中正在发生的变化以及这种变化所趋向的目标，因而也就不可能十分周全和完备。它在社会运行机制中所表现出的同步性与超前性相交替的作用，与“过去和将来的成分交织在一起”的新民主主义社会的演进发生多方位的交错；社会生活中既有由《共同纲领》构成的法律政治规范的延续，又有新宪法的超前因素的强力渗透，从而在社会经济结构和阶级关系大变动中引起复杂的矛盾纠葛和利益冲突。由于宪法将实现社会主义前途上升为国家意志，因而这些矛盾冲突的最终结局，将取决于宪法所体现的国家政权的强制力量。

二、“三大改造”的急促推进

对农业、手工业、资本主义工商业的社会主义改造是与社会主义工业化的任务紧密相连的。总路线宣传提纲确认，如果不进行上述“三大改造”，就必然会对社会主义工业化事业发生种种矛盾，而且把各种矛盾发生的根本原因，归结到资本主义工商业和个体经济的所有制上，因此，指明过渡时期总路线的实质，就是改变生产关系，主要是所有制；就是使社会主义公有制成为我国的唯一的经济基础；只有完成了所有制的变革，社会生产力才能迅速向前发展，否则，就不能达到社会主义工业化的目的，更不能过渡到社会主义社会。基于上述认识，“三大改造”必须全面进行。随着总路线在全国范围的宣传，更加强了对这一问题的紧迫感，从上到下的各级领导机关，都把加快社会主义改造的步伐，看作是实现工业化的保证。由于发展农业生产互助合作问题早在 1951 年就在党内发生过意见分歧，所以，“三大改造”中的稳与急的矛盾，最先突出地表现在农业合作化问题上。

自 1951 年刘少奇主张“充实互助组的生产内容”，不赞成立即推广合作社以“动摇”农民的私有基础的意见被毛泽东否定之后，以土地入股为特征的农业生产合作社，被确定为走向完全社会主义的集体农庄的“富有生命力的有前途的”过渡形式，各地开始试办。到 1953 年 2 月，中共中央将 1951 年制定的关于农业互助合作的决议草案作了个别修改，作为正式决议公布实施，各地互助合作运动有了较大发展。同时，急躁冒进倾向也随之而来。在新解放区，其主要表现为打击单干农民，强迫农民编入常年互助组；在老解放区，则表现为轻视互助组，盲目追求高级形式，不顾小农经济的特点，过多提倡土地、农具、耕畜公有，影响了农民的生产积极性。对此，中共中央发出一系列指示，提出布置农村工作要照顾小农经济的特点，从小农经济的生产现状出发；要求缩减互助合作发展的五年计划数字，控制农业生产合作社试办的范围和速度；并把备耕生产当作农村中压倒一切的中心任务，反对工作上的平均主义、分散主义、主观主义和命令主义。毛泽东还将几个主要文件、指示编成《农村工作指南》的小册子，要求一切从事农村工作的人员认真学习，使思想水平在全体规模上提高一步，以保证农村战线上工作的不断胜利。经过中央和各级领导机关的努力，互助合作运动中的冒进倾向得到一定程度的纠正。这主要是因为中央及时采取了尊重小农经济特点和现状的正确方针。到 1953 年底，全国共建立了初级社 1.5 万个，比 1952 年增加了 2.8 倍。

过渡时期总路线提出以后，需要根据新的形势和总任务，对农业合作化问题作出进一步的明确规定。1953 年 12 月，中共中央召开了全国第三次农业互助合作会议，通过并公布了《中共中央关于发展农业生产合作社的决议》。这个决议根据总路线的精神，着重强调个体经济对农业生产力发展的限制，强调它与社会主义工业化之间日益暴露出来极大的矛盾，即不能满足整个国民经济高涨的需要。为此，提出要使农业由落后的小规模生产的个体经济变为先进的大规模生产的合作经济，以克服工业和农业两大部门不相适应的矛盾，使农民走上共同富裕的道路。决议明确提出由互助组到初级社再到高级社的发展道路，就是党对农业逐步实现社会主义改造的道路，并特别强调初级社“在目前整个互助合作运动中日益显出重要的地位，并日益成为我们领导互助合作运动继续前进的重要环节”。

为了使农业互助合作向初级社推进一步，决议重新分析了土地改革以后农民产生的互助合作和个体经济这两种生产积极性，确认个体积极性是从“农民是私有者和农产品的出卖者这种性质所发展的个体经济的积极性，表现出农民的自发趋向是资本主义。这就不可避免地在农村中产生了社会主义和资本主义这两条发展道路的斗争，而由于农业经济的恢复和逐步上涨，这两条发展道路的斗争，就越来越带着明显的、不能忽视的性质”。① 这个分析，从小农经济的个体私有基础出发，把农民的小私有同走资本主义道路必然地联系起来，这在理论上说得通。但就小农经济的实际状况来看，它还有另一方面的重要特征，即它的基本的生产经营方式是农民分散的家庭经营。这种经营方式经过长期的历史发展而保留下来，积累了许多利用传统技术和有限的生产资料及资金提高产量的经验，特别是它将个人劳动的好坏同劳动成果直接密切地联系起来，具有顽强的生命力。从土地改革以后农民焕发的个体经济积极性成为恢复和发展国民经济的基本因素之一这个基本判断上看问题，可以在很大程度上把农民的个体经济积极性归结为传统的家庭经营方式，在工人阶级领导的国家控制下，它同资本主义自发势力之间并不一定存在必然的联系，然而，中共中央决议从总路线的精神出发，只着重从小农经济的所有制基础上，而不是同时从它的生产经营方式上来分析个体经济积极性产生的原因及其与互助合作积极性之间的相互关系，从而毋庸置疑地突出了改造个体私有制的紧迫性。反映到政策上，就是试图以引导农民个体生产积极性走上互助合作积极性轨道的办法，来克服“不可避免”产生的资本主义自发倾向。这就势必造成用一部分农民的互助合作积极性，去限制、打击以至消灭另一部分农民从事家庭经营的个体生产积极性。正是从这个新的判断出发，决议着重批评对互助合作运动“消极放任”的思想，认为这“一定会发展到放弃社会主义在农村的阵地，帮助农村资本主义自发势力的生长，因而也就一定会妨碍农业生产力的上升和农民生活的继续改善，破坏工业与农业的平衡，破坏计划经济和国家工业化，破坏工农联盟”。②

随着中共中央这个决议的公布，全国第三次农村互助合作会议向各地下达了发展农业生产合作社的计划即任务指标。紧接着，各省、

① 中华人民共和国国家农业委员会办公厅编：《农业集体化重要文件汇编（1949—1957）》上册，中共中央党校出版社 1981 年版，第 216 页。

② 中华人民共和国国家农业委员会办公厅编：《农业集体化重要文件汇编（1949—1957）》上册，中共中央党校出版社 1981 年版，第 217～218 页。

地、县将主要精力转到大力发展农业社上面来。1954 年春，全国农村出现了互助组大量转农业社的势头，到年底，农业社猛增到 48 万个，为 1953 年的 32 倍。经过一个冬春的大发展，到 1955 年又继续增至 67 万个社，其中有 50 多万个都是在 1954 年秋收后仓促建立的新社，基础很不稳固。这样高的发展速度，不仅超过了原订计划，也超出了农村的承受能力，贪多求快、强迫命令、工作粗糙、侵犯农民利益的现象普遍蔓延。特别是 1954 年长江流域遭受特大水灾，粮食大面积减产，整个农业增长幅度随之下降，而国家刚开始实行统购统销，鉴于上年粮食紧张状况，又多征购了 70 亿斤（一说是 100 亿斤）粮食。这一减一增，同农业社大发展中的急躁冒进问题搅在一起，加剧了农村的紧张情势和农民的紧张情绪。农民一怕生产资料归公，二怕多增产多征购，生产积极性普遍下跌。各地不断出现宰杀耕畜、砍伐树木和农民闹退社的现象；许多新建社纷纷垮台、散伙，严重影响了农业生产的正常进行。

中共中央农村工作部作为农业合作化运动的指导部门，于 1954 年底就注意到上述严重情况，向中央建议除新区一些地方尚须发展一批以外，整个运动应转向控制发展、着重巩固阶段，以避免发生更为严重的不利于生产的情况。中共中央采纳了这一建议，于 1955 年 1 月 10 日发出《关于整顿和巩固农业生产合作社的通知》，指出对于合作社大批发展的形势应当作全面的估计，不能只是盲目地叫好，要十分重视农民特别是中农在改变生产关系时，可能发生的怀疑和顾虑，以及可能在农村中引起的震动，要求合作化运动应基本上转入控制发展、适当收缩、着重巩固的阶段。

随后，中央又发出《关于大力保护耕畜的紧急指示》、《关于迅速布置粮食购销工作安定农民生产情绪的紧急指示》，指出当前农村中出现的“农民大量杀猪、宰牛，不热心积肥，不积极准备春耕，生产情绪不高”等严重情况，“实质上是农民群众，主要是中农群众对于党和政府在农村中的若干措施表示不满的一种警告”，[①]要求各地妥善处理牲畜入社

① 中华人民共和国国家农业委员会办公厅编：《农业集体化重要文件汇编（1949—1957）》上册，中共中央党校出版社 1981 年版，第 295 页。

问题，克服急躁冒进情绪，坚决执行党在农村中的阶级政策和自愿互利原则，搞好中、贫农的团结，适当减轻粮食征购任务，合理控制粮食销售，强调再把农业合作化的步骤放慢一些，等等。国务院也发布《农村粮食统购统销暂行办法》，提出实行粮食定产、定购、定销的“三定”政策。这一系列指示和措施，对于缓和农村紧张情势，安定农民生产情绪具有重要意义。

1955 年 3 月下旬，毛泽东约见邓子恢等中央农村工作部负责人，听取汇报，并对当前农村形势作了清醒的估计。他说：“生产关系要适应生产力发展的要求，否则生产力会起来暴动，当前农民杀猪宰牛就是生产力起来暴动。”①由此，毛泽东根据各地不同情况提出了“停、缩、发”三字方针，并当场议定东北、华北等地一般停止发展；浙江、河北两省要收缩一些；其他地区，主要是新区再适当发展一些。中央农村工作部认真贯彻中共中央和毛泽东的指示精神，全力进行农业社的整顿巩固工作。

但是，在运动的强大惯性作用下，农业社的数目仍然猛增，到 4 月份，又升至 67 万个。其中以浙江农村发生的问题尤为突出，从 1954 年仅 3 800 个社发展到 5.5 万多个社，增加了近 15 倍；少数地区竟激增达 50 倍之多；全省入社农户从原来的 6‰扩大到 30％多。合作化的盲目冒进与超征购引起的粮食恐慌交织在一起，使农村动荡不安的局面更加严重起来，吃种粮、卖家具、卖子女乃至老弱者饿饭倒毙等现象已有发生。为此，中央农村工作部同国务院有关部门及浙江省委负责人紧急磋商，议定在浙江省采取“全力巩固、坚决收缩”的方针。4 月 20 日，刘少奇主持召集有各省市和中央农村工作部负责人参加的中央书记处会议，提出今后的总方针是“停止发展、全力巩固、适当收缩”，比原来的“停、缩、发”方针又退了一步。这个方针贯彻的结果，是在浙江省压缩了 1.5 万个条件不成熟的农业社，在山东、河北两省压缩了几千个社。到 1955 年 6 月，全国共计压缩 2 万多个农业社，其余 65 万个社在继续整顿巩固的条件下保留下来。

1953 年以后的两个冬、春，农业合作化运动连续发生大的反复，实

---

① 转引自国家农委党组：《关于为邓子恢同志平反问题的请示报告》，1980 年 12 月 8 日。

际上是新民主主义社会秩序稳定巩固与全面过渡的矛盾发展的集中反映。农业落后的状况无法适应大规模的工业建设，就在大力推进农业合作化运动上做文章，把它作为提高农业生产、改变农业落后面貌的唯一途径；而人口如此众多、分布如此广阔、小私有和家庭经营传统如此深厚的中国农民根本不能承受这样整齐划一、一哄而起、置小农经济特点于不顾的经济变革，一时为运动所裹挟，也会有怀疑、不满、抵触的强烈表示，或称之为"生产力起来暴动"，以此作为承受力达到极限的一种警告，迫使决策者稍微能转到现实上来考虑。然而，总路线限期完成工业化和社会主义改造的战略既定，强力推行农业合作化的趋向也就不可避免。一切应急的整顿、巩固或退让，从实质上说都是权宜的，都不能改变或阻挡这一趋势。事实上，1955 年农业社的收缩、巩固工作仅仅进行了不到两个月，情况就急遽逆转，这正是上述趋势继续发展的结果。

同农业合作化发展中大起大落的情况相比，个体手工业的社会主义改造一开始显得比较平稳。我国的手工业历史悠久、种类繁多，具有优秀的民族传统。它作为大工业的助手，以多种多样的产品补充大工业产品的不足，供应社会生产、人民生活及外贸出口的需要，在整个工业总产值中占有一定的比重。到 1953 年以前，全国手工业合作组织大约有3 300个左右，一般都是从供销入手，通过购买原料、推销成品的方式进行合作，避免中间商的剥削。由于手工业的行业特点，它的生产合作起初都是从流通领域开始的。总路线公布以后，中华全国合作总社于 1953 年 11 月召开第三次全国手工业生产合作会议，开始有计划地推动手工业合作社的发展。但基本上是推广手工业供销合作社的形式，即主要统一经营供销业务，同工厂订立加工订货合同，而生产活动则仍然由各户分散进行。这种组织形式比较适合手工业的实际需要和传统的生产特点，到 1953 年底，发展到4 600多个。

随着工业建设的发展，手工业同大工业在供销、协作关系方面出现不协调，在采购原料和销售产品方面发生困难，生产不够正常。针对这些问题，1954 年 12 月，第四次全国手工业合作会议提出，手工业的改造应该和国家工业化和农业、资本主义工商业的改造密切结合，统筹兼顾；在生产方面应就原料产地、产品品种、数量、销售地区、劳动力等全盘合理安排，并纳入地方计划。会后，各地对手工业的基本情况进行了调查摸底，并着手整顿、巩固和提高现有的社（组），以便有准备、有步骤、有目的地进行下一步的改造；在调查、摸底、排队的基础上，对手工业的生产安排和改造工作同时予以考虑，并同其他经济类型的工业一起进行统筹安排；不少地区还成立了有工业、手工业、商业等有关部门参加的加工订货委员会，或者按行业召开供、产、销平衡会议，根据有利于改造、有利于生产的原则，在各种经济类型的工业之间协调生产任务和供销工作，在一定程度上解决了供、产、销不平衡的问题。这样，手工业合作社的发展比较正常。1954 年底为 1.1 万个，1955 年则发展到 2 万个，增加近 1 倍。

在强调以重工业为主的时期，手工业在改造中能保持正常的生产，这对于满足工业订货、人民生活日用品和修理服务的需要，起了积极的作用。

自总路线提出以后，对资本主义工商业的社会主义改造也进入有计划的全面改造阶段。到 1953 年底，大多数私营工业已被纳入加工订货的轨道；工业方面的公私合营户数也由 1949 年的 193 户上升到1 036户。从 1954 年起，改造工作转向有计划地扩展公私合营，即在工业方面将加工订货等低级形式的国家资本主义推向国家资本主义的高级形式。

1954 年 1 月，中共中央批准了中央财经委员会《关于 1954 年扩展公私合营工业计划会议的报告》和《关于有步骤地将有十个工人以上的资本主义工业基本上改造为公私合营企业的意见》。这个《意见》中，适当肯定了加工订货、统购包销等国家资本主义形式对于发展生产、保证需要起了相当作用；为平衡供、产、销和纳入国家计划轨道准备了条件；对企业的改革和组合起了促进作用。同时，又着重强调实行初级国家资本主义形式，企业的生产资料仍为资本家所有，企业基本上仍按资本主义方式管理，使劳资矛盾、公私矛盾及由此引起的其他许多矛盾，不能获得有效的处理，从而限制了劳动生产率的提高和社会生产力的发展，这就要求将国家资本主义的初级形式发展到高级形式。为此，《意见》提出要在今后若干年内（两个五年计划时期，可能更短一点），积极而稳步地将国家需要的、有改造条件的十个工人以上的私营工厂，基本上纳入公私合营轨道，而且在条件成熟时，将公私合营企业改造为社会主义企业。《意见》强调指出，在过渡时期工人阶级和资产阶级间的斗争是"谁战胜谁"的斗争，斗争的性质是十分激烈和十分尖锐的，斗争的方式和方法则是复杂的、多样的、灵活的，要求在实践中学会这种复杂的斗争方式和方法，及时地制止和打退资产阶级的各种形式的反抗和破坏。

扩展公私合营是一件非常复杂细致的工作，它不仅牵涉到公、私及劳、资等各方面的关系，而且各地方、各行业乃至每一个具体企业都有其特殊情况，需要有一些政策性的综合规定加以协调。为此，1954 年 9 月政务院通过颁布了《公私合营工业企业暂行条例》，作为公、私、劳、资等各方面共同遵守的准则。条例的主要内容为：实行公私合营应当根据国家的需要、企业改造的可能和资本家的自愿；实行公私合营应包括企业原来的实有财产，不容许有任何分散资产、逃避资金的行为；公私合营企业受公方领导，由政府主管业务机关所派代表同私方代表负责经营管理；合营企业对于企业原有的实职人员，一般参照其原来的情况量材使用，使他们各得其所。1954 年的扩展公私合营工作，一般注意贯彻了上述原则，在清产核资、人事安排、利润分配等方面适当地照顾了私股的合法权益。到年底，全国公私合营工业的户数增至 1 700 多户，职工 53 万多人，产值 50 多亿元，占私营和公私合营工业总产值的 33%，即从产值上大约有三分之一的私营工业已转变为公私合营企业。

与此相适应，对私营商业的社会主义改造也开始有计划地进行。由于国营商业扩大了对私营工厂产品的加工订货、统购包销的范围，又实行了粮食、油料的统购统销，加强了对其他农副产品的收购工作，因而使国家基本上直接掌握了主要工业品和农产品的货源。同时，国营商业到 1953 年底已占整个批发商业的 70%，在批发环节上基本取代了私营大批发商，使私营零售商经营的商品大部分要依靠从国营商业、合作社商业进货，原有的自由市场的活动范围已经大大缩小。这些进展，有利于国家对整个市场的统一管理和对私营商业的领导和监督，为对私营商业实行社会主义改造提供了条件。

从另一方面来看，伴随国营商业进展而来的市场关系的变化，又不可避免地使商业中的公私关系趋于紧张，给私营商业的正常经营造成突发的困难。国营商业挤掉私营大批发商后，各大城市中私营批发商业大约有10余万从业人员，因为没有货源而无买卖可做；集镇的私商因为主要农副产品由国家扩大收购，其营业额已日益缩小；城市中自实行粮、油计划供应后，也减少了私商的销售量；而国营商业和合作社商业又趁势扩大经营范围和过多地扩大零售额，更使私商零售比重急速下滑，给私营零售商带来极为惶恐不安的情绪。在城乡交流方面，由于农村宣传总路线的影响，长年从事深购远销，长途贩运的私商难以下乡，供销合作社又对一般土特产品一时无法全部经营，致使许多农副产品的销售渠道发生堵塞现象。这一切表明，如果对拥有700万～800万从业人员的整个私营商业进行盲目的排挤，势必增加失业人口的冲击，造成经济秩序的混乱。

中共中央分析了上述复杂情况，于1954年7月发出《关于加强市场管理和改造私营商业的指示》(以下简称《指示》)，提出必须充分利用市场关系的变化和商业改组的有利条件，对私营商业积极地稳步地进行社会主义改造；采取一面前进、一面安排和前进一行、安排一行的办法，把现存的私营小批发商和私营零售商逐步改造成为各种形式的国家资本主义商业。《指示》规定，对于私营批发商，一般转为零售商，或者为国营商业代理批发业务，或者由国营商业分别吸收录用，对于私营零售商，一般地应逐步把他们改造成为经销、代销、公私合营等各种形式的国家资本主义零售商。各地贯彻中央的指示精神，加紧对私营商业的改造工作。到1954年底，国家资本主义及合作社商业在社会商品零售总额中所占的比重，由1952年的0.2%上升到5.4%，私营商业则从57.3%下降到25.6%。社会主义商业的发展最快，它在社会商品零售额中的比重从1952年的42.6%上升到69%，从而继在批发方面占据优势以后，又在零售方面取得了优势地位。

但是，由于这一年在对私商改造中国营商业和合作社商业前进太快，使供销合作社1954年的零售额就超过原计划将近三分之一，这就造成了对私营商业的盲目排挤，使私营商业不论批发与零售均日益萧条。据若干大城市统计，1954 年私营商业赔本户约占总户数的 50%～60%，私商难以维持生计的仅上海一地即达 12 万余人。农村私商一年来被排挤了约 69 万户、100 万人左右，其余的也大都无法经营。许多农村商贩流入城市，又增加了城市的困难，陷于“农村立不住、城市不接收”的困境。农民普通反映“合作社忙死，私商闲死，农民等死”，[①]农民因买不到东西，也不愿卖出自己的农产品，不少地方农民杀牛、杀母猪和小猪的现象十分普遍。这一系列连锁反应，影响到 1954 年下半年国家棉花、烟叶、油料等农产品收购任务的按计划完成，进而又影响到工业生产因缺乏农产品原料而开工不足，生产能力利用率降低，等等。总之，对私营商业改造步子的加快，可谓“牵一发而动全身”，它直接引起城乡流通关系的紧张、公私关系的紧张及农民与国家关系的紧张。

这些情况表明，对资本主义工商业的社会主义改造，经过它的初始阶段，全面开展起来以后，不可避免地要在经济生活的许多方面出现一些紧张、失衡的状况，这就特别需要注重稳步、慎进；注重巩固、调节，以避免各方面的紧张关系进一步激化造成社会经济秩序的紊乱。然而，农业合作化方面的大进和暂退，正在孕育着一场新的更大的进军；谁都不曾预料，它将打破“三大改造”前期这种“稳中求急”、“偏后又纠”的循环圈，一发不可控制地把整个国民经济卷入一个超经济力量的大漩流。

---

① 中共中央统一战线工作部编：《统战政策文件汇编》第一册，第 477 页。

结　语

今天重提新民主主义社会的理论与实践的历史经验与教训，是十分发人深省的。中国共产党人以“路曼曼其修远兮，吾将上下而求索”的精神，在长期斗争的实践中提出了新民主主义的理论，以“我自横刀向天笑，去留肝胆两昆仑”，“寄意寒星荃不察，我以我血荐轩辕”的悲壮牺牲，换来了民主共和国伟大理想的实现，用新民主主义把中华民族引上了复兴之路。但令人遗憾的是，仅仅经过了七年的建设和实践，中国共产党人就不再坚持自己付出了巨大代价和牺牲建立的理论大厦和社会制度，而是片面地接受了国际共产主义运动的经验，开始过早、过快地改变生产资料所有制形式，取消私营经济成分，宣布社会主义制度在中国的建立和胜利。

从宣布进入社会主义的那一年起到十一届三中全会以前的二十多年间，在“左”的理论指导下，中国社会一直处于“政治运动”的动荡之中和“兴无灭资”的封闭之中，反右派、大跃进、人民公社化、反右倾、四清和“文化大革命”等连绵不断的政治风潮，越搞越“左”，失误越来越大，社会的政治和经济最后到了濒于崩溃的边缘，走入了难以回头的死胡同。以至于在很长一段时间内，中国人天天喊着“社会主义”，但是却搞不清楚什么才是“社会主义”，“社会主义”究竟为何物。

历史在这里似乎跟我们开了一个玩笑，让我们转了一个圆圈之后又回到了什么是“社会主义”的老题目上。1978 年的冬天，中共十一届三中全会开启了改革开放的伟大时代，可是当人们清醒过来，睁开睡眼看世界的时候，痛苦地发现：中国的人均国民收入已落入世界倒数，在这个现代的世界上，中国显得是那样的落后和贫穷，中国经过了几十年的社会主义建设却依然有那么多人吃不饱饭，不能解决基本的生存问题……造成这种状况的原因是复杂的，但是毫无疑问，其原因之一可以说是在于提前结束了新民主主义社会的理论和实践，而代之以具有很大空想色彩的、斯大林式的社会主义的理论和实践，这实际上也违背了毛泽东作出这些决策的初衷。我们不得不痛苦地承认这样一个事实：当新民主主义社会制度刚刚确立不久，还未得到充分发展，许多行之有效的方针政策及其做法才实行不久……一句话，在新民主主义国家政权的生命力、潜在力尚未充分发挥和没有完结的时候，就急匆匆地采取了严重的社会主义措施，导致了新民主主义社会的夭折和社会主义社会的失误。

然而事情总是具有两面性的，正如中国古代的哲人老子所说："福兮祸之所伏，祸兮福之所倚。"从 1956 年共和国宣布社会主义制度的建立和完成，到 1978 年冬天十一届三中全会开启改革开放之门，共和国经历了太多的曲折和艰难，其中有着太多的辛酸往事……然而正是这一段刻骨铭心的深刻教训，促使人们在不断地反思，反思什么才是真正的社会主义，我们究竟应该如何建设社会主义，我们建设社会主义的目的究竟是什么。正是这些不断的反思，促使共和国开始走入了正常的轨道，中华民族开始逐步走向伟大的复兴。

中共十一届三中全会从根本上冲破了长期以来"左"倾错误的影响，重新确立了实事求是的马克思主义的思想路线，进而纠正了错误的政治路线和组织路线，最终形成了以邓小平为核心的党的第二代中央领导集体。以邓小平为核心的党的第二代中央领导集体，开始认真全面地纠正"文化大革命"中及其以前的错误，作出把中共和国家的工作中心转移到社会主义现代化建设上来和实行改革开放的伟大决策。因此，中共十一届三中全会成为党的历史上也是共和国历史上一个伟大的转折点，为开辟中国特色社会主义道路，开创中国特色社会主义事业奠定了坚实的基础。

随着改革开放进程的不断推进，一系列新的命题摆在了中国共产党面前，为了解决实践提出的一系列重大难题，1982 年 9 月 1 日至 11

日，中国共产党在北京召开了十二大。邓小平在开幕词中说："我们的现代化建设，必须从中国的实际出发。无论是革命还是建设，都要注意学习和借鉴外国经验。但是，照抄照搬别国经验、别国模式，从来不能得到成功。这方面我们有过不少教训。把马克思主义的普遍真理同我国的具体实际结合起来，走自己的道路，建设有中国特色的社会主义，这就是我们总结长期历史经验得出的基本结论。"①邓小平提出的建设有中国特色社会主义的思想，是中共十二大的指导思想，也是整个新的历史时期改革开放和现代化建设的指导思想。

中共十三届四中全会以来，以江泽民为核心的第三代中央领导集体，带领和依靠全党和全国各族人民，继承并发展了改革开放的伟大事业并将其成功推向了21世纪。从中共十三届四中全会到十六大，受命于重大历史关头的中共第三代中央领导集体，高举邓小平理论的伟大旗帜，坚持改革开放、与时俱进，在国内外政治风波、经济风险等严峻考验面前，捍卫了中国特色社会主义制度，创立了社会主义市场经济体制，开创了全面开放的改革新局面，成功推进中国共产党建设的新的伟大工程，提出了"三个代表"重要思想，继续引领改革开放的航船沿着正确的方向破浪前进。江泽民明确指出："当人类跨入二十一世纪的时候，我国进入全面建设小康社会、加快推进社会主义现代化的新的发展阶段。国际局势正在发生深刻变化，世界多极化和经济全球化的趋势在曲折中发展，科技进步日新月异，综合国力竞争日趋激烈。形势逼人，不进则退。我们党必须坚定地站在时代潮流的前头，团结和带领全国各族人民，实现推进现代化建设、完成祖国统一、维护世界和平与促进共同发展这三大历史任务，在中国特色社会主义道路上实现中华民族的伟大复兴。"②

中共十六大以来，以胡锦涛为核心的中共中央领导集体，坚持以马克思主义、毛泽东思想、邓小平理论和"三个代表"重要思想为指导，深

① 《中国共产党第十二次全国代表大会开幕词》，《邓小平文选》第三卷，人民出版社1993年版，第2～3页。

② 《全面建设小康社会，开创中国特色社会主义事业新局面》，《江泽民文选》第三卷，人民出版社2006年版，第528～529页。

入贯彻落实科学发展观，顺应新世纪、新阶段的发展变化，抓住重要战略机遇期，发扬求真务实、开拓进取精神，坚持理论创新和实践创新，着力推进科学发展，促进社会和谐，完善社会主义市场经济体制，在全面建设小康社会中坚定不移地把改革开放的伟大事业继续推向前进并取得了伟大的成就。

历史告诉未来，当我们站在今天，回首思索，深深地感到当前提出的中国特色社会主义理论体系和我们正在进行的改革开放事业与当年新民主主义社会理论与实践一样具有划时代的意义，这必将成为一个新的历史转折点。正如胡锦涛在中共十七大报告中指出的那样："事实雄辩地证明，改革开放是决定当代中国命运的关键抉择，是发展中国特色社会主义、实现中华民族伟大复兴的必由之路；只有社会主义才能救中国，只有改革开放才能发展中国、发展社会主义、发展马克思主义。""改革开放以来我们取得一切成绩和进步的根本原因，归结起来就是：开辟了中国特色社会主义道路，形成了中国特色社会主义理论体系。高举中国特色社会主义伟大旗帜，最根本的就是要坚持这条道路和这个理论体系。"我们坚信，中华民族的伟大复兴必将在建设中国特色社会主义道路上得到实现。

图书在版编目(CIP)数据

共和国不会忘记：新民主主义社会的历史和启示/王东著. —上海：东方出版中心，2011. 6
ISBN 978-7-5473-0343-6

Ⅰ. ①共… Ⅱ. ①王… Ⅲ. ①新民主主义–政治理论–理论研究–中国 Ⅳ. ①D696

中国版本图书馆 CIP 数据核字(2011)第 080783 号

共和国不会忘记：新民主主义社会的历史和启示

出版发行：东方出版中心
地　　址：上海市仙霞路 345 号
电　　话：62417400
邮政编码：200336
经　　销：全国新华书店
印　　刷：昆山市亭林印刷有限责任公司
开　　本：700×1000 毫米　1/16
字　　数：258 千字
印　　张：18.5　插页 2
版　　次：2011 年 6 月第 1 版　第 1 次印刷
ISBN 978-7-5473-0343-6
定　　价：36.00 元